그 많던 상처는 누가 다 먹었을까?

그 많던 상처는 ── 누가 다 먹었을까?

The Compassionate Connection

우리는 왜 아프고,
왜 치유받아야
하는가

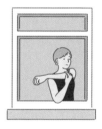

데이비드 라켈 지음
김은경 옮김

Winner's Secret Library · 위너스북
WINNER'S BOOK

의학 박사 데이비드 라켈 David Rakel
문학 석사 수잔 K. 골란트 Susan K. Golant

우리의 소중한 인연……
아내 데니스, 자녀 저스틴, 루카스, 사라와 사위 애덤에게

남편 미치와 자녀와 손주들에게

이 책을 바칩니다.

우리는 선천적으로 타인을 보살피고 연민하는 능력을 타고난다. 주변 사람이 괴로워할 때 이를 알아차리는 것만 봐도 알 수 있다. 최근 신경과학자들은 우리가 타인의 고통을 그야말로 잘 느낀다는 사실을 입증했다. 뇌 영상 연구로 사람들이 고통스러운 자극을 직접적으로 받을 때와 단순히 타인의 고통을 목격할 때, 뇌의 신경망이 똑같이 활성화된다는 사실을 밝힌 것이다. 여기에서 더 나아가 우리는 타인에게 도움을 주고 싶어 한다. 인간의 뇌는 협력과 기부를 좋아하는 성향이 있기 때문이다. 하지만 이러한 일을 항상 잘하는 것은 아니다. 하면 안 되는 말을 하기도 하고 잘못된 문제에 초점을 맞추기도 한다. 또한 좋은 말을 하기보다 해를 가하는 말을 더 많이 하여 상대방의 감정을 상하게 하고, 결국 관계를 깨기도 한다.

　　하지만 다른 방법이 있다. 우리는 타인과 유대를 형성함으로써, 그들 내면의 문제를 치유하도록 돕는 놀라운 능력이 있다. 이러한 과정은 우리 자신에게도 정서적으로나 신체적으로 이롭다. 실제로 몇몇 사회심리학자

6

들은 받는 것보다 베푸는 것이 자기 자신에게 더 유익하다는 이론을 세웠다.[1] 이는 한마디로 호혜적인 관계다.

위스콘신 대학교 통합 의료 프로그램의 창시자이자 책임자이며 뉴멕시코 대학교 가정 및 지역사회 의료 학부의 학과장인 나는 사람들이 '소통'이라는 도구를 쓸 때 상대방을 가장 효율적으로 돌볼 수 있다는 사실을 발견했다. 과학 기술과는 전혀 관련이 없어 보이는 데도 말이다. 현재 다수의 연구 결과, 우리가 상대방과 함께 있는 데 충실한 것만으로도 상대방의 건강을 증진하고 회복에 이르도록 할 수 있다.

위스콘신 대학교 의료 센터에 있는 1차 진료 클리닉에서 동료들과 소통을 연구해왔다. 우리는 의사들에게 깊은 듣기와 공감의 기술을 활용하여 환자와 대화하도록 가르쳤다. 그 결과 의사와 소통한 환자는 그렇지 못한 환자보다 일반 감기가 하루 더 빨리 나았다. 이는 단순히 기분이 나아지도록 돕는 치료를 의미하는 것은 아니다. 효과를 설명하는 생리학적 증거가 존재하기 때문이다. 의사와 소통한 환자의 몸에서 실제로 질병과 싸우는 면역 세포 수치가 올라간 것이 밝혀졌다.

소통은 모두가 배우고 적용할 수 있는 특정한 기술을 포함한다. 상대방과 함께 '이 순간'에 집중하고(빠른 속도로 흘러가고 시끄러운 오늘날 현실에서 이는 쉬운 일이 아니다) 깊은 듣기를 하면 서로 신뢰하는 관계를 이루고 의미 있는 정보를 교환할 수 있다. 실제로 여러 조사 결과 의료진과 환자 사이에 소통이 이루어지면 건강하지 못한 식습관, 운동 거부, 만성적인 건강 문제, 암 치료 효과, 우울증, 심지어 조산의 부작용을 해결하는 데 도움이 된다는 사실이 드러났다.

임상 경험과 조사 결과, 그리고 30년 동안 주요 의학 잡지에 실린 의학, 사회학, 심리학, 명상, 신경과학 분야의 연구 결과를 이용하여 소통 효과에 대해 이 책에서 다룰 것이다. 또한 진료를 하면서 만난 사람들의 사례를 들어, 각 기술의 원리를 설명하고 건강을 증진하는 데 활용할 수 있는 소통 방법을 제시할 것이다.

＊＊＊

가정의학과 통합 의료에 몸담은 의사로서 나는 소통 효과를 설명하기 위한 수많은 용어를 접했다. 지금 생각나는 두 가지를 언급하자면 생물-심리사회적 의학bio-psychosocial medicine, 정신신경면역학psychoneuroimmunology이다. 이러한 용어는 어쩌면 이미 직관적으로 이해할 법한 단순한 개념이다. 몸과 마음이 서로 영향을 미치면서 생리학적으로 연결되어 있다는 것이다. 실제로 우리는 몸과 마음 가운데 어느 하나만 떼어놓을 수 없다는 사실을 경험해왔다. 더욱이 삶의 아름다움과 경이로움을 느끼는 능력뿐 아니라 내면에 집중하여 삶의 의미와 목적을 찾는 능력은 건강과 행복 또한 증진한다는 사실이 과학적으로 증명되었다. 이러한 현상은 한 사람이 겪기도 하지만 사람들 사이에서 발생하기도 한다. 긍정적인 전염은 공동체 전체로 퍼질 수 있다. 하지만 치유를 위한 소통을 하기 전에 우선 자기 자신과 소통할 필요가 있다.

1부에서는 소통으로 삶을 변화시킬 수 있는 힘을 다룰 것이다. 연민을 바탕으로 한 소통의 중요성을 자세히 들여다보고 그것이 어떻게 플라시보 효과를, 이른바 '치유 효과'를 강화하는지 살펴볼 것이다. 치유 효과란 스스로 회복할 수 있는 능력을 말한다. 더 나아가 소통이 어떻게, 왜 효과가 있는지 이해하기 위해 소통의 생리학적 증거와 최근 신경생물학적 조사 결과를 면밀히 살펴볼 것이다. 그리고 사람들이 타인을 도와줄 기회를 왜 놓치는지, 그들이 그토록 원하는 소통을 어떻게 망치는지 살펴본다.

2부에서는 소통을 형성하는 데 필요한 도구에 대해 자세히 설명할 것이다. 타인을 진정 돕고 싶은 사람이라면 다가가기 전에 우선 자신을 알아야 하고 편견을 인정해야 한다. 더욱이 마음에서 끊임없이 들리는 주관적인 소리는 상대방의 진짜 필요를 명확히 보는 데 방해가 되기 때문에 2부에서 이러한 소리를 가라앉히고 '현재에 집중하는' 방법을 살펴볼 것이다. 비언어적 의사소통은 사람들을 더 가깝게 만들어주기 때문이다. 따라서 우리가 몸짓 언어와 얼굴 표정으로 어떻게 소통할 수 있는지 다룰 것이다. 오직 깊은 듣기를 할 때만 상대방의 진짜 이야기를 들을 수 있다. 진짜 이야기는 표면적인 대화에서는 명확하게 드러나지 않는다. 추가적으로 타인을 돌보는 것은 진이 빠지는 일이기 때문에 소진 상태의 원인을 알아보고 명상의 긍정적인 측면을 살펴보는 등, 그것을 피하는 방법을 다룬다. 마지막으로, 설령 우리가 고통과 직면한다 해도 예상치 못한 진정한 아름다움을 어떻게 발견하는지 살펴볼 것이다. 우리는 이러한 소통 과정에서 명확성, 창의력, 지혜, 심지어 자신의 건강까지도 얻을 수 있다.

연민의 마음으로 도움을 준다는 것

정보통신기술, 각종 장치와 장비, 전자 기록 관리의 폭발적인 증가로 의료 전달 체계에서 기술이 중요한 역할을 하고 있다. 조만간 체중계에 올라서면 모든 생체 지표의 측정치가 거울이나 스마트폰에 나타나는 세상이 될 것이다. 또한 많은 약 중에 어떤 약이 개인 신체에 더 적합한지 알아볼 수 있는 DNA검사도 등장할 것이다. 하지만 기술과 빅데이터 알고리즘은 그 자체로 훌륭해도 통찰력이나 직관력을 결코 갖추지는 못한다. 즉, 신체는 생물학적으로나 정서적으로 복잡하기 때문에, 기술만으로는 치유를 촉진하는 방법을 결코 이해하지 못한다.

이 책은 인간의 소통을 중요하게 다룬다. 우리는 소통으로 상대방이 희망과 의지를 다지고 건강에 초점을 두고 살아가도록 자극을 줄 수 있다. 하지만 소통의 가장 좋은 점은 이것이 모두에게 유익한 결과로 이어진다는 사실이다. 소통은 건강 증진뿐만 아니라 부정적으로 작용하는 주관적 판단을 제거하고 신뢰를 돈독하게 함으로써 관계를 강화한다. 그리고 의료진이나 간병인의 스트레스와 소진 상태를 낮추고 회복탄력성을 높인다. 타인(배우자, 부모님, 친구, 의료진, 동료, 경영자, 정치인 등)과 소통하려고 노력하는 사람은 대화를 더 잘할 수밖에 없고 남에게 도움이 되는 사람이 될 뿐만 아니라 그것으로 만족감과 기쁨을 느끼기 마련이다.

≪그대 만난 뒤 삶에 눈 떴네≫의 저자 레이첼 나오미 레멘Rachel Naomi Remen 박사는 거드는 것과 기여하는 것을 비교했다. 레멘 박사는 사람들이 '거든다help'고 할 때 가령 "내가 거들었으니 뭘 해줄래?"처럼 대가로 뭔가를 바란다고 설명했다. 반면 사람들이 '기여한다serve'고 할 때는 자

10

신에게도 기여하게 된다고 설명했다. 타인의 필요에 집중할 때 자신의 필요도 들여다보기 때문이다. 실제로 우리는 타인을 위해 기여할 때 세상에서 더욱 중요한 일원이 된다. 이런 맥락에서 이 책에는 모두의 삶의 질을 향상해주는 힘이 담겨 있다.

2부 소통의 힘

1부

인간의 치유력

1장

행복은,
관계에서 시작한다

난 오늘 이 환자에게 어떤 의사가 되어야
하는가?

마이클 발린트Michael Balint의 ≪의사, 환자 그리
고, 질병The Doctor, His Patient, and the Illness≫[1] 중
에서

여느 때와 다름없는 화요일이었다. 위스콘신 대학교에 위치한 병원은 한창 분주했다. 나는 의사 아홉 명과 의료진 스물여덟 명으로 구성된 의료팀의 일원이었다. 우리가 하루에 상대하는 환자 수는 약 325명에 달했다. 매 진료마다 시간 제약에 직면했고 환자들이 너무 오래 기다리지 않도록 최선을 다했다. 그날 또한 출근하고 두 시간밖에 지나지 않았지만 눈코 뜰 새 없이 바빴다. 환자들을 연이어 진료한 데다 앞 환자들을 위해 처리해야 할 일이 여전히 많았다. 눈사태가 무너지기 직전처럼 긴박한 하루가 예상되었다. 더 효율적으로, 지체 말고. 아침마다 이 말을 속으로 되뇌었다.

두 달 동안 어깨 통증에 시달린 50대 중반 여성이 1번 진료실에서 나를 기다리고 있었다. 복도를 걸어가며 환자에게 질문할 사항과 환자가 받아야 할 검사를 죽 생각했다. 또 옆 진료실에선 병원에 처음 온 젊은 남자가 내 진료를 몹시 기다리고 있었다. 그 환자는 두 팔과 다리에 가렵고 비늘 같은 발진이 돋은 상태였다. 시간이 촉박했기에 스테로이드 연고 처방만 내리면 되는 흔한 습진이기를 바랐다. 나는 컴퓨터 앞에 멈추어 서서 방금 진료를 끝낸, 오래 천식을 앓아온 수줍은 10대 환자의 전기처방전을 입력했다. 그때 간호사가 와서 3번 진료실에서 기다리는 환자가 마사라고 알려주었다. 그 말을 듣자 가슴이 묵직해졌다.

그 환자한테 감정이 있어서 그런 건 아니었다. 나는 5년여 전, 마사를 처음 치료했을 때부터 그녀를 좋아했다. 60대 초반으로 온화하고 긍정적인 마사는 나와 고향이 같았다. 우리는 고향의 변화한 모습과, 미 중서부로 이사 오면서 그리워하게 된 그곳의 음식에 대해 이따금 담소를 나누었다. 마사의 가족은 부유한 동네로 손꼽히는 곳에 거주하고 있었다. 병원에 몇 번 같이 왔던 마사의 남편과 대학원생 아들을 만난 적도 있었다. 마사와 나는 서로를 편안하게 느꼈다. 다만 마사는 진료가 굉장히 만만치 않은 환자였다.

마사의 건강 문제는 일반적인 15분 진료로 해결되는 그런 문제가 아니었다. 마사가 수년 동안 앓아온 류머티즘 관절염은 신체의 면역 세포가 관절을 공격할 때 발생하는 복잡한 자가 면역 질환이다. 이 관절염이 발생하면 관절 부위가 붓고 손상이 가며 끔찍한 고통을 일으킨다. 의사들은 류머티즘 관절염 환자의 병 자체를 낫게 해주지는 못한다. 그저 염증을 가라앉히는 수밖에 없다. 마사는 스테로이드제 프레드니손 같은 소염제를 여러 종류 복용해왔다. 프레드니손은 부기를 가라앉히는 데 도움이 되지만 체중 증가 같은 심각한 부작용도 있는 약이다. 실제로 마사는 체중이 많이 증가하여 혈당 수치가 올라가는 바람에 이제 당뇨병 약도 복용해야 했다. 프레드니손 복용으로 위염까지 생겨 위산 분비 억제제까지 복용하고 있었다. 이뿐만 아니라 일상생활을 해나가는 데도 큰 지장을 받아 우울증도 생겼다. 그래서 항우울제 프로작도 처방해주었다. 더욱이 마사가 밤잠을 이루지 못한 터라 가장 최근 진료 때는 투약 목록에 수면제까지 추가했다. 특히, 프레드니손은 불면증을 야기할 수 있는 약물이다.

여러 가지가 복잡하게 섞인 건강 문제는 특이한 경우가 아니다. 질병 때문에 치료약을 복용하는 과정에서 체중이 늘고 그 결과 심장 질환, 당뇨병, 요통, 무릎 손상, 우울증, 수면 무호흡증 같은 합병증이 급증하는 환자가 많다. 어떤 환자들은 만성 통증, 낭창, 섬유 근육통, 염증성 장 질환처럼 원인을 완벽하게 알 수 없는 증후군을 보인다. 이러한 경우 의사들은 확인된 증상만 다룰 수 있다. 오늘날의 건강 문제는 그 자체로 하나의 질병이 아니라 여러 가지 장애가 복잡하게 얽히는 양상을 띤다.

너무 많은 질환을 가진 환자를 치료하는 일은 농산물 판매대에 높이 쌓아놓은 귤 더미에 접근하는 일과 같다. 귤 하나를 집으려면 다른 쪽 귤들이 우르르 쏟아지지 않도록 주의를 기울여야 한다는 점에서 그렇다. 각각의 질환을 개별적으로 다루다 보면 종국에는 복합적인 치료로 이어지고 환자는 수많은 약을 복용해야 하는 상황이 된다. 너무 흔하게 발생하는 이런 위험한 상황을 '다중 약물 처방'이라 부른다.[2]

다중 약물 처방의 가장 큰 문제점은 모든 화학 물질이 서로 어떻게 상호작용하는지 의학계조차 모른다는 점이다. 심지어 한 약이 다른 약에 중화 작용을 하고[3] 약들이 서로의 효능을 상쇄시킬 수도 있다. 2장에서 이 부분을 좀 더 자세히 다룰 것이다. 하지만 더 중요한 사실은 이렇게 여러 가지 약을 같이 복용할 때 의료 과실의 위험성이 급증한다는 점이다.

의료 과실은 미국에서 심장병과 암에 이어 사망의 셋째 원인으로 손꼽힌다.[4] 어떻게 의료진은 '발견하면 처방하라'는 위험한 문화에서 한 발짝 나아갈 수 있을까? 나는, 나와 동료들이 환자의 삶을 들여다보는 통찰력을 키우고, 각각의 병이 개별적인 증상이 아니라 서로 연관되었다는 사실을 깨달을 때 이것이 가능해진다고 믿는다.

머릿속을 헤집고 다니는 생각에 빠져 있다가 마음을 다잡고 마사가 기다리는 진료실로 들어갔다.

"아, 선생님, 오늘은 좀 늦으셨네요." 마사가 아주 쾌활하게 말했다.

나는 반갑게 인사하며 오늘은 어떤 증상으로 왔냐고 물었다. 마사는 최근 문제 증상들을 늘어놓기 시작했다. 예전과 크게 다르지 않았지만 좀 더 힘들게 느끼는 듯했다. 더구나 마사는 새로운 증상을 덧붙여 말했다. 시간도 촉박한 데다 질환과 치료 양상이 너무 복잡하게 얽혀 있어서 반사적으로 이런 생각이 들었다. 또 어떤 새로운 진단을 내려야 하는 거지? 이제 어떤 새로운 약이 필요한 거지? 새 약은 복용 중인 다른 약들과 어떻게 작용할 것이며 또 어떤 문제를 일으킬까? 마사는 이번 진료 이후 과연 조금이라도 더 나아질까?

애써 평정을 유지하려 했지만 마사는 내 얼굴에서 좌절의 기운을 본 모양이었다. 감정을 숨기기가 쉽지 않았다. 그런 나 자신에게 화났고 마사에게도 살짝 신경이 곤두섰다. 마사는 내게 무언가를 원했지만 이 사람의 의료 문제들은 서로 맞물려 있고 눈덩이처럼 커져 해결할 수 없는 상태가 되어갔다. 내가 조금의 도움도 되지 않는 것 같았다. 솔직히 말하자면 실패한 기분이 들었다. 마사가 나를 찾아올 때마다 제시한 새로운 해

22

결책이 오히려 마사의 상태를 나쁘게 만드는 듯했다. 다른 부작용이 생길지도 모르는 약을 새롭게 처방하고 그냥 돌려보내면 되는 건가? 단지 가장 최근 증상만 처리해주고 후유증을 지켜볼 수도 있었다. 아니면, "그냥 감내하고 사세요"라고 마사를 설득할 수도 있었다. 이럴 경우 마사는 그동안 아무 이유 없이 나를 찾아온 셈이라고 생각할지도 몰랐다. 엄청난 무력감에 빠졌다.

한 가지 사실만은 분명했다. 문제는 마사가 아니었고 내가 환자 건강의 큰 그림이 아닌 개별 증상에 초점을 맞추려 한다는 사실이었다. 마사에겐 일시적 수습 그 이상의 것이 필요했지만 나는 치유가 아닌 '무마'를 해왔다. 요즘 같은 시대에, 더욱이 그동안 의사로서 경험을 쌓고 시간을 투자했건만 왜 나는 환자들에게 단편적인 도움밖에 못 주는 걸까? 바로 그 순간 환자의 문제를 다루는 방식에 변화를 주고 싶다는 생각이 들었다. 마사를 비롯해 그녀와 비슷한 다른 환자들에게 도움을 주려면 그들의 문제를 새롭게 이해하는 방법을 배워야 했다. 효율적인 치료와 더불어 의미 있는 도움을 주려면 병의 근원을 알아내야만 했다.

나는 '친절한 사람'이 되는 것이 꿈이었다

찰스 다윈은 ≪종의 기원≫ 발간 12년 후 펴낸 ≪인간의 유래와 성 선택≫에서 유리한 자가 아닌 친절한 자가 살아남는다는 점이 중요하다고 강조했다. 그는 공감을 사회적 본능의 '초석'이라고 불렀다.[5] 나는 어릴 때부터 어떻게 도움이 되는 사람이 될 것인가라는 질문보다 어떻게 가장 도움이 되는 사람이 될 것인가라는 질문에 매료되었다. 여느 아이들처럼 맨 처음 배운 사실 또한 도움을 준다는 건 친절한 행동을 한다는 것이었다. 장난감을 같이 쓰고 친구를 안아주고 공손하게 행동하라는 말은 모두 좋은 조언이었다. 친절하게 대하는 것이 중요하다는 점에 조금도 주저하지 않고 동의했다. 친절한 행동은 타인에게 큰 도움이 되며 필요한 태도인 건 분명했다. 하지만 나는 내가 줄 수 있는 도움이 일시적인 제스처가 되지 않기를 바랐다.

영향력 있는 도움을 주고 싶었다. 그러한 생각이 아주 강렬했던 터라 중학교 때 포춘 쿠키의 쪽지에 쓰여 있던 속담조차 오랫동안 내 마음에 남아 있었다. "누군가에게 물고기를 주면 하루 식량을 주는 것이고 물고기 잡는 법을 가르쳐주면 평생 식량을 주는 셈이다."

20년 전에 가정의가 되기로 결정했을 무렵 내겐 엄청난 포부가 있었다. 나는 훌륭한 롤모델을 보며 성장했다. 아버지는 1969년에 시작된 가정의학 분야의 창시자 가운데 한 분이었다. 아버지뿐만 아니라 간호사로 일했던 어머니에게도 오랫동안 경외심을 느꼈다. 부모님이 진료실 밖에서 환자와 따뜻하게 대화하시는 모습은 어린 내 눈에도 인상적이었다. 거리에서 사람들은 부모님을 꼭 끌어안고 감사를 표현했고 최근 좋아진 건강 상태를 덧붙여 말하곤 했다. 그러한 순간마다 남다른 온유함을 목격했고 부모님의 도움 덕분에 뭔가 중요한 일이 일어났다는 점을 인지할 수 있었다. 환자와 친밀한 관계를 맺는 부모님은 내게 지속적인 영향을 끼쳤다. 나 또한 그러한 수준의 도움을 사람들에게 주고 싶었고 다른 사람의 삶에 친밀하게 관여할 수 있는 영광을 누리고 싶었다. 이런 점에서 가정

24

의라는 직업은 선을 행할 수 있는 무한한 기회가 있는 것처럼 보였다.

드디어 나는 아이다호주 드릭스에 있는 작은 마을에 위치한 병원에서 두 명의 가정의 가운데 한 명이 되었다. 아이를 받아내고, 심장 마비를 치료하고, 10대 환자의 부러진 팔에 깁스를 대주고, 우울증으로 괴로워하는 환자에게 도움을 주면서 경외감과 희열을 느꼈다. 사람들의 삶에서 그토록 중요한 순간에 관여할 수 있다는 점이 정말 놀라웠고 일종의 특권처럼 느껴졌다. 유아에서 증조부모에 이르는 모든 나이 대의 환자를 만났다. 그들은 몇 년 동안 병을 치료하거나, 정기 검진을 받기 위해서도 나를 찾아왔다. 그러면서 그들의 건강 문제뿐만 아니라 개인적 특성과 사회적 관계도 알게 되었다. 부모님이 그러셨듯 환자들과 장기적인 관계를 맺고, 그들에게 열과 성을 다해 도움을 준다는 사실에 마음이 따뜻해지기 시작했다.

한편 여러 가지 난제에도 맞닥뜨렸다. 정확한 약을 처방받고 돌아간 환자들 가운데 일부는 건강이 호전되지 않았다. 환자와 기분 좋게 대화를 나누고 내 나름으로 최상의 의학적 조언을 해주었지만 그들의 삶에서 변화가 거의 일어나지 않았다. 그런 부분이 고민이었다. 진료를 할수록 환자와의 대화에 더욱 주의를 기울였지만 여전히 성과가 없었다. 이런 상황이 의아할 뿐이었다. 환자는 당장 급한 문제를 해결했지만 내 궁금증은 풀리지 않았다. 뭔가 더 해줄 수 있는 게 없을까? 만성 통증에 시달리는 남자 환자에게 나는 정말 도움이 되었나? 혈당 수치가 비정상적으로 높은 여자 환자에게 제대로 납득을 시켰나? 환자들에게 도움을 주고 있었지만 하루하루 의문이 쌓여갔다. 예전에 원했던 대로 정말 의미 있고 지속적인 선을 행하고 있는 걸까?

치유에 영향을 주는 다른 방법에 관심이 생기면서 드릭스를 떠나게 되었다. 애리조나 대학교의 의학 박사 앤드류 웨일Andrew Weil이 만든 펠로우십(fellowship, 전문의 취득 후 대학 병원서 전공과목을 추가적으로 공부하는 전임의 과정 – 옮긴이)에 대해 들은 적이 있었다. 의사에게 침술이나 식물성 약품 같은 보완 요법을 가르친다고 했다. 그 당시 명상과 영성을 통한 스트레스 감소나 영양물 섭취는 '대안'으로 여겨질 뿐 주류 접근법은 아니었다. 하지만 웨일 박사는 이러한 방식의 좋은 측면과 전통적인 의료 체계를 결합하여 통합 의료라는 새로운 분야를 발전시켰다.

통합 의료란 무엇인가? "통합 의료는 의사와 환자 사이이 관계를 중시하고, 환자를 한 사람의 인격체로 보며, 증거를 기반으로 한다. 그리고 최상의 건강과 치유를 위해 적절한 라이프스타일 및 치료적 접근법, 건강 관리, 수련을 모두 활용한다."[6] 펠로우십 과정을 밟는 동안 배운 내용의 상당 부분은 환자의 신체에서 자기 치유 기제self healing mechanisms를 촉진하는 방법이었다. 이는 내가 의학의 '신비와 경외'라고 생각하는 부분에 속했다.

2년간의 특별 연구원 생활을 마치고 가족과 매디슨으로 왔다. 그 후 위스콘신 대학교에서 통합 의료 프로그램을 시작하는 동시에 진료를 계속했다. 이곳에서도 드릭스의 병원과 마찬가지로 환자와 장기적인 관계를 맺을 기회가 주어졌으며 새로 습득한 기술도 활용할 수 있었다. 기술의 상당 부분은 특별 연구원 기간 동안 자기 성찰하는 과정에서 생겨났다. 성찰은 치유 과정에 단순히 약이나 약초를 처방하거나 운동을 소개하

26

는 것 이상의 무언가가 있다는 사실을 이해하는 데 도움을 주었다. 또한 치료 방식과 진료 과정이 처방약의 효과를 극적으로 향상할 수 있다는 사실을 깨달았다.

지금의 연구 결과는 이것이 가능하다는 사실을 보여준다. 그러니까 의사와 환자의 상호작용이 실제로 환자에게 생리학적 영향을 주는 것이다. 뒷장에서 자세히 설명하겠지만 단순히 다른 사람의 존재만으로 한 사람의 치료에 대한 반응을 높일 수 있다. 가령 이탈리아 토리노 대학교의 신경 생리학자인 루아나 콜로카Luana Colloca가 이끄는 팀은 사람들이 수술을 받은 후 두 가지 상황에서 진통제를 받을 때 어떻게 반응하는지 비교했다. 한 그룹의 경우 수술 후 간호사가 병실에 들어와 고통을 몇 분 만에 가라앉혀 줄 강력한 진통제를 주입할 거라고 알렸다. 잠시 후 의사가 들어와 진통제를 놔주었다. 다른 그룹의 경우 진통제 주입을 알려주는 사람도 주입해주는 사람도 없었다. 이 환자들은 자동 투입 장치의 링거 주사로 같은 약을 주입받았고 투입이 시작되는 시간도 통보받지 못했다.

그 결과 기계로 약물을 주입받은 환자들은, 의사가 진통제를 직접 주입해준 환자들에 비해 50퍼센트 더 많은 양의 진통제가 필요했다. 더욱이 진통제 투입 한 시간 후, 사람이 직접 약을 놓아주었던 환자들에 비해 고통이 '훨씬 크다'고 설명했다.[7] 기대감이 형성되고("고통을 덜어주는 데 도움이 될 진통제를 곧 맞혀줄게요") 약물을 주입해주는 사람이 있을 때 약의 효능이 크게 향상한 것이다. 이러한 현상을 단순히 진통제의 본질적인 효과만으로 설명할 수 없다. 최근 조사 결과 고통과 관련해 긍정적인 기대를 하면 고통의 정도가 28.4퍼센트 줄어드는 것으로 나타났다. 이 수치는 보통

체격의 성인이 모르핀 8밀리그램을 복용하는 것과 같은 효과를 나타낸다.[8]

상호작용의 영향력을 더 많이 이해한 후 좀 더 효과적으로 타인의 치유에 영향을 줄 수 있는 방법에 대해 자문했다. 지금까지 인내심을 충분히 발휘했는가? 환자의 상황을 통찰해보았는가? 가능한 해결안을 생각해보았는가? 마사처럼 문제가 아주 복잡한 환자들이 더 있었는데, 상호작용의 과정이 이를 해결하는 데 어떤 도움이 될까 생각해보았다.

주술사의 비밀

공감은 치유에 도움이 되는가? 나는 이 질문에 대한 대답이 '그렇다'라고 믿는다. 궁극적으로 건강은 공감을 바탕으로 한 소통의 질에 달려있다. 사람은 누군가 자신에게 마음을 써준다는 점을 인지하면 좀 더 마음을 열고 이야기를 털어놓기 마련이다. 그리고 마음을 써주는 사람의 조언을 받아들이고 삶에 변화를 주려고 할 가능성이 크다.

의사든 주술사든 역사적으로 모든 유형의 치유자들이 사용했던 접근법을 살펴보면 한 가지 일관된 특징이 나타난다. 기술이나 의술의 사용과 상관없이 치유 목적의 '방문'이나 치료 의식 '그 자체'가 개인을 치료하는 데 중요한 역할을 해왔다는 점이다. 상호작용에는 희망, 신뢰, 지혜, 배려, 고마움, 상호 존경 같은 요소들을 수반한다. 우리 인간은 상대방을 안심시키거나 동정하거나 손 잡아주기 외에 해줄 것이 별로 없다 해도 서로의 기분을 좋게 만들어줄 수 있다. 놀라운 사실은 이것으로 (심지어 약물이나 치료법을 쓰기 전에) 우리가 서로의 건강을 향상할 수 있다는 점이다.

어느 시대의 의학 저술을 봐도 인간이 지닌 생명력의 원천을 발견할 수 있다. 이것은 바로 소통의 힘이다. 심지어 서기 1세기에 현대 의학의 아버지로 알려진 히포크라테스도 이렇게 말했다. "어떤 환자들은 자신의 상태가 위험하다는 사실을 자각하더라도 의사의 친절에 만족할 때 건강이 회복될 수 있다." 그 후로 약 2천 년이 지난 1800년대 후반에 존경받던 의사이자 선생인 윌리엄 오슬러 경은 의사가 환자를 대하는 태도에 대해 이렇게 설명했다. "의술은 과학을 기반으로 하는 기술이다.[9] 의사들은 의학 지식을 쌓듯 기술을 연마해야 한다."

2011년, 〈제퍼디Jeopardy〉라는 퀴즈 프로그램에서 그동안 가장 많은 상금을 거머쥔 우승자 두 명이 인간처럼 질문을 듣고 대답하는 IBM의 슈퍼컴퓨터, 닥터 왓슨Dr. Watson과 퀴즈 대결을 벌였다. 막상막하의 접전이랄 것도 없이 닥터 왓슨이 인간 천재 두 명을 압도적으로 이겼다. 웰포인트 헬스 서비스(Wellpoint Health Service, 미국의 건강 보험 회사 - 옮긴이)는 IBM과 계약하고 수많은 외래 진료소에 닥터 왓슨을 설치했다. 이 컴퓨터는 한때 소형 자동차 한 대처럼 컸지만 지금은 피자 상자 크기고 속도는 열두 배 더 빨라졌다. 의사들은 앞으로 증상의 다양한 원인이나 비정상적인 피검사 결과를 기억할 필요가 없을 듯하다. 슈퍼컴퓨터가 그런 역할을 해줄 것이기 때문이다. 하지만 기계에는 한계가 존재한다. 그렇다면 기계에 소통 기술을 어떻게 프로그램화할 것인가?

수세기에 걸쳐 현명한 사람들이 치유의 근본적인 측면에 대한 글을 써왔지만 참 이상하게도 우리는 그것을 무시하는 경향이 있다. 인간 사이의 소통의 힘에 관심을 별로 기울이지 않는 듯하다. 소통을 의료 과정에 포함하려는 진지한 노력조차 기울이지 않는다. 반면 치유에 대한 희망을 다른 곳에서 찾는다. 하루가 멀다 하고 신문에는 새로운 장치가 나왔다거나 이전 조제약보다 효과가 더 좋다는 신약에 대한 기사가 실린다. 또한 신체 내부를 투시해 보여주는 기술에도 지대한 관심을 기울인다. 가령 인체 내부 기관을 3차원 이미지로 재구성하는 MRI와 실시간으로 뇌의 일부가 반짝이는 모습을 보여주는 기능성 MRI 스캔 같은 것이다. 어느새 우리 사회는 이러한 발달에 목말라하는 사회가 되었다.

　기술 덕분에 의사의 진단과 치료 능력이 향상했다는 점에는 의심할 여지가 없다. 기술 발전으로 질병 진행의 복잡성을 제대로 이해할 수 있기 때문이다. 분자 생물학과 유전자 연구 덕분에 이제 의사는 다양한 암을 각각의 특징과 진행 단계가 있는 별개의 병으로 생각한다. 최근 우리는, 모든 병에 적용되는 치료가 더는 적절한 치료가 아니며 각 개인의 게놈genome에 맞게 약을 조정해야 한다는 것 또한 명확히 인지한다. 인종, 나이, 성별이 다른 사람들은 약의 대사 작용도 다르다. 더욱이 가장 효과적인 처방전과 암 치료를 위해 각 개인의 게놈을 일상적으로 테스트할 수 있는 시대로 나아가고 있다. 이러한 과정을 '개인 맞춤형 의료'라고 부른다.

　기술 발전은 중요하며 이것의 가치를 경시하지 않는다. 하지만 치유할 수 있는 내면의 힘이 우리에게 있다는 점을 감안할 때 사회가 단순히 기술과 약을 제공하는 것 이상의 역할을 할 수 있다고 본다.

　사람들이 소통을 잊어버린 것은 아니다. 막상 아플 때 그것이 치유

도구의 일부가 된다는 생각을 하지 못할 뿐이다. 그들은 명성이 자자한 병원과 클리닉을 찾는다(유명한 곳이라야 희망을 품을 수 있기 때문이다). 그러면서 환자를 대하는 기술이 형편없는 의사나 불편함을 느끼게 하는 병원을 기꺼이 참아낼 수 있다고 말할 때면 항상 놀랍다. 심지어 누군가 이런 말을 하는 것도 들었다. "아무개 외과의가 최고래. 난 이 분야 최고의 의사를 만나고 싶어. 나한테 친절하게 대해주지 않아도 돼." 하지만 조사 결과 실제로 환자에겐 의사의 친절함이 필요하다.[10] 의사가 환자에게 공감할 때 합병증의 가능성이 낮아질 수 있기 때문이다.

회복 스위치는 혼자 켤 수 없다

조사 결과에 흥미를 느꼈기에 위스콘신 대학교에 있는 병원에서 환자와의 소통을 실험해보았다. 가정 주치의에 재능 있는 연구자이며 인권 운동가이기도 한 동료 브루스 바렛Bruce Barrett은 감기를 낫게 할 최상의 치료법에 대한 연구로 상당한 보조금을 받았다. 일반적인 감기는 바이러스 때문에 걸린다. 온갖 약이 존재하지만 의사들은 아직 효과적인 치료약을 발견하지 못했다. 바렛은 약초인 에키네시아 복용을 포함하여 여러 가지 치료 방법을 비교했고 이를 위약僞藥 효과와도 비교했다.[11]

진료 시간에 이루어지는 다양한 수준의 소통이 감기 환자의 회복력에 얼마나 영향을 끼치는가에 특히 관심이 쏠렸다. 그래서 의사와 환자 사이에 형성되는 다양한 상호작용에 관한 연구를 주도적으로 이끌었다. 연구팀은 일반 감기에 걸린 12세 이상의 환자 350명을 등록했다. 그들에게 감기에 걸렸는지 묻는 질문지를 배포하여 연구 대상자들을 찾았다. 이들은 48시간 내에 발생한 콧물, 코막힘, 재채기, 인후통 같은 일반적인 감기 증상을 겪는 사람들이어야 했다.

환자들을 무작위로 선택해 세 가지 유형 가운데 한 가지 진료를 받게 했다. 그리고 의사가 행해야 하는 유형이 명시된 봉투를 환자의 차트에 끼웠다. '진료 없음' 그룹의 환자들은 의료진을 전혀 만나지 않는 부류였다. 봉투 안에 '일반적 진료'로 명시되어 있으면 환자가 불친절하게 느끼더라도 형식적이고 인간미 없이 진료해야 했다. 하지만 환자가 '질 높은 진료'를 받도록 명시된 봉투의 경우 따뜻하고 인간미 있고 대화를 아주 많이 하는 방식으로 진료해야 했다.

우리는 연기 코치를 고용하여 우리 측 참여자들을 훈련시켰다. 의사들은 일반적 진료를 맡았을 때 차갑고 사무적이고 냉정한 태도를 보이고 환자와 최소한의 대화만 해야 했다. 연기 코치는 진료실에 들어가기 전에 '불소통'이라는 단어를 생각하라는 제안까지 했다. 하지만 질 높은 진료를 맡았을 때는 '소통'이라는 단어를 생각하고 환자와 유대감을 형성하는 것을 목표로 삼으라고 훈련받았다.

또한 질 높은 진료를 맡았을 때 시간을 들여 환자에게 다섯 가지 중요한 요소를 제공해야 했다. 첫째, 긍정적인 예후를 들려주어야 했다. 다시 말해, 곧 좋아질 거라는 확신을 주어야 했다. 둘째, 공감하고 측은하게 여기는 모습을 보여주어야 했다. 환자의 컨디션이 얼마나 안 좋은지 충분히 이해하고 있음을 보여주어야 했다. 셋째, 환자 자신에게 병을 다스릴 능력이 있다는 생각을 심어주어 회복을 위해 스스로 관리하도록 해주어야 했다. 넷째, 환자와 개인적인 인맥을 형성해야 했다. 환자를 처리할 대상이나 해결할 증상들의 집합체가 아닌 자기 나름의 인생사와 관점이 있는 한 개인으로 인정해야 했다. 마지막으로 감기에 대해 그리고, 환자가 치료 목적으로 할 수 있는 일들을 교육해야 했다. 이러한 다섯 조치를 PEECE라고 이름 붙였다. 긍정적인 예후Positive prognosis, 공감Empathy, 권한 부여Empowerment, 소통Connection, 교육Education의 머리글자를 따서 만든 말이다.[12]

의사들은 진료실에 들어가기 직전 봉투를 열어볼 때까지 어떤 유형의 진료를 해야 하는지 알지 못했다. 무작위였기 때문에 일반적 진료가 쓰인 봉투를 받기도 했고 질 높은 진료가 쓰인 봉투를 받기도 했다. 그리고 훈련받은 대로 진행해야 했다. 3장에서도 설명하겠지만 개인적으로 환자에게 웃거나 관심을 전혀 기울이지 않고 냉담하고 사무적으로 진료하는 일이 몹시 괴로웠다.[13]

환자는 진료를 받은 후 진료에 대한 설문지를 작성했다. 그들은 의사가 보인 행동의 다양한 측면을 어떻게 생각하는지, 그러한 행동에 대해 어떻게 느끼는지와 관련해 1에서 5 사이의 점수를 매기도록 요청받았다. 의사가 환자를 편안하게 해주었는가? 이야기할 기회를 주었는가? 이야기를 진심으로 귀담아 들어주었는가? 한 사람의 인격체로서 관심을 기울여 주었는가? 긍정적인 태도를 보였는가? 얼마나 환자의 걱정을 이해했고 관심과 동정을 보였으며 병을 명확하게 설명했는가? 마지막으로, 통제력을 가지거나 건강에 입각한 행동 계획을 세우는 데 도움을 주었는가? '완벽한' 진료에는 50점이라는 점수가 매겨졌다.

이 연구에서 350명의 등록자 가운데 84명이 의사에게 완벽한 점수를 주었다. 이들은 대부분 질 높은 진료를 받은 사람들이었다(일반적 진료를 받은 사람들 가운데 완벽한 점수를 준 이들도 있었다). 하지만 정말로 측정하려고 했던 것은 질 높은 진료가 환자의 회복에 영향을 주었는가 하는 점이었다. 따라서 설문 조사를 실시한 것과 더불어 환자들의 생물학적 샘플도 채취했다. 코 안의 면봉 채취물로 콧속 호중구(감염 물질과 싸우는 백혈구)와 염증성 사이토카인인 단백질 인터루킨-8의 수치를 측정했다. 이들은 호흡기 바이러스 감염 초기에 질병과 싸우는 과정에서 수치가 증가하다가 뒤이어 며칠에서 몇 주 동안 수치가 감소한다. 호중구와 인터루킨-8의 존재는 감기와 밀접하게 관련하며 신체가 감기와 얼마나 열심히 싸우고 있는지 판단할 수 있는 믿을 만한 수치다.

환자들이 집으로 돌아간 후에도 2주 동안 연구원들은 매일 환자들에게 전화했다. "감기가 아직 낫지 않은 것 같나요?" 첫 진료일에서 약 48시간이 지난 두 번째 진료 때 연구원들은 환자의 인터루킨-8과 콧속 호중구 수치를 다시 측정했다.

우리는 아주 인상적인 사실을 발견했다. 측정 결과, 질 높은 진료를 받은 환자들의 감기가 가장 빨리 나았다. 그들은 일반적 진료를 받은 환자들보다 하루 이상 빨리 나았다. 하지만 여기에 흥미로운 결과가 더 있었다. 일반적 진료를 받은 후 의사에게 완벽한 점수를 준 사람들 가운데 빨리 회복한 사람은 거의 없었다. 그러나 '실제로' 질 높은 진료를 받은 환자들은 감기가 더 빨리 낫고 증상이 덜 심각했을 뿐만 아니라 인터루킨-8과 호중구 수치가 감기 바이러스를 공격하기 위해 더 빠른 속도로

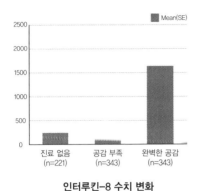

인터루킨-8 수치 변화

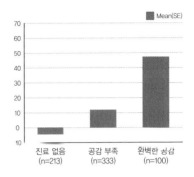

호중구 수치 변화

증가했다는 사실이다.[14]

결과적으로 사람들의 상호작용이 신체에 명확한 생리학적 영향을 줄 수 있다. 더욱이 이러한 영향은 질병과 싸우는 신체 기제를 본격적으로 작용하게 만들 만큼 크다. 소통이 이루어질 때 병이 완전히 낫지는 않더라도 회복이 빨리 촉진될 수 있다. 바로 이런 점에서 소통은 신체의 자기 회복 기제를 촉진한다고 말하는 것이다.

하지만 가장 중요한 것은 완벽한 점수가 무엇을 의미하는가였다. 질 높은 진료를 받았으나 의사에게 완벽한 점수를 주지 않은 환자들은 회복 시간이 더뎠다. 이것은 대단히 흥미로운 사실이었다. 소통은 단순히 '친절함'이나 '상냥한 태도' 이상의 의미를 지니며 다른 사람에게 실질적인 영향을 끼치는 데 필요한 조건이었다. 다시 말하지만 소통은 단순히 친절한 대우를 경험하는 것이 아니다. 이는 스위치가 '켜지거나 꺼지는' 현상으로 비유해볼 수 있다. 환자는 상대방이 정말로 자신의 말을 들어주고 자신에게 진지하게 반응해준다고 느끼거나 혹은 그렇게 느끼지 못하거나 둘 중 하나인 것이다. 즉 환자가 그렇게 느낄 때만 정서적으로나 생리적으로 여러 가지 득을 볼 수 있다.

덧붙여 말하자면 진료를 전혀 받지 않은 환자들은 일반적 진료를 받은 후 의사에게 공감 점수를 낮게 준 환자들보다 조금 더 빨리 회복했다. 하지만 이러한 결과가 극히 일부 환자들에게서 나왔기 때문에 통계적으로 유의하지 않다고 보았다. 극히 일부를 차지한 이 데이터 때문에 '소통에 노력을 기울이지 않는 성격 나쁜 의사를 만나느니 집에서 애완견과 함께 쉬는 것이 회복에 더 좋을지도 모른다!'라고 생각 할 수도 있기 때문이다.

종합해볼 때 모든 연구 결과는 회복 과정에 끼치는 마음의 잠재적 힘을 증명한다. 그렇다고 해서 의료진이나 간병인이 환자에게 정신력을 기르라고 한다거나 대화로 항상 그들이 원하는 결과를 얻을 수 있다고 주장하는 것은 아니다. 애석하게도 마음과 몸이 항상 그런 식으로만 작용하지는 않는다. 하지만 이러한 연구 결과는 우리가 오랫동안 알고 있던 것을 뒷받침해준다. 전문 의료진이든 가족 간병인이든 환자를 돌볼 때 지금까지와 다른 접근법을 쓸 수 있다. 마음의 영향력을 잘 이해할수록, 치료의 요소가 될 수 있다는 것을 받아들이기 쉽다. 그러면 마음에 좀 더 초점을 맞추고, 약만큼 마음이 중요한 역할을 할 수 있다. 진지하게 마음을 나누는 것이 회복의 기본 역할이기 때문이다.

상대방의 관점이 당신의 관점과 다를지라도 이 과정은 충분히 의미 있는 행동이다. 또한 이러한 대화로 신뢰를 구축하면 양측 모두 큰 그림을 보는 데 도움이 될 정보를 끌어낼 수 있다.

걱정 한 스푼 덜기

병이 양상이 복잡한 마사를 보며 좌절감과 허무함을 느끼는 나 자신에게 화가 났다. 그러나 천천히 심호흡 하다 보니 소통과 양방향 대화의 힘이 떠올랐다. 마사의 통제력을 벗어나 새롭게 등장하는 증상들과 약들의 부작용을 곱씹었다. 그러자 순간 명확한 생각이 떠올랐다. 내가 좌절감을 드러낸다면 마사에게 결코 도움이 안 되며 지금과 같은 방법을 고수한다면 효과적인 치료 또한 될 리가 없다는 것이었다. 더구나 해결책을 제시할 사람은 내가 아니었다. 마사는 내가 해답을 주길 바랐지만 실제로 어떠한 도움이 자신에게 '성공적'일지는 마사 자신이 가장 잘 알 터였다.

내가 끌어들일 수 있는 모든 자원을(의료 정보뿐만 아니라 나라는 사람 자신까지도) 어떻게 활용해야 환자에게 도움이 될까? 물론 마사에게 해줄 수 있는 일에는 한계가 있겠지만 가장 효과적인 방법으로 도움을 줄 수 있다. 즉, 해답을 제시하는 것이 아니라 마사의 건강에 대해 함께 통찰하며 소통하는 것이다. 나는 의사로서 마사 본인이 자신의 병을 어떻게 생각하는지, 병의 양상을 바꾸기 위해 스스로 어떤 행동을 할 수 있다고 믿는지 듣고 이해할 필요가 있었다. 마사와 공감어린 대화를 하면서 마사가 자신의 병을 스스로 통제할 수 있다고 여기도록 해야 했다.

마사의 최근 증상을 분석하는 대신 질문했다. "류머티즘 관절염 때문에 오랫동안 너무 고통받으셨죠. 그것 때문에 여러 가지 힘든 부작용도 생겨났고요. 모든 현상의 주요 원인이 무엇이라고 생각하세요?"

　이러한 질문으로 대화의 문이 열려 내심 놀랐다. 마사는 자신 때문에 가족이 얼마나 힘들어하는지, 자신이 잘 움직이지 못해 가족이 생활하는 데 얼마나 불편한지 말해주었다. "전 아들과 남편을 실망시키는 게 정말 싫어요. 하지만 아들과 남편이 저의 끊임없는 고통을 이해하지 못하는 것 같아요." 마사는 내가 알지 못했던 자신의 과거 이야기도 꺼내며 눈물을 글썽거렸다. 수십 년 전, 그러니까 마사에게 증상이 나타나기 훨씬 전에 그녀는 끔찍한 경제적 고통을 겪었다. 그래서 가족을 부양하기 위해 잠시 동안 매춘했다고 했다. 오랫동안 마사는 수치심과 죄책감을 느꼈고 아무에게도 사실을 말하지 않았다. 마사가 말하는 동안 귀 기울여 들어주었다. 마사가 감정 표현에 집중하던 그 시간은 내게도 중요한 순간이었다. 마사의 눈물은 그녀가 아프다고 느끼는 감정의 원천이 무엇인지 알렸다. 마사는 회복의 의지를 밝히면서도 그것을 방해하는 부정적인 감정에 대해서도 말했다. 또한 병과 그 병이 일상에 끼치는 영향을 사랑하는 가족과 연결 지어 말했다.

　그날의 대화로 어떤 치료책이 나오진 않았지만 마사의 치료 방향에 확실히 커다란 변화가 생겼다. 마사는 스스로 불건전한 것으로 여겨 꾹꾹 눌러두었던 경험과 관련한 여러 이야기를 끄집어냈다. 마사의 병은 특정한 생리적 요인 때문에 생겼을 것이다. 하지만 사람의 감정 상태 역시 중요하다. 병 자체와, 그 병이 미치는 영향과, 그것이 사람 사이의 관계에 끼치는 영향력에 대해 말한 사람은 바로 마사였다. 나는 그녀의 이야기에 집중했고 그러자 중요한 변화가 생겼다. 마사의 난감한 상태를 논의할 수 있는 새로운 틀이 생긴 것이다. 우리는 마사가 병을 관리하도록 새로운 전략을 짤 수 있었다. 참으로 값진 시간이었다.

류머티즘 관절염이 사라지진 않았지만 다음 진료 때 마사의 상태는 상당히 호전되었다. 과거의 해결되지 못한 감정을 다루기 위해 심리 치료 전문가의 도움을 받자는 의견도 나왔다. 그리하여 심리 치료도 병행했다. 마사는 의학적 치료를 위해 나의 진료를 계속 받았지만 그동안 통제되지 않았던 많은 증상이 멈추었다. 결론적으로 복용하던 약 몇 가지를 줄였다. 우리는 마사의 병이 감정과, 인생에서 일어났던 사건들과, 만성 질환이 복잡하게 얽혀서 나타난 결과라는 사실을 인지할 수 있었다.

이러한 경험으로 영국 정신과의사 헨리 모즐리Henry Maudsley가 했던 말을 되새겼다. 그는 정서 상태와 건강을 연관 지었다. "눈물로 발산되지 못한 슬픔은 다른 장기를 울게 만들 수 있다." 그래서 고통받는 이들에게 도움을 주려는 사람은 그들의 안녕을 고려해야 한다. 마사와 소통한 경험이 특히 그러했다. 짧은 대화만으로도 큰 결과를 낼 수 있으며 좋은 성과를 위해 전략적으로 이용할 수 있는 여러 가지 상호작용 방법이 있다는 사실을 알았다. 공감하며 듣자 나와 마사의 역학 관계가 바뀌었다. 또한 마사는 자신의 경험을 인정했을 뿐만 아니라 회복하기 위한 다음 조치를 스스로 생각해내는 단계에 이르렀다. 마사는 우리의 대화에서 고무받아 희망을 품었을지도 모른다. 희망은 문제가 오랫동안 지속될 때 해결의 중요한 원동력이 된다.

대화로 타인을 돕는 사람으로서 나 자신을 바라보는 관점도 바뀌었다. 한때 좌절했던 나는 그 대화 이후 평온과 성취감을 느꼈고, 직업에 대해 품었던 긍정적인 감정이 되살아났다. 문제를 일시적으로 수습한 것이 아니라 의미 있는 도움을 주었고, 마사를 더 나은 미래로 이끌었다는 기분이 들었다. 마사와 나눈 대화로 목적의식을 재충전했고 나의 잠재력을 명확하게 인지했다. 마사의 상황에 내 관점을 덜 투영했지만 더 많은 것을 이루었다.

하지만 더 놀라운 사실은 고무적인 느낌이 내 마음에 확 일었다는 점이다. 마사와 나누었던 짧은 소통은 기운을 북돋았다. 나는 그날 남은 하루 동안 일에 더 집중하고 더 활기차게 보냈다. 또한 밤에 집으로 돌아갔을 때 뭔가 의미 있는 일이 생겼다는 느낌이 들었고 변화에 이바지했다는 사실이 영광스러웠다.

* * *

책에 소개된 대부분의 연구나 조사는 의학계에서 시행된 것이지만 소통하려고 노력하는 모든 이에게 적용할 수 있다. 의사와 환자, 남편과 아내, 부모와 자녀, 선생과 학생, 사장과 직원 아니면, 상대편에게 도움을 주려는 열정이 있다면 어떠한 관계에서도 적용 가능하다. 사람들이 소통에 집중할 때 최고의 성과를 내고 최고의 도움을 줄 수 있다고 믿는다. 그러나 우선 자기 자신을 이해해야 하고 상대방과 있을 때 그 순간에 집중하려는 마음이 있어야 한다. 연습이 필요하지만 분명한 보상이 있다. 상대방은 건강과 회복을 촉진하며, 당신은 에너지를 충전하고 뿌듯한 감정을 경험할 것이다.

2장

떼려야 뗄 수 없는
마음과 몸

나는 경험으로 마음과 몸은 아주 친밀하
게 연결되어 있다는 것을 안다. 결혼한
사이에서는 그것이 그 이상이라는 점을
발견할 수 있었다. 하나가 괴로워하면 다
른 하나가 거기에 교감한다.

체스터필드 경Lord Chesterfield

마음은 우리 자신의 공간이며 자기 멋대
로 지옥을 천국처럼 느끼기도 하고 천국
을 지옥처럼 느끼기도 한다.

《실낙원》 저자 존 밀턴John Milton

사람의 기대감은 안녕을 결정짓는 중요한 요인이다. 하지만 저명한 심리학자 브루노 클로퍼Bruno Klopfer에게 환자 라이트 씨의 특이한 사례는 마음의 힘이란 아주 강력해서 치료에도 영향을 줄 수 있다는 것을 보여주는 증거였다. 반세기 전에 책을 펴낸 클로퍼는 로르샤흐 테스트(Rorschach test, 잉크의 얼룩처럼 그린 여러 장의 그림을 제시하고 느낀 대로 설명하게 하여 사람의 성격, 정신 상태를 판단하는 방법 −옮긴이)를 발전시킨 사람이었다. 그는 희망을 품는 정도와 에고 같은 '심리적 변인'을 탐구하고 이것들이 암 치료에 어떤 도움이 되는지를 조사했다. 클로퍼는 1957년에 강연에서 한 의사가 그에게 들려준 내용을 그대로 말해주었다.[1]

라이트 씨를 진료했던 여러 의사들 사이에선 그의 살날이 얼마 남지 않았다는 데 의심의 여지가 없었다. 끔찍한 유형의 림프 육종이 라이트 씨의 전신에 퍼져 있었다. 목, 사타구니, 복부에 있는 종양은 오렌지 크기였고 방사선 치료를 해도 더는 줄어들지 않았다. 그는 쇠약했고 산소마스크에 의존해 호흡해야 했다. 담당 의사들은 더는 치료가 무의미하다고 판단했다. 할 수 있는 것은 그가 눈을 감을 때까지 고통을 완화해줄 수 있는 처치뿐이었다.

하지만 라이트 씨는 타이밍이라는 측면에서 행운을 얻은 듯했다. 의사들이 그의 임박한 죽음에 대해 협의할 때 말 혈청을 추출하여 만든 신약이 시중에 등장했다. 크레비오젠Krebiozen으로 알려진 이 약에 대한 사람들의 관심은 대단했다. 심지어 그것이 기적의 암 치료제라는 신문 기사가 실리기도 했다. 마침 라이트 씨가 이 기사를 읽었고 자신이 있는 병원이 그 약을 시험할 수 있는 몇 안 되는 병원들 가운데 한 곳임을 알았다. 그는 임상 시험에 참여하고 싶었지만 담당 의사는 반대했다. 그는 2주 이상 살 가능성이 없어 보이는 라이트 씨가 기대 수명이 3개월 이상인 환자에게만 시행하도록 명기된 이 약물 시험에 적합하지 않다고 보았다. 하지만 라이트 씨는 기적의 약이 자신에게 변화를 일으킬 거라고 단단히 확신했기에 의사에게 애원했다.

결국 라이트 씨는 오늘날이라면 허용되지 않았을 윤리 규약에서 비껴갔다. 담당 의사가 순전히 연민 때문에 그를 임상 시험에 포함한 것이다. 하지만 이러한 일탈은 진정 주목할 만한 결과를 냈다. 라이트 씨는 금요일에 크레비오젠을 처음 주입받았다. 월요일에 다시 나타난 의사는 라이트 씨가 기분이 아주 좋고 병원 직원과 활기차게 수다를 떨 뿐만 아니라 종양 크기가 줄었다는 사실을 발견했다. 몹시 놀란 의사는 라이트 씨에게 치료의 전 과정을 진행했다. 10일이 지나자 라이트 씨는 당장 죽을 정도로 아픈 사람처럼 보이지 않았다. 그는 스스로 호흡했고 활기가 넘쳤기에 의사들은 그를 퇴원시키기로 결정했다.

하지만 이후 두 달 동안 크레비오젠의 효과에 대한 상충된 내용이 신문 기사로 실렸다. 많은 사람이 연구에 의문을 제시했고 약에 효능이 없다는 새로운 정보가 쏟아졌다. 신문을 계속 읽어온 라이트 씨는 그 기사에 큰 충격을 받았고 두 달 후 건강이 악화하여 침울한 상태로 다시 입원했다.

라이트 씨의 담당 의사는 두 달 동안 그의 회복에 희망이 큰 역할을 했을지도 모른다고 생각해 환자의 긍정적인 시각에 초점을 맞추기로 결심했다. 오늘날의 윤리 기준으로는 허용할 수 없는 일이지만, 그에게 더는 해줄 것이 없던 터라 의사는 약효가 두 배인 크레비오젠이 병원에 도착했다고 거짓말했다. 그리고 라이트 씨에게 그것을 맞을 자격이 된다고 말해주었다. 의사는 그에게 증류수를 주입했고 동시에, 효능이 강화된 크레비오젠에 대해 희망을 품을 수 있도록 온갖 말을 해주었다.

놀랍게도 라이트 씨는 열정을 되찾았고 첫 번째 치료 때보다 훨씬 더 긍정적인 결과가 발생했다. 종양 크기가 다시 줄었고 그는 활기가 넘쳤다. 그리하여 또 퇴원할 수 있었다. 건강은 두 달 정도 지속되었고 그즈음 미국 의학 협회에서 크레비오젠을 '무익한' 약물로 규정한 확정 보고서가 발표되었다. 그는 뉴스에 낭패감을 느꼈다. 확정 보고서가 나온 지 일주일 만에 그는 재입원했고 단 이틀 만에 눈을 감았다.

클로퍼는 심리 전문가 협회 발표 자리에서 이 사례를 말했다. 그는 이를 통해 특정 유형의 환자들은 회복에 좀 더 진전을 보인다는 사실을 알 수 있었다. 정서 불안을 덜 느낄수록 그러니까, 두려움을 덜 느끼고 희망을 품을수록 궁극적으로 회복할 채비를 더 잘 갖추는 셈이다. 클로퍼는 라이트 씨의 긍정적인 마음이 '이용 가능한 모든 필수 에너지를 끌어모아 기적의 암 치료 반응을 보였다'고 썼다. 클로퍼는 환자가 너무 쉽게 실망하여 좋은 결과를 지속할 수 없었지만, 그들의 관계와 치료에 대한 의사의 열정이 환자 생존에 영향을 끼친 것은 분명하다고 덧붙였다.

흥미로운 사례인 동시에 몇 가지 중요한 질문을 던진다. 우리가 낙관론 같은 견해에 좀 더 관심을 기울였다면 어땠을까? 의사가 환자의 정서 능력을 치료의 일환으로 생각하게끔 교육받았다면 어땠을까? 마음과 치료를 연결하는 것은 정확히 무엇일까?

마음은 몸으로 말한다

18세기의 데카르트 Descartes의 저서에도 나타나지만, 서양 의학의 오래된 특징 가운데 하나는 마음과 몸의 이원론적인 분리였다. 환원주의 접근법은(데카르트의 이원론으로 불리며 육체 아니면 정신, 이것 아니면 저것으로 이해된다) 질병을 치료하는 방법, 연구에 접근하는 방법, 말하는 방법에 영향을 주었다. 의료 체계 역시 이러한 방향에 맞추어져 있다. 이것은 제로섬(zero-sum, 한쪽이 득을 보면 다른 한쪽이 반드시 손해를 보는 상태 - 옮긴이) 게임이다. 사람들은 심장병이 있는 친구가 심장전문의를, 암에 걸린 친구가 종양전문의를 찾아가는 것을 당연하게 생각한다. 그리고 친구의 정서적, 정신적, 관계적 문제는 의료 기관이 아닌 정신 건강 전문가나 상담사 같은 사람을 찾아가 해결하는 것이라고 생각한다.

하지만 우리 사회는 마음과 몸이 연결되어 있다는 생각을 갈수록 편안하게 받아들이고 있다. 분자 생물학에서 사회학에 이르는 무작위 임상 연구와 수많은 과학적 증거는 마음과 몸이 질병과 회복에 긴밀히게 관련되며 감정적 경험과 기대 역시 큰 역할을 한다는 사실을 뒷받침한다.[2] 정보를 마음 깊이 인지할 때 뇌에서 신경펩타이드neuropeptide라는 단백질이 형성되고 이로써 신체 전반에 걸쳐 생리적 반응이 연이어 나타난다. 따라서 몸에서 마음을 떼어놓고 생각할 수 없다는 점은 100퍼센트 정확한 말이다. 종합해볼 때 마음과 몸은 서로 상호작용을 하는 하나의 완전체인 것이다. 자연주의자 존 뮤어John Muir는 이런 말을 했다. "이 세상 어떤 것이라도 그것만 따로 떼어내려고 보면 그것이 우주 만물과 연결되어 있나는 사실을 발견하게 된다."[3]

우리는 사람 사이의 상호작용이 치료에 영향을 준다는 점을 알고 있다. 그러나 마음과 몸의 연결성을 파악하기 위한 무작위 임상 연구는 중요하다. 지금 우리는 '증거 기반 의학'을 중시하는 시대에 살고 있기 때문이다. 그래서 임상의의 통찰력이 들어간 치료와 '체계적 연구에서 나온 최고의 임상 증거'를 추구한다.[4] 요컨대 의사가 특정한 유형의 치료를 고수하고 그 치료를 시행하기 위해서는 그것이 효과적이라는 과학적 증거가 필요하다. 이 모든 것은 선을 위한 것이다.

증거에 입각한 마음과 몸의 연구는, 아플 때 겪는 정서적 경험이 수세기 전이나 지금이나 중요하다는 점을 보여준다. 가령 1980년대에 스탠포드 대학에서 시행한 조사 결과가 그렇다. 이 조사에서 전이성 유방암 환자들 가운데 감정을 표출하는 서포트 그룹에 적극적으로 참여한 환자들이 좀 더 오래 생존한다는 사실이 드러났다.[5] 또한 오하이오 주립대의 바바라 앤더슨Barbara Andersen 박사가 시행한 조사도 마찬가지다. 서포트 그룹이 포함된 적극적인 치료가 생존 기간을 늘렸다.[6] 최근 시행된 이 조사는 유방암에 걸린 227명의 여자 환자들을 서포트 그룹에 참여하는 집단과 참여하지 않는 집단으로 나누었다. 조사 기간 동안 임상 심리학자 두 명이 서포트 그룹의 이완 훈련뿐만 아니라 토론에도 개입했다. 토론의 주제는 암과 관련된 스트레스와 피로를 극복하는 긍정적인 방법, 사회적 지지를 높이는 방법, 식단과 운동 요법을 향상하기 위한 전략, 암 치료를 포기하지 않기 등이었다. 환자들은 12개월에 걸쳐 26번의 모임에 참석했다.

연구원들은 모든 환자를(서포트 그룹에 참여한 환자들과 참여하지 않은 대조군 환자들 모두) 11년 동안 추적 조사했다. 그동안 암이 재발한 사람은 62명이었다. 이들 가운데 조사에 중도 하차하거나 너무 아파 참여하지 못한 사람들도 있었다. 최종적으로 남은 41명의 여성 환자들은 4개월, 8개월, 12개월 간격을 두고 검사를 받았다. 그들은 심리적 상태, 사회적 관계, 치료 계획 준수, 면역 체계 작용(자연 살해 세포의 힘과, 면역력에 중심 역할을 하는 림프구 혹은 백혈구의 일종인 T세포의 활성화 등)을 평가받았다.

앤더슨 박사는 서포트 그룹에 참여했던 환자들이 생행동적(biobehavioral, 병의 진행에서 행동적, 심리사회적, 생물학적 측면 사이의 관련성을 일컫는 용어 – 옮긴이) 측면에서 이점을 누렸고 그룹에 참여하지 않았던 환자들에 비해 사망할 확률이 낮고 수명이 더 길었다는 사실을 발견했다. 이뿐만 아니라 처음에 암 진단을 받은 시기와 암이 재발된 시기 사이의 간격이 더 길었다. 그러니까, 암 없이 산 기간이 더 길었다는 말이다. 이러한 긍정적 효과는 지지

공동체의 일원이라는 생각, 불안과 우울증 감소, 병에 대한 감정을 표출할 기회 같은 다양한 요인에서 비롯했을 것이다.

마음과 몸의 관계를 다룬 이 조사는 주제에 대한 최종 결론으로 여겨진다. 심지어 치유를 포함해 장수에도 사람들 사이의 소통이 중요한 역할을 한다. 국립 과학원 의학 연구소[7]는 이러한 유형의 심리사회적 서포트 그룹을 암 치료 과정에 포함할 것을 권장했다. 연구소에서 발표한 〈전체 환자를 위한 암 치료: 심리사회적 건강에 대한 필요 충족Cancer Care for the Whole Patient: Meeting Psychosocial Health Needs〉보고서에 이런 내용이 있다. "정신신경 면역학 분야의 연구 결과는 심리사회적 스트레스 요인이 신경내분비계와 면역체계의 기능을 방해한다는 것을 증명한다." 실제로 이 연구소는 환자와 그를 돌보는 사람 사이의 진지한 소통을 권장했다. "모든 암 치료에는 환자와 의료인 사이의 효과적인 의사소통을 위한 심리사회적 건강 서비스가 포함되어야 한다."[8]

어제보다 오늘 더 우울하다면

서포트 그룹에 참여한 것이 왜 환자들에게 유익했던 것일까? 암 진단과 치료의 결과로 우울증, 불안, 외상 후 스트레스 장애 등이 생길 수 있다. 병과 더불어 이러한 감정 상태로 괴로워하는 환자는 의사가 권한 치료를 따라가는 데 어려움을 겪는다. 그 결과 수명이 단축될 수 있다. 이뿐만 아니라 그들이 느끼는 고통, 불면증, 피로는 일을 지속하는(그리하여 돈을 벌어야 하는) 능력과 일상적인 역할을 하는 능력에 영향을 준다. 이 모든 것이 결국 우울증을 악화시키고 치료 결과도 나쁘게 만든다.

서포트 그룹 참여가 수명 연장에 도움이 된 이유는 이것이 적극적 치료이기 때문이다. 오하이오 주립대나 암환우 지원 공동체 같은 기관에서도 이러한 심리사회적 모임을 만들었다. 서포트 그룹의 참여자들은 소극적 피해자가 되지 않고 회복을 위한 싸움에 적극적으로 임했다.[9] 오랜 경험으로(그리고 이 분야에서 계속되고 있는 조사에서 나온 분명한 증거로) 치료에는 적극적인 과정이 필요하다는 사실을 알게 되었다. 적극적인 치료란, 도움이 필요한 사람이 자신을 도우려는 사람과 강한 유대 관계를 형성하는 것이다.

더욱이 적극적인 치료는 소극적 방법인 처방약보다 더 도움이 되고 유해성도 적다는 사실을 발견했다. 앞에서 언급했듯 약물의 상호작용과 과잉 투약은 너무 많은 문제를 일으킨다. 가령 치매나 기억력 감퇴는 나이가 들면서 누구나 우려하는 부분이다. 일반적으로 이러한 상태를 치료하기 위해 아리셉트^Aricept 같은 아세틸콜린에스테라아제 억제제를 처방한다. 기억을 형성하는 데 필요한 신경전달물질인 아세틸콜린이 증가하기 때문이다. 하지만 오히려 아세틸콜린을 감소시키는 다른 치료제와 같이 처방되는 경우가 흔하다. 예를 몇 가지만 들자면 알레르기(베나드릴 혹은 디펜히드라민, 클라리틴 혹은 로라타딘), 근육 경련(방광 치료제인 데트롤 혹은 톨터로딘), 우울증, 통증, 불면증(심발타 혹은 둘록세틴, 엘라빌 혹은 아미트립틸린)에 쓰이는 약들이다. 이것들은 장기간 복용하면 기억력이 나빠질 가능성이 커지는 것으로 나타났다. 기억을 형성하는 데 도움이 되는 아세틸콜린을 감소시키기 때문이다.[10] 따라서 한 가지 약이 다른 약의 작용을 방해할 때 더 안 좋은 결과를 일으키고, 이는 환자가 좌절하는 것으로까지 이어진다.

단순하게 약만 처방할 경우, 의료진과 환자 모두 생활환경이 건강에 어떤 영향을 주는지 생각하며 대화할 필요가 없다. 하지만 이러한 대화 과정은 치유의 중요한 요소다. 적절한 예로서 우울증을 살펴보자. 생활환경, 유전적 인자, 암이나 갑상선 기능 저하증이나 파킨슨병 같은 질병 등 우울증 증상을 악화시킬 수 있는 요인은 많다. 우울증의 생리적 원인 중 하나가 세로토닌 결핍이다. 기분을 좋게 하는 이 호르몬은 뇌 속에 있다. 프로작이나 졸로푸트 같은 선택적 세로토닌 재흡수 억제제SSRI는 이 호르몬이 재흡수 되는 것을 막아 필요한 곳으로 더 많이 순환하도록 해준다. SSRI가 개발된 이후 지금까지 이 약을 이용해 우울증을 소극적으로 치료해왔다. 약을 먹거나, 침을 맞거나, 마사지를 받는 것은 모두 소극적 치료법이다.

하지만 작용이 있다면 반작용도 있는 법이다. SSRI로 치료하는 경우 내성이 생기는 결과가 발생할 수 있다.[11] SSRI로 세로토닌 수용체를 인위적으로 억제하면 신체가 여기에 주의를 기울이고 스스로 조정한다. 그러니까 세로토닌을 흡수할 수용체가 더 많이 필요하다고 생각하여 이 수용체를 만들어내는 것이다. 즉 시간이 지나면서 항우울제에 내성이 생길 수 있다. 신체가 세로토닌 수용체 숫자를 늘린 터라 예전과 같은 '기분 좋은' 효과를 똑같이 누리려면 투입되는 약 역시 증가해야 하기 때문이다.

하지만 가령 어떤 남자가 항우울제의 성적 부작용을 싫어한다고 해보자. 아니면 기분 상태가 갈수록 좋아져 약을 복용해야 할 필요성을 더는 못 느낀다고 해보자. 그래서 복용을 즉시 중단했고, 세로토닌 수용체는 더이상 억제되지 않는다. 이제 수용체는 그가 항우울제를 복용하기 전보다 더 증가한다. 순환하는 세로토닌은 새롭게 형성된 수용체들에 묶여버리고 그 결과 세로토닌 수치가 확 줄어든다. 즉 그는 예전보다 더 심한 우울증을 느끼게 된다. 항우울제를 다시 복용해야 할 필요를 절실하게 느낀다. 여기서 중요한 사실은 약 복용을 서서히 중단해야 한다는 점이다. 그래야 몸이 줄어든 약에 다시 적응을 할 수 있다.

다른 많은 약에서도 이와 똑같은 과정이 발생한다. 의사가 환자에게 진통 때문에 하이드로코돈이나 모르핀 같은 오피오이드opioid제를 처방했다고 해보자. 이때 모든 오피오이드 수용체가 약을 흡수한다면 신체는 이에 적응하여 수용체를 더 만들어낸다. 그래서 오피오이드제를 쓰며 치료할 때 일부 환자들은 시간이 지나면서 통증 민감도가 증가할 수 있다. 의사가 해결하려고 하는 원래 문제가 좀 더 심각해진다. 보고서에 의하면 이것은 오피오이드가 불러일으키는 통각과민증으로 알려져 있다.[12]

마찬가지로, 플릴로색Prilosec 같은 양성자 펌프 억제제로 위산 분비를 장기간 억제하면 신체는 위산을 더 만들어야 할 필요를 느낀다. 마치 켄터키 경마에서 말이 뛰어나갈 준비를 하는 것과 같다. 약의 복용을 중단하면 위산 수치가 평소보다 더 높게 올라가며 심각한 위산 역류 증상을 겪는다. 여러 조사 결과 의사가 위산 억제제를 6주 이상 처방했다가 갑자기 중단하면 환자가 예전에 못 느꼈던 속쓰림을 겪었다.[13] 또한 최근 연구 결과, 약으로 위산 분비를 장기간 억제하면 영양소 흡수 불량이 발생하고 치매, 심장병, 신장병 발병 확률이 증가했다.[14] 만일 환자가 "내 안에서 나를 좀먹고 있는 건 무엇이지?"라는 은유적 질문을 고찰해본다면 단순히 위산 분비를 억제하는 약에 의존할 필요가 없을지도 모른다.

비만 환자를 위한 베리아트릭 수술 역시 내성이 생길 수 있다. 이 수술의 여러 방법 중 가장 효과적인 루엔와이Roux-en-Y는 위를 잘라내고 음식이 내려가는 길을 소장으로 우회하는 수술이다. 한 컵 분량의 음식물만 담을 수 있는 주머니가 소장에서 만들어지는데 이것을 예전 위가 있던 자리에 부착한다. 위는 여전히 존재하지만(이것은 췌장 효소가 음식을 소화하게 허용한다) Y자 모양의 왼쪽을 담당하면서 스스로 기능을 멈춘다. 수술이 성공하면 체중이 크게 줄고 심지어 당뇨병을 개선하기도 한다. 하지만 수술을 받은 사람이 식욕을 되찾고 예전처럼 섭취량이 많아지면 신체가 이것에 적응한다. 그 결과 한 컵 분량의 주머니가 원래 위의 크기로 늘어나고 체중이 다시 급증한다. 실제로 수술을 받은 사람들 가운데 50퍼센트가 5년 후 원래 체중으로 돌아가며 공격적인 수술로 수많은 부작용에 시달린다.[15] 환자와 의사가 과식 이면에 있는 정서적 원인을 고찰해보았다면 이러한 결과를 피할 수 있었을 것이다.

인간을 포함한 모든 생명체는 적응력이 굉장히 뛰어나다. 불교 철학에 강의 흐름길을 바꾸려 하지 말라는 말이 있다. 우리가 자연의 길을 바꾸려고 하면 강물이 둑 밖으로 넘쳐흘러 피해가 생기기 마련이다. 약도 마찬가지다. 약은 지금껏 그래왔고 앞으로도 그렇듯 병을 치료하기 위해 쓰는 아주 유익한 치료 도구 가운데 하나다. 하지만 약을 남용하고 정서적 측면을 고려하지 않는다면 신체의 흐름길을 바꾸려 하는 것과 같다.

또 다른 방법이 있다. 우울증 환자로 예를 들어보자. 환자가 자기 절망의 원인을 알고 변화하기 위해서는 치료 전문가와 소통해야 한다. 그러면 단순히 세로토닌 수용체를 억제하는 약에 의존할 때보다 근본 문제를 들여다볼 수 있다. 조사 결과, 인지 행동 치료(CBT로 알려진 이 방법은 개인의 상황, 깨달음, 변화에 중점을 둔다)가 약만큼 효과 있으며 재발 확률을 낮춰준다는 사실을 보여준다.[16] 이것은 현재의 상황으로 이끈 원인을 파악할 수 있는 접근법이다. 자기 분석을 하면 인생행로를 주도적으로 통찰할 수 있다. 이처럼 적극적 치료를 하면 치유가 지속된다. 반면 항우울제 복용, 양성자 펌프 억제제 복용, 베리아트릭 수술 같은 소극적 치료는 증상을 완화하는 데 도움이 될지 몰라도 치유를 지속할 수 없다.

몸의 자원과 마음의 자원을 적극적으로 동원해야 한다. 하지만 의료진과 환자 모두 힘든 문제와 고통을 들여다봐야 하는데 이는 단순히 약을 복용하는 것보다 훨씬 어려운 일이다. 보통 약과 행동 치료가 모두 필요한데 약에만 장기간 의존하는 환자가 많다. 나는 증상이 심하지 않은 우울증 환자에겐 적극적 치료에 임할 수 있을 정도의 활력과 기분을 북돋아주기 위해 단기간만 항우울제를 처방한다. 그런 후 내성이 생기기 전에 가능하다면 약의 용량을 줄인다.

다른 적극적 치료 방법들 역시 상당한 효과가 있다. 오래된 불교 수행인 마음 챙김은 주관적인 판단을 하지 않고 의식적으로 현재에 집중하는 과정을 말한다(7장 참조). 마음은 대부분 과거의 기억에 혹은 미래의 바람에 머물러 있다. 스트레스는 과거에 대한 후회에서 생겨난다. "~ 했어야(하지 말았어야) 했는데."(빨간 신호등에서 멈췄어야 했는데, 그녀에게 데이트 신청을 했어야 했는데, 그 주식을 팔지 말았어야 했는데!) 같은 생각 말이다. 또한 미래에 대한 불안에서도 생겨난다. "~하면 어쩌지?"(시험에 통과 못하면 어쩌지? 이 관계가 틀어지면 어쩌지? 우리 애가 캠프에서 다치면 어쩌지?) 같은 생각이 그렇다. 후회는 마음을 과거에 가두고, 불안은 마음을 미래에 가둔다. 의식적으로 현재를 살면 (자신이 어떤 조치를 취할 수 없는) 과거와 미래에서 벗어나 '지금 상태'에 집중하게 된다. 조사 결과, 명상으로 이루어지는 인지 치료[17]를 하면 스트레스, 불안, 불면증, 통증, 우울증이 감소했다.[18]

동양의 마음 챙김 명상을 서양에 소개하는 데 선구자 역할을 한 존 카밧 진Jon Kabat-Zinn은 명상 기법이 건선 같은, 육체적 질병의 증상도 호전시킬 수 있다는 사실을 발견했다. 조사 대상자들 중 일부는 자외선을 사용한 광선 요법으로 비늘 모양의 빨간색 피부 질환을 치료받았다. 그런데 마음 챙김 명상을 병행한 환자들의 피부가 더 빠르고 깨끗하게 변했다.[19]

플라시보 효과는 속임수다?

내 환자 가운데 한 명인 울트라마라톤(정규 마라톤 거리인 42.195km를 크게 상회하는 초장거리 경주 - 옮긴이) 주자가 한 말이 마음에 계속 남아 있다. "마음이 항상 다리보다 앞서가요." 100마일을 달리려면 몸과 마음이 건강해야 하지만 마음의 통제가 필요하다. 무엇이 가능하고 무엇이 불가능한지에 대한 믿음에 따라, 기능을 해야 하는 근육에 에너지를 더 보내거나 덜 보낸다. 마음은 극한의 상황에서도 몸을 계속 움직이게 만드는 레버를 당긴다. 생각과 기대가 몸이 반응하는 과정을 바꿀 수 있다. 그리고 이것은 소위 플라시보라고 부르는 효과에 특히 들어맞는다.

1807년, 토머스 제퍼슨Thomas Jefferson은 이렇게 썼다. "내가 아는 가장 성공한 의사는 빵으로 만든 알약, 색깔 있는 물, 히코리 나무의 재 가루를 다른 약보다 더 많이 사용했다고 내게 장담했다."[20]

이것이 플라시보다! 플라시보는 라틴어로 '기쁘게 하다'를 의미한다. 플라시보 효과는 치료가 잘 될 거라는, 환자의 긍정적 믿음을 말하는데 실제로도 그렇다. 많은 조사 결과 플라시보가 천식, 심장병, 심지어 신징병을 개선하는 데 일조했다. 또한, 플라시보 알약 가운데 파란색 알약이 분홍색 알약보다 마음을 더 진정시키고 빨간색 알약이 베이지색 알약보다 더 효과 있는 것으로 나타났다. '유명 상표가 붙은' 플라시보 알약은 상품명이 없는 알약보다 더 도움 되고, 크기가 더 큰 알약이 작은 알약보다 더 효과적이라고 느껴진다.[21] 실험 대상자에게 가하는 처치가 아플수록 플라시보 효과가 더 강하다. 더욱이 최근 한 조사에서 플라시보 치료가 이루어지는 상황이(이 경우에는 무릎 골관절염으로 고통받는 사람들에게 행해졌다) 치료 결과에 영향을 준다는 사실이 밝혀졌다. 환자가 예상했던 대로 삼키는 캡슐 약을 줄 때보다, 플라시보 주사를 놔주거나 연고를 문질러줄 때 고통 완화에 더 효과적이었다.[22]

이러한 결과들은 개인이 지닌 치유 기제의 힘을 상징적으로 보여준다. 말하자면 '플라시보 효과'이지만 단순히 가짜 약을 주는 것 이상의 의미를 지닌다. 사실 '플라시보 효과'라는 말이 속임수처럼 느껴질 수 있어서 오해의 소지가 있다. 그래서 개인적으로 '치유 효과'라는 말이 더 낫다고 생각한다.

마음의 영향력은 신체의 자기 치유력에 관해 특히 강력하다. '대인 관계에 의한 치유interpersonal healing'로도 알려진 과정은 사람들의 상호작용에서 시작한다. 이것은 다양한 행동, 비언어적 단서, 의식으로부터 촉발한다. 우리는 이것으로 타인에게 희망, 신뢰, 의미, 지지, 공감을 전할 수 있다.[23] 실제로 플라시보는 자기 치유 기제를 촉발하기 위해 믿음, 기대감, 의식을 만들어내는 극적인 잠재력을 지닌다.

2006년, 위스콘신 대학교의 브루스 웜폴드Bruce Wampold는 미국 국립 정신 건강 연구소가 1985년에 한 획기적인 조사 데이터를 분석하여 결과를 발표했다. 과거 이 연구소는 항우울제 이미프라민이 플라시보에 대해 갖는 이점을 강조했다. 그러나 약을 처방한 의사의 영향력은 고려하지 않았다. 그리하여 브루스 웜폴드는 의사와 환자 사이의 관계가 결과에 영향을 주었는지를 판단하기 위해 112명의 환자들을 면밀히 조사했다. 그 결과 치유 효과를 신뢰하지 않는 정신과 의사가 치료약을 처방했을 때보다, 관계의 기술이 뛰어난 정신과 의사가 설탕 알약을 이용했을 때 더 좋은 결과가 나왔다. 즉 의사가 환자와 하는 소통이 약보다 더 큰 힘을 발휘했다. 소통의 힘을 아는 의사가 실제 약을 함께 이용하면 치료 효과가 증진할 수 있다.[24]

흥미로운 사실이 또 있다. 포르투갈에서 시행한 새로운 조사에서 요통 환자에게 전통적인 치료약보다 플라시보 알약을 처방했을 때 더 효과적이었다는 것이 드러났다. 환자가 플라시보 알약을 복용하게 될 거라는 사실을 사전에 들었는 데도 이러한 결과가 나왔다. 조사의 근거는 요통의 단독 치료약을 아직 발견하지 못했다는 점이다. 요통에 가장 흔하게 쓰이는 약 중에 비스테로이드 소염제인 애드빌Advil과 앨리브Aleve가 있고 이보다 더 강력한 처방제도 있기는 하다. 하지만 이 약들은 1에서 10까지의 통증 크기에서 단 1정도의 통증만 줄여준다.[25] 또한 일반적인 생각과 달리 오피오이드제는 그렇게 효과적인 진통제가 아니다. 장기적으로 볼 때 고통을 현저히 줄인다거나 삶의 질을 높이는 데 도움을 주는 것은 아니기 때문이다.[26] 따라서 과학자들은 약의 본질적 가치가 큰 힘을 발휘하지 못한다면 차라리 치료 의식이나 절차를 만들고 긍정적인 기대를 해보자는 방안을 제안해왔다. 그래서 포르투갈의 연구자들이 바로 이렇게 했다.

그들은 요통 환자 83명을 무작위로 두 개의 그룹으로 나누었다. 조사 참여자 가운데 41명이 라벨이 붙은 플라시보 약을 3개월 동안 복용했다. 약병에 붙은 라벨에는 실제로 '플라시보 알약'이라고 눈에 띄게 쓰여 있었다. 나머지 42명은 플라시보 알약을 복용하지 않고 평소대로 치료를 계속 받았다. 하지만 연구자들은 플라시보 알약에 대한 긍정적 기대를 조성했다. 그들은 모든 참여자에게 라벨이 붙은 플라시보 약의 효과가 요약된 비디오를 보여주었다. 그리고 이런 말도 해주었다. "플라시보 효과는 강력할 수 있습니다. 플라시보에 대한 신체의 반응은 유명한 파블로프의 개 실험에서 확인된 조건 반응과 유사합니다. 긍정적인 태도는 도움이 됩니다. 이 알약을 21일 동안 충실히 복용하는 게 중요합니다." 연구자들은 참여자들에게 이러한 교육을 한 후 무작위로 봉투를 나누어주었다. 봉투 안에 연구 그룹이라고 쓰인 참여자들은 '플라시보 알약, 하루 두 알 복용'이라고 쓰인 병을 받았다.

연구자들은 고통 정도(1에서 10점까지의 수치)와 장애 정도(0에서 24점까지의 수치)가 개선되기를 기대했다. 그들은 참여자들이 알약을 복용하기 전에 수치를 측정했고 11일과 21일이 지났을 때도 측정했다. 그 결과, 비스테로이드 소염제를 썼을 때 고통 정도가 1점, 평소의 치료법을 썼을 때

0.2점 줄어든 반면 공개 라벨이 붙은 플라시보 약을 복용한 사람들의 고통은 1.5점 줄어든 것으로 나타났다. 플라시보 알약은 장애 정도를 낮추는 데도 효과적이었다. 평소의 치료법을 쓴 사람들의 경우 수치가 줄지 않은 반면 플라시보 알약을 복용한 사람들의 경우 2.9점 줄었다.[27]

이 조사에서 무엇을 알 수 있는가? 의사가 처방하는 약의 효능은 약 자체의 본질적 가치에서만 나오지 않는다. 약과 관련한 의식과 약에 대한 기대감이 약효를 높일 수 있다. '플라시보 알약'이라는 라벨이 붙은 병을 소유하고, 그것을 열고, 아무리 설탕 알약일지라도 효과가 있다는 기대를 갖고 복용한다면 좋은 결과가 생길 수 있다. 라벨이 붙은 플라시보 약을 처방하는 의사가, 시간을 들여 긍정적인 기대감을 심어주지 않고 부작용이 있는 비스테로이드 소염제와 오피오이드제 같은 약만 처방해주는 의사보다 환자에게 더 이로울 수 있다.

뇌가 인정하는 플라시보 효과

앞서 언급한 놀라운 결과는 뇌의 변화와도 관련이 있다. 건강이 좋아질 거라는 기대감은 도파민(보상 호르몬)과 오피오이드(쾌락과 통증 완화 호르몬) 생성을 자극한다. 그뿐만 아니라 정보를 수용하고 처리하거나 감정에 영향을 주는 뇌의 부위에서 신경전달물질을 많이 만든다. 이럴 때 양전자 방출 단층 촬영PET을 하면 가장 활동적인 뇌 부위가 반짝인다. 긍정적인 기대가 전측 대상 피질, 안와 전두 피질, 섬피 피질뿐만 아니라 측핵, 편도체(작은 아몬드 모양 뇌 부위로 감정을 조절하는 역할을 한다), 수관 주위 회색질에서 도

58

파민과 오피오이드 생성에 영향을 준다는 사실을 알 수 있다. 그러니까 기대라는 단순한 생각만으로도 이렇게 강력한 약 성분이 생성된다.[28]

웨이크 포레스트 대학교의 연구자들은 기능성 MRI을 이용하여 통증과 통승 경감을 측정했다. 조사 결과는 저명한 저널 〈미국 국립 과학원 회보〉에도 실렸다. 연구자들이 조사 참가자들의 다리에 살을 아프게 하는 패치를 붙인 후 오히려 통증이 줄어들 거라고(사실 여부와 상관없이) 말하자 실제로 참여자들은 고통을 덜 느꼈다고 보고했다. 그들이 느낀 고통은 정확히 28.4퍼센트 줄었다. 여기에는 생리학적 증거도 있다. 기능성 MRI 스캔을 확인해보자, 뇌의 모든 고통 중추에서 활동이 현저하게 감소했다. 연구자들은 이렇게 썼다. "긍정적인 기대(즉, 고통이 줄어들 거라는 기대)로 말미암아 체감 통증이 줄어들었고, 이 수치는 오피오이드 진통제를 복용했을 때의 효과와 맞먹는다."[29]

통증을 25퍼센트 줄이는 데 필요한 모르핀 양은 보통 체중 1킬로그램당 0.08밀리그램이다. 만일 77킬로그램 나가는 사람이 긍정적인 기대로 통증이 줄었다면 이는 6밀리그램의 모르핀을 복용한 것과 같은 효과다. 이것은 1장에서 나온, 간호사의 설명을 듣고 진통제를 맞았을 때와 그냥 자동 투입 장치로 맞았을 때의 결과와 같은 맥락이다.

우리는 플라시보를 가짜 약 정도로 생각해왔기 때문에 그것에 대해 별로 검토해보지 않았다. 그러나 플라시보는 어떤 약이 출시되기 전, 그 약의 가치를 판단하기 위해 이용되기도 한다. 만일 어떤 약이 설탕으로 만든 플라시보 알약보다 좋은 결과를 내면 효과적인 약으로 간주되어 시장에 출시된다. 플라시보와 효과가 같거나 더 나쁜 결과를 내면 시장 출시가 보류된다. 책 전반에서 플라시보 효과와 관련된 내용을 다룰 것이다. 소통에 의한 치유는 속임수가 아니라 유효하고 입증된 방법이며 현대 과학자들도 이것을 활용하기 시작했다.

우리는 치유자로서 커다란 잠재력을 지니고 있다. 우리에게 있는 잠재력을 들여다본다면 더 효과적으로 도움을 줄 수 있다. 사랑하는 사람들을 치료해주지 못하더라도 자신이라는 존재를 이용해 상대방에게 자기 치유의 힘을 끌어내도록 도울 수 있다. 우리는 그들을 지지해주고, 긍정적 시각을 심어주고, 동기를 부여해주고, 희망을 심어줄 수 있다. 이것이 감성 지능 기술이다. 긍정적인 의사소통을 잘 활용한다면 상대방의 건강을 회복하는 데 도움을 준다. 여기에는 분명 생물학적 근거가 있다. 이 부분에 대해서는 뒤에서 좀 더 심도 있게 다루려고 한다.

3장

우리는 보이지 않는
실로 연결된다

만물은 마치 한 가족을 맺어주는 피와 같이 맺어져 있다. 만물은 서로 맺어져 있다. 땅 위에 닥친 일은 그 땅의 아들들에게도 닥칠 것이니. 인간은 생명의 근원을 짜는 것이 아니라 다만 그 그물의 한 가닥에 불과하다. 그가 그 그물에 무슨 짓을 하든 그것은 곧 자신에게 하는 것이다.

1854년, 시애틀 추장

여느 때처럼, 일반 감기에 걸린 환자에게 공감할 때와 무심하게 내할 때의 서로 다른 효과를 조사하던 중이었다. 내 봉투에는 '일반적 진료'(공감하지 않기)라고 쓰여 있었다. 진료실에 들어가니 12세 학생이 나를 기다리고 있었다. 무심하지만 유능한 의사라는, 내게 주어진 역할을 따라야 했기에 406번 환자로만 알고 있는 그녀와 눈을 마주치지 않으려 노력했다. 진료 내내 규정에 따라 공감하지 않고 냉정한 태도를 유지했다.

"어떻게 오셨죠?" 그녀와 최대한 거리를 두며 서류를 내려다보았다. 그런 후 등을 돌려 손을 씻었다. 물론 나는 학생이 진료실에 온 이유를 알았다. 학생은 조사 그룹에 포함된 환자였다.

"감기라서요." 학생은 내 눈을 마주치려고 애썼다. 그러나 내가 마주쳐다보지 않자 실망하는 기색이 느껴졌다. 환자와 소통해야 한다고 생각했지만 내게 주어진 역할에만 충실했다. "어디 봅시다."

환자는 진료 의자에 앉았다. 나는 무작위로 선택된 '일반적 진료'의 규정을 따라 무표정한 얼굴로 '예, 아니오'로만 답할 수 있는 질문만 했다.

"목이 아프나요?" "코가 막히나요?" "재채기가 나오나요?" 계속 환자의 눈을 마주치치 않으며 환자가 하고 싶어 하는 소통을 성공적으로 피했다. 그리고는 다시 몸을 돌려 차트에 기록한 다음 아무 말 없이 진료 의자로 걸어가 환자의 목과 귀를 검사했다. 뒤이어 목의 분비선을 눌러보고 폐 충혈이 있는지 검사했다. 검사 담당자가 환자 콧속에 호중구가 있는지 확인하기 위해 면봉으로 콧속 샘플을 이미 채취해둔 상태였다.

환자의 눈을 들여다보고 싶은 충동과 싸우며 관례적인 질문으로 진료를 마무리했다. "뭐 물어볼 게 있나요?"

"네." 그녀는 고개를 끄덕이며 말했다. "가족이 있으신가요?"

나는 순간 난감했고 심장이 내려앉는 기분이 들었다. 그녀는 내게 손을 내밀어 소통하려고 애썼지만 나는 임무에 충실하며 규정을 지켰다. 간신히 무표정한 얼굴로 말했다. "그럼요, 아내와 세 아이들이 있죠." 그리고 환자가 반응할 기회를 차단하기 위해 뒤이어 "뭐 다른 질문 있나요?"라고 물었다.

환자는 맥없이 고개를 흔들며 시선을 아래로 내렸다. 시간을 더 내서 그 환자에 대해 알고 싶었지만 그럴 수 없었다. 환자가 나와 소통하려 했지만 실망감을 주고 말았다.

진료실을 들어갈 때처럼 재빨리 나와 타이머의 '스톱' 버튼을 눌렀다. 3분 11초였다. 속이 몹시 울렁거렸다. 마음씨 고운 어린 환자가 보낸 선의의 신호를 묵살한 탓에 단 3분 만에 낭패감을 느꼈다. 내가 한 행동의 결과 때문인지 몸이 아프기까지 했다. 일부러 내보인 냉담함에 내가 아프듯 환자도 마음이 아플까? 그게 환자의 감기를 더 심하게 만들까? 이

번 진료로 환자는 앞으로 만날 의사들에 대해 어떤 고정관념을 가질까?
그리고 그런 생각이 장기적인 건강에 영향을 줄까? 물론 통계 전문가는
'일반적 진료'나 '질 높은 진료'에 담긴 의미를 발견할 수 있을 터였다. 하
지만 그 순간 가장 중요한 것은 의미 있는 소통을 하려는 환자의 시도를
내가 방해했다는 사실에 기분이 엉망이었다는 점이다. 설령 조사 결과 일
반적 진료와 질 높은 진료 사이에 차이점이 없다고 해도 소통이 치료를
촉진하고 나 또한 좋은 기분을 느끼는 데 도움이 된다는 것을 직감적으로
알았다.

하지만 하나 더 중요한 지점이 있었다. 상냥한 환자는 냉랭한 진료로
기분이 안 좋은 건 알겠는데 왜 그것 때문에 내가 이렇게까지 심란한 거
지? 환자가 느꼈을 감정 때문에 낙담한 걸까? 사람 사이의 교감에는 신경
학적인 근거가 있는 걸까?

내 마음이 들리니?

우리의 신경계는 타인과 감정을 공유하는가? 이 질문의 간단한 답은
놀랍게도 '그렇다'이다.

자동차 사고나 전시의 잔혹 행위에 관여하지 않고 그저 목격만 했더
라도 엄청난 충격을 받는다. 조부모는 손주가 정글짐 꼭대기로 기어 올라
가는 모습만 봐도 가슴이 철렁 내려앉는다. 자동차 뒷좌석에 앉은 아기는
앞좌석에 앉은 부모가 다툴 때 울기 시작한다. 이 사례들은 사람들의 신
경계가 각자 별개의 것이 아니라 서로 연결되어 있다는 점을 보여준다.

연구 결과 사람은 태어날 때부터 신경학적으로 주변 사람의 감정에 영향을 많이 받으며 그 감정을 흡수한다고 밝혀졌다. 바로 이것이 공감, 연민, 학습의 기반이다. 이러한 연구 결과는 사람의 신체와 두뇌 주파수가 생리적으로 주변 사람들에게 맞추어져 있다는(대부분의 사람은 이를 감지하지 못하지만) 결론으로 이어진다. 또한 연결 관계는 유대감을 형성할 때 더 강해진다.

논란도 많았지만 유명했던 일련의 실험에서 연구자들은 서로 알지 못하는 일곱 쌍에게 뇌파 기록 장치EEG를 부착했다. 이것은 두뇌의 전기적 자극을 감지하는 장치다. 첫 실험에서 각 쌍의 개인들은 서로 분리되어 패러데이Faraday 상자라 불리는 개인 공간(A실과 B실)으로 들어갔다. 그곳은 전자파가 모두 차단되었고, 뇌파 기록 장치만 두뇌 활동을 감지했다. 각자 A실에 있던 사람들은 플래시 라이트 자극을 받았다. 그러자 뇌파가 감지되었다. 연구자들은 홀로 B실의 어둠 속에 앉아 있던 사람들에게도 똑같은 뇌파가 나타나는지 확인해보고 싶었다. 예상대로 B실 남자의 뇌파는 변하지 않았다.

연구자들은 이제 실험 내용을 바꾸었다. 그들은 각 쌍에게 서로에 대해 알아볼 것을 요청했고 뒤이어 '20분 동안 조용히 명상하며 서로의 존재를 느껴볼 것'을 요청했다. 서로 직감적으로 연결되어 있다는 기분을 느낀 후 그들은 다시 각자의 A실과 B실로 분리되었다. 연구자들은 그들에게 연결되어 있다는 기분을 계속 유지하길 부탁했다. 그리고 A실에 플래시 라이트를 비추었다. 그 결과 B실에 앉아 있던 사람의 뇌에서도 비슷한 뇌파 패턴이 25퍼센트나 감지되었다. B실의 사람은 플래시 라이트를 보거나 경험하지 못하는 환경 속에 놓였는데도 말이다. 25퍼센트는 통계적으로 의미 있는 수치다.[1] 이것은 동떨어져도 작용하는 지향성 intentionality을 보여준다. 연구자들은 떨어져 있는 한 쌍이, 서로에게 끼치는 영향을 조사하기 시작했다. 가령 일란성 쌍둥이 가운데 콜로라도에 있는 한 명이 매사추세츠에 있는 다른 형제자매에게 안 좋은 일이 생겼다는 것을 감지한다면 이는 먼 거리에도 불구하고 지향성이 작용한 것이다.

9년 후 후속 실험이 시행되었다. '서로 가깝게 느끼는' 사람들 열한 쌍을 이용해 동떨어져도 작용하는 지향성의 힘을 알아보는 조사였다. 연구자들은 한 사람의 생각이 다른 사람의 뇌 활동에 영향을 주는지 알고 싶었다. 그들은 하와이 원주민 치유자들(평균 23년 동안 전통적인 치유를 해해온 사람들이었다)과 함께 실험을 진행했다. 그들은 이 '치유자'를 전자파가 통하지 않는 방에 두고 평소에 이 사람과 소통하는 친구를 기능성 MRI 기계에 눕혔다. 그리고 일정치 않은 시간 간격으로 치유자들은 2분 동안 상대방에게 긍정의 관심을 쏟았다가 그만두었다. 기능성 MRI 검사를 받는 상대방 뇌의 활동 기록과 관련 있는지 확인해보기 위해서였다. 기능성 MRI 판독 결과 친구의 뇌 반응과 치유자의 지향성 있는 생각 사이에 통계적으로 유의한 연결 관계가 드러났다.[2]

이 효과는 교감의 힘과 관련이 있다. 더구나 위의 실험처럼 사람들이 서로에게 애정이 있을 때 이런 현상이 일어날 가능성은 더 높다. 같은 생물의 세포를 채취하여 그것을 나누고 반응을 관찰할 때도 마찬가지다. 예를 들어 이탈리아 밀라노에서 리타 피치 Rita Pizzi는 인간의 신경세포를 외부와 차단된 두 개의 상자에 나누어 넣었다. 그리고 레이저광선으로 한쪽의 신경세포에 자극을 주자 떨어져 있는 다른 상자의 신경세포도 똑같은 반응을 보였다.[3] 시카고 러쉬 대학교에서 아쉬칸 파르하디Ashkan Farhadi가 운영하는 실험실에서도 이와 비슷한 결과가 나왔다. 파르하디 박사는 소화관 상피세포를 채취한 후 두 개로 분리하여 서로 통하지 못하게 완전히 차단했다. 첫째 상자에 있는 세포에 유독성 과산화수소로 부정적 영향을 주자 둘째 상자에 있는 세포도(그 화학물질에 노출되지 않았지만) 똑같이 피해를 입었다.[4] 일련의 실험 결과로 '직감'의 힘을 생각해보게 된다.

물리학자들은 이러한 현상을 양자 얽힘 같은 복잡한 가설과 양자역학으로 설명하는데 실제로 밝혀내려면 오랜 시간이 걸릴 것 같다. 하지만 연구자들은 이 실험 결과로 어떻게 대개의 어머니가 아이의 기분을 직감하는지에 대해 이해할 수 있었다. 유감스럽게도 흔히 부정적 감정이 긍정적 감정보다 더 강력하다.

그렇다면 심장은 어떨까? 미국 하트매스 연구소Institute of HeartMath에서 시행된 연구 결과는 널리 알려져 있다. 심전도 검사ECG처럼 특정한 양의 전자기 에너지를 발산하는 심장 박동은, 다른 사람의 뇌를 비롯한 신체 부위에 전달된다. 특히, 두 사람이 아주 가까운 사이거나 서로 신체 접촉을 할 때 더 그렇다.[5] 이는 아기를 안고 있는 어머니나 같이 자는 부부에게도 해당된다. 또한 심박동수, 맥박, 피부 전도(불안을 측정하는 간접적 방법이다), 신체의 움직임 같은 생리적 체계가 비슷한 부부일수록 결혼 만족도가 더 높고 더 건강한 경향이 있는 것으로 밝혀졌다.[6] 이는 상호 조절 coregulation이라 불리는 현상이다.

위와 같은 교감은 단순히 전기 자극으로만 설명되지 않는다. 신체는 조율과 상호 조절을 통해 변화한다. 그러니까 한 사람의 생리 작용이 상대방에게서 보고 느끼는 것에 맞추어 조절된다. 마더 테레사가 버려진 아이와 나환자를 돌보는 영상을 대학생 132명이 보았을 때, 그들의 면역 기능(침 속 항체 수치로 측정했다)이 향상했고 한 시간 이상 지속되었다. 수치를 측정하기 전 연구자들은 학생들에게 영상처럼 개인적으로 사랑을 기반으로 한 관계를 한 시간 동안 곰곰이 생각해보라고 요청했다.[7] 교감하는 사람을 관찰하고 그 모습을 마음에 간직한 것만으로도 신체와 건강에 긍정적인 효과를 낸다.

다른 연구자들도 사회적 상호작용이 이루어지는 동안 한 사람의 생리적 반응이 타인의 생리적 반응에 영향을 준다는 사실을 발견했다. 심지어 서로 모르는 사람일지라도 그러했다. 연구자들은 추위를 느끼는 것에도 실제로 '전염성이 있다'는 사실을 밝혀냈다. 한 실험에서 참여자들은 얼음처럼 차가운 물이 담긴 양동이에 손을 집어넣는 배우들 모습이 담긴 비디오를 시청했다. 참여자들의 손은 배우들이 차가운 물에 손을 담그는 장면이 나올 때 상당히 차가워진 것으로 나타났다. 이는 신체 시뮬레이션이라 불리는 현상이다.[8]

거울의 발견

어떻게 이러한 반응이 가능할까? 학생들은 마더 테레사가 베푼 친절을 직접 받지는 않았다. 실험 참여자들은 차가운 물에 손을 직접 담그지 않았고 그저 그렇게 하는 사람을 보기만 했다. 이 질문에 대한 답을 찾으려면 최근 뇌에서 이른바 '거울 신경세포^{mirror neuron}'를 찾아낸 과학자들에게 주목해야 한다. 이 세포는 다른 사람의 의도적 행동을 관찰할 때 활성화되어 그 사람과 똑같은 느낌을 불러일으킨다. 뇌의 이러한 공동 활성화와 모의 반응은 타인의 마음에서 일어나는 일을 어떻게 이해하는가에 대한 생물학적 근거가 된다.[9] 이뿐만 아니라 모방을 통한 학습과 더나아가 인간 생존의 기반이 된다. 이는 아기 때 학습이 모방 행동을 기반으로 한다는 점에서 그렇다(아기들이 혀를 내미는 부모의 행동을 따라하고 부모가 말할 때 아이의 입이 미묘하게 움직인다는 사실을 생각해보라).

거울 신경세포는 1992년, 이탈리아 파르마의 한 연구실에서 처음 발견되었다. 연구팀은 뇌를 연구하기 위해 침팬지 한 마리를 준비했다. 뇌의 운동 계획 영역에 얇은 탐침을 주입했고 그 전선을 컴퓨터에 연결했다. 침팬지가 견과류나 바나나를 집을 때 어떤 신경세포가 활성화되는지 컴퓨터로 확인할 예정이었다. 그런데 한 과학자가 실험 준비를 위해 음식물을 상자에 넣으며 우연히 컴퓨터 화면을 보았다. 과학자는 침팬지의 근육이 전혀 움직이지 않았는데도 화면에 움직임이 포착된 것을 보고 놀랐다. 침팬지는 그저 과학자를 관찰했을 뿐이었다. 침팬지는 아무 움직임 없이 있었지만 실제로 음식물을 집었다면 활발한 반응을 보였을 뇌 회로가 활성화되었던 것이다.[10]

뜻밖의 발견으로 거울 신경세포 연구의 새로운 장이 열렸다. 연구 대상은 다른 영장류에서 인간까지 이어졌다. 어떤 사람이 상대방의 얼굴 표정을 관찰하면 아주 미묘하긴 해도 그 사람 역시 비슷한 표정을 짓는다는 점은 이제 잘 알려진 연구 결과다(이와 달리 표정을 흉내 내지 못하게 했을 때 이 사람은 관찰하는 상대방의 감정을 이해하지 못하는 경향이 있다). 프랑스에서 과학자들은 이른바 상호작용에 의한 동조interactional synchrony의 기초가 되는 뇌 패턴을 조사했다. 조사의 참여자들은 사회적 교류를 하는 동안 상대빙의 끊임없는 행동 변화에 맞추어 자신의 행동을 바꾸었다.[11] 실제로 뇌가 서로 동조하는 이러한 과정으로 중요한 정보를 교환하고 신뢰감을 형성했다. 하지만 최근 이 과정이 기술 때문에 지장받고 있다. 전자 건강 기록이 진료의 중요한 부분으로 자리매김하면서 의료진이 컴퓨터 화면과 마주하는 상황이 갈수록 증가한다. 이러한 현상은 스마트폰 사용에서도 드러난다. 10대 청소년들이 친구들과 직접 만나지 않고 갈수록 이 감정 없는 물건과 상호작용하기 때문이다 정두가 신하든 신히지 않든지 간에 컴퓨터에 대한 의존은 상호작용에 의한 동조를 막는다. 이러한 상황은 우리 아이들의 감성 지능과 직관력을 떨어뜨릴 가능성이 높다.

　연구자들은 사람이 타인의 행동을 따라 하는 현상에 대한 이해에서 한 걸음 더 나아가 사람이 타인의 감정을 똑같이 느낀다는 사실을 발견했다. 거울 신경세포는 편도체 같은 뇌의 감정 중추에 존재한다. 이는 감정이란 전염되는 것임을 나타낸다. 감정의 통합과 조절에 관여하는 뇌 조직은 직접적 자극에 반응할 뿐만 아니라(친한 친구를 볼 때 느끼는 기쁜 감정 같은) 타인이 느끼는 감정을 목격할 때도 반응한다.[12] 이렇기 때문에 다른 사람이 경험하는 것을 바로 이해할 수 있다. 그러니까 다른 사람의 육체적 고통이나 정신적 고통을 느낄 수 있는 것이다. 거울 신경세포는 타인에게 느끼는 공감과 연민의 밑바탕이 된다.[13] 여러 조사 결과, 이와 반대로 상대방이 내 감정에 공감하지 않거나 적절한 반응을 보여주지 않으면 두 사

70

람의 신뢰가 줄어들었다.[14]

이러한 현상은 양 방향으로 즉, 긍정적 방향으로도 부정적 방향으로도 나타난다(사람은 주변 사람들의 감정을 감지하기 때문이다). 그래서 '가족은 가장 불행한 구성원만큼만 행복하다'는 말에 일리가 있는지도 모른다. 감정 전염은 길 알려진 유해한 현상이다. 감정 전염으로 시작된 집단 히스테리는 한 무리의 사람을 좌지우지한다. 자신들이 심각한 위험에 처했다거나 모두 똑같은 질병에 걸렸다는 잘못된 생각을 하도록 만들기 때문이다.

그러나 좋은 소식도 있다. 민감한 거울 신경세포가 긍정적인 감정도 활성화한다는 것이다. 자기 마음의 소음clutter(6장에서 이 개념을 설명할 것이다)에서 빠져나올수록 거울 신경세포는 상대방의 감정과 교감하려는 작용을 더 활발히 한다. 즉, 긍정적인 감정 또한 전염된다.[15] 만일 의료진이 환자를 치료할 수 있다고 확신한다면 환자는 그러한 감정에 동조하여 자신이 나을 수 있다고 믿기 시작한다. 의료진의 긍정적 생각이 상호작용의 에너지를 끌어내고 환자의 믿음에까지 영향을 준다.

유방암 환자 지원자인 릴리 쇼크니Lillie Shockney는 교감을 바탕으로 한 동일시를 전략적으로 이용할 때 긍정적인 결과를 낼 수 있음을 잘 보여준다. 두 번의 유방암을 극복하고 살아난 그녀는 작가이자 간호사이며 존스 홉킨스 유방 센터의 행정 부장이다.

한 여성이 가슴에 만져지는 덩어리를 발견해 종양 전문의를 만나기 위해 기다린다고 해보자. 이 여성은 가슴에 대한 걱정뿐만 아니라 '~면 어쩌지?'라는 온갖 생각과 삶에서 통제력을 상실할 것 같은 두려움에 사로잡혔다. 그때 활기차고 씩씩하며 자신감 넘치는 간호사가 문안으로 들어왔다. 간호사는 침착하면서도 단도직입적으로 말했다. "안녕하세요, 제 이름은 릴리 쇼크니입니다. 저도 환자 분이 앉아계셨던 곳에 앉아봤어요. 그래서 어떤 기분일지 잘 알아요. 이 과정을 잘 헤쳐나가도록 제가 도와 드릴게요. 전 유방암에 두 번 걸렸어요. 유방 절제술도 두 번이나 했답니 다."[16]

이 세상 어떤 책자로도 유방암 진단에 대한 불안을 누그러뜨리지 못 한다는 사실을 알기에 쇼크니는 블라우스 단추를 풀러 환자에게 자신의 재건된 유방을 보여주었다. "한번 보세요." 자신의 가슴이 비교적 자연스 럽다고 확신한 쇼크니가 말했다. 이런 류의 가슴 성형은 복부 지방 조직 을 이식하여 진행된다. "보너스로 복부 지방이 제거되는 효과가 있어요." 쇼크니는 이 말을 하며 웃었다. 그러더니 여성 환자의 무릎에 손을 대며 "이건 극복할 만한 일이에요"라고 말했다. 두 사람은 이내 앞으로의 치료 에 대해 이야기를 나누며 웃었다.

쇼크니는 어떻게 이러한 대화에 뛰어난 것일까? 쇼크니는 환자가 경 험하는 것을 꿰뚫고 있다. 그녀는 환자가 자신을 특별하다고 느끼게 하 며 환자에게 모든 관심을 기울인다. 우리에게 공통점이 있으며 난관에 처 한 사람이 당신뿐만 아니라는 사실을 보여준다. 그리고 적절한 유머를 활 용해 환자의 두려움을 줄여준다. 가장 중요한 점은 환자 역시 난관을 극 복할 수 있도록 자신감을 심어주는 것이다. "이건 극복할 만한 일이다"라 는 말은 아주 중요하다. 쇼크니가 짧은 시간에 사용한 상호 동일시 기술 덕분에 환자의 뇌에서 신경펩타이드와 호르몬이 생성된다. 이것들은 환 자의 체내를 돌아다니며 자신감을 촉진한다. 이제 두려움은 줄어들고 긍정적인 생각이 증가하며 면역 체계가 더 강해진다. 쇼크니 같은 지원자가 곁에 있으면 서포트 그룹에 참여할 때처럼 희망이 생기며 더 바람직한 방향으로 움직일 수 있다.

티핑 포인트(tipping point, 어떤 상황이 한순간에 변화되는 극적인 순간 –옮긴이)는 그들이 치유될 수 있다고 믿는 사람과 교감하는 순간이다. 이때 서로 비슷한 뇌 회로가 활성화된다.

마법의 호르몬

호르몬은 혈류를 타고 여러 기관으로 흘러가 영향을 미친다. 우아하게 춤을 추듯, 호르몬은 행동에 영향을 주고 행동 또한 호르몬 분비에 영향을 준다. 예를 들어 어떤 남자가 두 팔을 흔들며 서 있다가 경기에서 방금 이긴 사람처럼 주먹을 공중에 휘날리면 테스토스테론 수치가 올라간다.[17]

교감과 관련해 옥시토신은 마법의 호르몬이다. 옥시토신은 주로 근육 수축 호르몬으로 알려져 있다. 출산 때 분비되는 옥시토신은 분만 시 자궁을 수축하여 수유 시 모유가 잘 나오게 한다. (피토신 약물은 옥시토신의 한 형태로 분만이 지체될 때 분만을 빠르게 유도하기 위해 주입된다)

옥시토신은 아기의 눈을 처음 들여다보는 산모의 혈액에 풍부하기 때문에 산모와 아기의 유대감에 중요한 역할을 한다. 출산한 적이 없는 쥐를 대상으로 한 초기 실험 결과가 이를 뒷받침한다. 모성애가 없는 쥐들에게(이 쥐들은 갓 태어난 새끼 쥐 주위에서 불안한 행동을 보이거나 새끼 쥐를 무시하거나 심지어 잡아먹기도 했다) 방금 출산한 암컷 쥐의 혈액을 주입했다. 적대적이었던 쥐들은 갑자기 새끼 쥐를 핥아주고 보호하며 양육하는 어미 쥐처럼 행동했다. 연구원들은 옥시토신이 쥐의 행동을 바꾸었다고 믿었다.[18]

옥시토신은 엄마와 아이 사이뿐만 아니라 낯선 사람들 사이에서도 친밀감을 강화한다. 이 호르몬은 편도체(뇌에서 두려움을 감지하는 부위) 활동을 감소시켜 스트레스를 받지 않고 낯선 사람과 알아가도록 한다.[19] 부부나 애인의 경우 성관계할 때(여성에게서 더 많이 분비되긴 하지만), 오르가슴을 느낄 때, 그리고 단순히 같이 잠잘 때에도 남성과 여성 모두에게서 분비된다. '사랑의 호르몬'으로 불리는 옥시토신은 다른 사람과 신체적으로 교감하고 싶은 바람을 증가시킨다. 그리고 이러한 교감은 건강에도 도움을 준다. 포옹하면 옥시토신이 분비되어 혈압이 내려가고 심박동수가 조절되며 스트레스 호르몬인 코르티솔 수치가 내려간다. 이러한 현상은 특히 여성에게 두드러진다.[20] 최근 조사에서 옥시토신이 남성의 체중 감량에도 도움 된다는 사실이 밝혀졌다.[21] 옥시토신은 위험이 다가올 때 사람들과 결집하게 만드는 요인으로도 알려져 있다.[22]

연구자들은 옥시토신 수치가 높은 사람일수록 더 차분한 데다 공감을 잘하고 사교적이며 불안감을 덜 느끼는 경향이 있다고 말한다. 누구나 이러한 특성을 보이는 사람들과 어울리고 싶어 한다. 어쩌면 옥시토신 수치가 높은 사람이 상대방의 거울 신경세포를 자극하여 긍정적 감정을 유발하기 때문일지도 모른다.

옥시토신은 사회적 유익에 기여할 뿐만 아니라 통증 완화 효과도 있다. 독일의 과학자들은 옥시토신이 치유(플라시보) 반응을 높이는지 시험하기 위해 80명의 남성 지원자 콧구멍에 이 호르몬과 식염수를 각각 뿌렸다. 그리고 그들의 팔뚝에 연고가 발린 패치를 두 장씩 붙인 다음, 한쪽 패치에는 마취 연고가 있고 다른 패치에는 없다고 설명해주었다. 하지만 사실 어느 패치에도 미취제 성분이 없었다. 다음 단계는 '마취' 연고가 효과를 발휘하는 동안 15분간 기다리는 일이었다. 지원자들은 이 시간 동안 고통스러운 열 자극을 20초 동안 받았고, 그 강도를 매겼다. 자극은 0에서 100점 중 60점 정도로 인지되었다. 그런 후 나머지 팔의 같은 부위에 열 자극을 열 번 받았다. 참여자들은 양쪽 팔의 연고가 모두 마취 연고가 아닌데도 '진통제' 역할을 하는 마취 연고를 바른 부위에서 고통을 덜 느꼈다. 이 결과는 내가 앞서 언급했던 치유 효과를 보여주는 연구 결과들과 일맥상통한다. 하지만 더 흥미로운 사실은 코에 옥시토신 스프레이를 뿌린 사람들은 식염수를 뿌린 사람들에 비해 고통을 약 58퍼센트 덜 느꼈다는 사실이다.[23] 말하자면 이 호르몬이 고통을 덜 고통스럽게 만들어준 것이다. 또한 진통을 겪는 산모도 이를 입증해준다. 산모가 열상을 봉합한 부위의 통증을 느끼지 않게 하는 가장 효과적인 방법은 태어난 아기를 산모 품에 안겨주는 것이다. 이 자체만으로도 고통, 괴로움, 스트레스, 불안이 감소한다. 실제로, 포옹과 손잡기는 여러 가지 면에서 긍정적 효과가 있으며 과학자들은 지금도 이것에 대해 연구한다.

카네기 멜론 대학교의 셸던 코헨Sheldon Cohen은 이러한 종류의 연구를 통해 사람들과 의미 있는 관계를 많이 맺는 사람일수록 일반 감기에 덜 걸린다는 사실을 발견했다.[24] 2014년, 코헨 박사는 여기에서 한 걸음 더 나아갔다. 그는 404명의 조사 대상자가 2주 동안 포옹과 갈등을 얼마나 자주 경험하는지 세어보고 감기 바이러스에 노출시킨 다음 관찰했다. 당연히 갈등을 많이 겪고, 주위에 격려해주는 사람이 별로 없는 사람들이 감기에 걸리는 확률이 높았다. 하지만 감기에 걸린 대상자 가운데서도 주위의 격려를 많이 받고 포옹을 자주 했던 사람들은 스트레스를 덜 받았고 심한 감기로 이어지지 않았다.[25] 이는 신체 접촉과 포옹으로 옥시토신 수치가 증가했기 때문일까? 나는 감히 그렇다고 말하겠다. 하지만 역설적이게도 감기 바이러스가 만연한 시기에는 포옹 같은 친밀한 신체 접촉으로도 감기에 걸릴 가능성이 높아지는 것이 사실이다.

그러나 중요한 것은 교감할수록 '사랑의 호르몬' 수치가 올라가며 그 결과 우리는 기분이 더 좋아지고 면역 체계가 더 강해진다는 사실이다.

사용하면 만들어지는 것

연구자들은 기능성 MRI를 사용해 활동 중인 뇌를 들여다보게 되면서 예상했던 대로 아이뿐만 아니라 성인의 뇌 상태도 변한다는 사실을 발견했다. 뇌는 신경가소성이라 불리는 과정으로 평생 성장하고 발전한다. 변화를 이루거나 새로운 것을 배우기에 너무 늦은 때란 없는 것이다.

태어날 때부터 눈이 안 보이는 사람들을 조사한 결과 뇌에서 주로 시력을 담당하는 부위인 후두엽의 기능이 손가락을 통한 감지와 점자 인식으로 보완되고 있었다.[26] 또한 앨라배마 대학교의 신경과학자인 에드워드 타웁Edward Taub은 뇌졸중으로 신체 일부에 마비가 온 사람을 대상으로 조사했다. 그는 마비된 팔이 아닌 기능하는 팔을 묶어서 몇 주 동안 움직이지 못하게 뇌두자 '마비되었던' 팔이 움직이기 시작했다는 사실을 발견했다. 뇌졸중 환자의 뇌가 손상된 부위를 우회하기 위한 제2의 해결책을 만들어낸 것이다. 신체가 기능할 수 있도록 인접 부위에 의존하거나 기능을 완전히 재편싱히는 방법으로 말이다.[27] 다수의 사례 연구에서도 심한 발작 때문에 뇌의 한 부분이 제거되었을 때 나른 부분이 이에 적응하여 사라진 신경세포의 기능을 했다.[28]

사시가 있는 아이의 정상적인 눈 쪽에 안대를 붙일 때도 이와 똑같은 원리를 적용한다. 사시는 양쪽 눈의 방향이 다른 곳을 향하는 상태로 약시의 가장 흔한 원인이다. 약시는 뇌가 한쪽 눈에서 받아들인 정보를 일부 혹은 전부 무시할 때 발생한다. 기능을 더 잘하는 환자의 한쪽 눈에 안대를 붙이면 후두엽에서 새로운 신경망을 형성하도록 뇌를 자극한다. 결과적으로 사물을 '보는 데' 도움이 된다. 다른 조사에서도 사람이 특정한 활동에 전념하면 뇌의 특정 부위가 '정상' 크기보다 더 커진다는 사실이 드러났다. 왼쪽 손가락의 움직임에 관여하는 운동 피질의 경우, 바이올린 거장이 악기를 연주하지 않는 사람들에 비해 훨씬 크다. 가령 하버드 대학교에서 알바로 파스쿠알레온Alvaro Pascual-Leone이 시행한 조사에 따르면 쉬운 피아노곡을 치는 참여자들을 일주일 동안 집중 훈련시키자 운동 피질이 증가했다. 이는 예상한 대로였다. 하지만 놀랍게도 대조군control group의 운동 피질 역시 증가했다. 이들은 피아노를 치는 상상만 했는데도 말이다. 정신 활동만으로도 뇌 부위가 발달한 것이다.[29]

신경가소성은 부정적인 역할을 하기도 한다. 예를 들어 만성통증에 시달리면 뇌가 줄어든다.[30] 하지만 치료 전문가와 함께 자신의 문제를 진지하게 짚어보는 치료적 소통은 전전두엽 피질에 있는 뇌조직의 재생에 영향을 준다. 전전두엽 피질은 계획 세우기, 의사 결정, 개성 표현 같은 고등 사고와 관련된 영역이나.[31]

위의 연구들은 환경과 자극에 따른 뇌의 가소성(스스로 재생되는 능력)을 보여준다. 내 친구이자 동료이며 신경과학자인 리차드 데이비슨Richard Davidson은 이렇게 말했다. "자연은 인간의 뇌에게 세상의 요구에 맞출 수 있는 가단성과 유연성을 부여했다. 뇌는 변경할 수 없거나 고정된 것이 아니고 삶의 방식에 따라 끊임없이 개조되는 것이다."[32]

이것이 타인의 치유에 도움을 주고자 교감하려는 사람에게 무엇을 의미할까? 교감과 관련한 뇌의 가소성 원리는 간단히 '사용하면 만들어진다'이다. 바이올린에 통달할 때처럼, 뇌에서 공감을 담당하는 부위인 좌측 전두엽도 연습으로 성장하고 발전한다. 리차드 데이비슨은 연민에 초점을 두고 명상 수행을 하는 티베트 수도승에 대한 연구로 이러한 사실을 뒷받침했다.[33] 타인을 치유하는 데 뛰어나고 싶다면 뇌의 이 부위를 강화해야 한다. '바이올린을 연습하듯' 뇌도 연습해야 한다.

즉, 우리가 교감 기술을 숙달하면 신경가소성의 잠재력에 따라 뇌에 변화가 생긴다. 희망, 공감, 낙관을 표현하여 주변의 사랑하는 사람들이 건강에 유익한 새로운 신경망을 강화하도록 도울 수 있다. 바로 이런 이유로 교감은 소진 상태에 대한 치료책이 될 수 있다.

메이오 클리닉Mayo Clinic에서 진행된 한 조사에서 54.4퍼센트의 의사에게 극도의 피로와 관련한 증상이 한 가지 이상 나타났다.[34] 이는 환자의 삶과 건강이 얽힌 복잡한 문제를 15분의 진료로 해결해야 하는 현실과 관련이 있다. 진료 시간 동안 의사는 대개 인간이 아닌 컴퓨터 화면에 초점을 맞춘다. 이렇듯 서로 교감이 부족하면 몸이 아플 수 있다. 내가 우리 연구팀 조사에서 406번 환자로 지칭한 학생을 진료한 후 그랬던 것처럼 말이다.

우리는 자신과 타인 모두의 신경가소성 잠재력에 긍정적인 영향을 줄 수 있다. 하지만 뇌의 후생적 변화라는 측면에서 자신의 뇌를 먼저 바꿔야 한다.

DNA를 거스르고 싶다면

신경가소성으로 두뇌의 신경세포가 변하는 것처럼 유전자는 우리가 내리는 선택에 반응한다. 즉 오늘날 연구자들은 유전자가 반드시 사람의 운명을 결정할 것이라고 생각하지 않는다. 물론 사람은 물려받은 유전자를 바꾸지는 못한다. 하지만 특정한 단백질 형성을 촉진하거나 멈추게 조절하는 외적 요인이나 환경적 요인에 의해 유전자 발현이 다양하게 나타날 수 있다. 유전자가 어떻게 스스로 발현하는지 연구하는 새로운 과학 분야를 후생 유전학이라 부른다. 이것은 인간 유전자의 주변 세포 환경을 연구하는 학문이다.

꿀벌에 어떻게 적용되는지 살펴보자. 벌집의 모든 벌은 유전적으로 동일하다. 하지만 벌떼는 여왕벌이 될 한 마리 벌을 선택한다. 그들은 미래의 여왕벌에게 영양가가 높은 로열젤리를 공급한다. 선택된 여왕벌은 다른 일벌들보다 20퍼센트 더 크며 20퍼센트 더 오래 산다. 다른 벌들과

DNA가 동일한데도 말이다.[35]

설치류를 대상으로 후생 유전학 실험이 많이 시행되고 있다. 뇌세포를 비교해보자면, 어미 쥐가 털을 계속 핥아주고 손질해준 새끼 쥐의 수상돌기(다른 신경세포들의 신호를 받는 나뭇가지 모양의 세포 끝부분)는, 어미 쥐가 방치한 새끼 쥐의 수상돌기보다 훨씬 크게 자랐다. 관심받고 자란 새끼 쥐는 나중에 스트레스를 받는 상황에서도 인지기능과 학습 능력이 뛰어난 어른 쥐가 되었다.[36] 불안하고 두려움 많고 태만한 어미 쥐에게서 태어났더라도 차분하고 관심을 기울이는 다른 쥐 밑에서 자란 새끼 쥐 역시 차분한 어른 쥐가 되었고, 본인이 새끼를 낳았을 때도 유순하게 길렀다. 이와 반대의 상황에도 들어맞는다. 잘 보살피는 어미 쥐에게서 태어났지만 안절부절 못하는 다른 쥐 밑에서 자란 새끼 쥐는 천방지축인 쥐가 되었고, 자신과 비슷한 새끼 쥐를 낳았다. 이것은 단순히 학습된 행동이 아니다. 더 많은 조사로 어미 쥐의 세심한 관심이나 불안감 자체가 새끼 쥐의 스트레스 수용체에 변화를 주어 뇌 유전자를 활성화하거나 차단했다.[37] 또 다른 유명한 조사에서도 연구자들은 임신한 쥐에게 영양분이 풍부한 음식을 주었을 때 새끼 쥐가 평생 정상 체중을 유지했다는 사실을 밝혀냈다. 이 쥐들에게 당뇨병과 비만의 유전적 소인이 있음에도 이러한 결과가 나왔다. 즉 천성을 길들일 수 있는 것이다.

이제 유명한 의사 딘 오니쉬Dean Ornish가 사람들을 대상으로 시행한 조사를 살펴보자. 그는 환경과 식단이 어떻게 남성의 심장병과 초기 전립선암에 영향을 끼치는지 조사했다. 전립선암과 관련해 그가 밝혀낸 결과는 인상적이다. 조사의 실험군으로, 저위험군 전립선암에 걸린 44명의 남성은 저지방에 야채 위주의 식단을 유지했고 매일 60분씩 스트레스 해소를 위해 활동했으며 주기적으로 운동했다. 또한 친밀한 사회적 교류를 지속했다. 이러한 활동은 전립선암 유발 유전자에 긍정적인 영향을 끼쳤다. 이 남자들의 암 세포 성장은 대조군에 속한 남자들의 암 세포 성장에 비해 약 여덟 배 억제되었다.[38] 본질적으로 오니쉬 박사가 제안한 생활 습관은 전립선 암 유발 유전자의 활성을 차단했다. 1년 후 실험군에 속한 남성 가운데 전통적인 치료가 필요한 사람은 아무도 없었다. 이는 대조군에 속한 49명 가운데 6명이 그러한 치료가 필요했다는 사실과 상반된다. 전립선암 혈액 검사 지표인 전립선 특이 항원이 실험군에서 4퍼센트 줄어든 반면 대조군에선 6퍼센트 증가했다. 생활 방식을 크게 변화시키면 초기의 저위험군 전립선암이 유전적으로 진행되지 못하도록 할 수 있다.

이것은 무엇을 의미할까? 유전자가 환경과 생활 방식에 따라 활성화될 수도 비활성화될 수도 있다. 여기서 생활 방식은 건강에 좋은 음식을 먹는가, 운동을 충분히 하는가, 정신적 외상을 경험했는가, 자신에게 상처 준 사람을 용서했는가, 큰 원한을 품고 사는가 등과 관련된다. 이 모든 요소들은 유전자의 건강한 단백질 혹은 병든 단백질 생성에 영향을 준다. 어떤 과학자들은 유전자와 관련된 병의 98퍼센트가 실제 염색체와 무관하다고 예측했다. 그러니까 유전자를 둘러싼 환경이 그것을 활성화할 수도 있고 차단할 수도 있다는 말이다.

후생유전학은 어떻게 작용하는 것일까? 비만과 관련된 유전자 FTO의 변종인 RS993609라 불리는 유전자를 예로 들어보자. FTO 유전자가 있는 사람들은 과체중이 될 가능성이 높은 반면 이 유전자가 없는 사

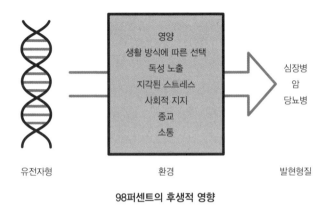

| 유전자형 | 환경 | 발현형질 |

98퍼센트의 후생적 영향

람들은 과체중이 될 가능성이 낮다. 하지만 아미시파(Amish, 현대의 기술 문명
을 거부하고 소박한 농경 생활을 하는 미국의 종교 집단 - 옮긴이) 가운데 이러한 유전
자를 가진 사람들을 조사한 결과[39] 대부분 날씬했다. 그들이 하루 평균 1
만 8,000보 걷는다는 사실과 관련이 있을지도 몰랐다.

또 다른 연구자들은 프래밍햄 심장 연구Framingham Heart Study 참여자들
의 체중 변화를 측정했다. 매사추세츠 프래밍햄에 사는 성인 5,209명의
데이터베이스로, 심장병의 위험을 더 잘 이해하기 위해 1948년에 수집
된 것이다. 연구자들은 FTO 유전자를 가진 원래 참여자를 포함해 그들
의 자녀와 손주를 조사한 결과 제2차 세계 대전 이후 비만율이 급증했다
는 사실을 발견했다. 문명의 이기와 기술 발전(이로 말미암아 신체 활동을 해야 할
필요가 줄었다) 같은 환경적 변화와 함께 가공 식품 의존으로 칼로리 섭취가
늘면서 비만율도 현저히 늘었다.[40] FTO 유전자를 가진 사람이 증가한 것

이 아니라 생활 방식의 영향으로 이 유전자가 발현되었다. 사람들의 생활 방식이 유전자 발현에 영향을 준 것이다.

이것은 소통과 어떤 관련이 있을까?

의료 체계는 환자의 질병에 초점이 맞추어져 있다. 현재 진단 코드 북^{code book}인 국제질병사인분류에는 6만 8,000가지 이상의 질병 코드가 담겨 있다. 약 20년 전에 나온, 이전 버전인 ICD-9에는 1만 3,000개가 전부였다. 갈수록 아픈 사람이 더 늘어난 것일까? 답은 누구에게 물었느냐에 따라 달라진다. 갱신된 코드 북에는 '수상 스키 기구 화재로 인한 화상'과 '오리 공격으로 인한 부상' 같은 새로운 의료적 문제가 포함된다. 정신 질환들이 분류된 정신과 의사의 진단 매뉴얼인 DSM도 마찬가지다. 첫 버전은 106개 항목이었지만 가장 최근 버전은 500개 이상을 포함한다. 그렇다면 진단의 항목 증가로 정신 질환의 치료가 개선되었을까? 나는 그렇게 생각하지 않는다. 물론 이것은 병을 분류하고, 그에 따른 치료법을 제시하고, 의료보험 등에서 의료비를 지원받도록 도움을 준다. 그러나 분류가 세밀해질 때마다 단편적 치료 또한 심해진다.

환자의 질병 자체에만 초점을 맞춘다면 이것이 확실한 기준이 된다. 그러나 코드 체계를 쓰면 환자의 생활이 질병과 어떤 관련성이 있는지 살피기 힘들다. 환자에게는 복용하는 약이나 질병 코드보다 자신에게 관심을 기울이고 도움을 주려는 사람의 존재가 더 중요하다. 환자는 주위에 공감해주는 사람이 있으면 약 복용 시 더 큰 효과를 얻을 수 있다. 또한 이들은 차트에 '우울증 재발'이 아니라 '한때 우울증을 앓았던, 개인 사정이 있는 베티'라고 쓰이길 바란다. 부위별로 매겨지는 진단 코드가 아닌 환자와의 소통 과정이 진료 체계의 중심이 되어야 한다. 의료 체계에 변화를 준다고 상상해보자. 이것이 인간의 후생적 잠재력에 어떤 영향을 줄까?

진단 자체에만 신경을 쓰면 건강의 잘못된 측면에만 초점을 맞출 가능성이 크다. 의료 체계는 사람의 무엇이 잘못되었는지가 아니라 사람에게 무엇이 중요한지에 초점을 맞춰야 한다. 더 나아가 건강 증진에 동기 부여를 하기 위해 의미 있는 것을 활용할 필요가 있다.

후생 유전학에 따르면 사람의 의도가 물리적인 현실에 영향을 끼친다. 내 경험에 의하면 의료진의 태도가(그들이 환자들에게 조성하는 환경이) 환자의 유전자 발현에 영향을 준다. 일단 의료진이 환자를 잠재적으로 건강한 사람으로 본다면 환자의 건강을 위해 에너지를 쓸 수 있다. 환자의 자기 회복 잠재력을 믿어주는 것은 신체의 신경망과 화학물질이 치유를 촉진할 수 있도록 자극하는 첫 과정이자 가장 중요한 단계다.

의료진이 자기 회복 잠재력을 믿으면 환자도 믿게 된다. 소통하는 사람의 두뇌에서 거울 신경세포의 시너지 효과가 나타나는 것과 같은 원리다. 의료진의 태도 자체가 환자의 DNA에 후생적 영향을 주어 환자를 치유의 방향으로 움직이도록 한다.

연민이라는 씨앗에 물 주기

사회 심리학자 대처 켈트너Dacher Keltner는 우리에게 이렇게 말한다. "연민은 생물학에 기인한 감정으로 포유류의 두뇌에 깊이 각인되어 있다. 연민은 진화에서 가장 강력한 선택 압력, 즉 취약한 대상에 관심을 기울여야 할 필요성에 의해 형성되었을 것이다."⁴¹ 이 감정은 깊이 뿌리내리고 있기 때문에 인간은 태어날 때부터 이것을 경험한다. 우리는 병원 신생아실의 아기들이 주위에서 울 때 따라서 우는 모습을 목격한다. 거울 신경세포의 발현과 감정 전염이 아기 때부터 이루어진다는 점을 보여준다.

3개월에서 6개월 사이의 아기는 연민에 반응하며 나쁜 것을 싫어한다. 부모가 다른 사람에게 친절해야 한다거나 물건을 같이 써야 한다거나 도움을 주어야 한다는 등의 사회화 교육을 하기 훨씬 전부터 그렇다. 브리티시 컬럼비아 대학교의 J. 킬리 햄린ᴶ·ᴷⁱˡᵉʸ ᴴᵃᵐˡⁱⁿ은 일련의 기발한 조사를 시행했다. 도움을 주거나 방해하는 상황에 대해 아기 11명의 반응을 조사했다. 아기들은 유아용 의자나 부모의 무릎에 앉아서 하얀색 배경에 초록색 산 이미지가 있는 화면을 보았다. 산을 오르는 길의 약 3분의 1은 고원이었다. 아기들은 한 등반가가 산을 오르려 애쓰는 모습을 보았다. 등반가는 일부 구간에서 미끄러지며 등반에 두 번 실패했다.

등반가는 세 번째 시도에서 '도움을 주는 사람' 덕분에 산을 오르거나 혹은 '방해꾼' 때문에 바닥으로 굴러떨어졌다. 연구원들은 아기들이 다양한 등장인물들을 얼마나 오래 쳐다보는지 측정하고 이 인물들을 향해 손을 뻗는지(이는 아기들의 선호를 나타내는 확실한 표시다) 관찰했다. 그 결과 아기들이 등반에 방해된 사람보다 도움을 준 사람을 더 좋아했다. 11명의 아기들 모두 도움을 준 사람에게 손을 뻗었고 10명의 아기들이 그 사람을 더 오래 쳐다보았다.⁴²

실제로 우리에겐 도우려는 성향이 내재되어 있다. 신경과학은 사람이 타인을 도울 때 기쁨을 느낀다는 사실을 보여준다. 두뇌의 보상 중추

(측좌핵으로 여기에 도파민 수용체가 많다)는 우리가 타인에게 무언가를 주고 협력할 때 상당히 활성화한다.[43] 하지만 연민과 관련한 가장 흥미로운 신경은 아마 미주신경일 것이다. 정신 생리학자로 현재 킨제이 연구소의 저명한 과학자인 스티븐 포지스 Stephen Porges는 자율 신경계에 속하는 이 큰 신경 조직이 옥시토신 수용체 망과 연결된다는 사실을 발견했다. 미주신경은 심장 박동과 호흡을 완화하는 데 도움을 주며 안면 신경과 발성 기관을 조절한다. 그리하여 사람이 타인의 고통을 염려할 때 짧은 한숨 소리를 내게 한다.[44]

버클리에 소재한 캘리포니아 대학교에서 당시 학생이었던 크리스 오베이스 Chris Oveis는 이 신경의 관여를 증명하려고 했다. 그는 첫째 그룹의 참여자에게 연민을 끌어내기 위해 부당하게 고통받는 사람(굶주리는 아이들 같은)의 모습이 담긴 슬라이드를 보여주었다. 둘째 그룹의 참여자에게는 자부심을 느끼게 할 만한(그 대학교의 랜드마크) 슬라이드를 보여주었다. 그리고 미주신경의 활성화를 측정했다. 그는 고통받는 사람에게 연민을 느낄 때 이 신경이 활성화된다는 사실을 발견했다.[45] 다른 연구자들은 미주신경을 이타적 행동과 연결한다. 사회 심리학자 대처 켈트너는 이렇게 설명한다. "이타적 행동은 단순히 타인의 고통에 거울 반응을 보이는 게 아니라 타인에 대한 적극적인 관심이다. 이것은 연민의 원천이며 이타적인 결과로 이어진다."[46]

인간은 타인과 교감하고 타인을 도우려는 성향을 타고난다. 미주신경은 횡격막을 지나가며 요가나 다른 명상처럼 단순하고 깊은 호흡 운동을 할 때 자연스럽게 자극된다. 힘든 상황에 처한 환자와 의료진이 심호흡하면(배꼽 아래에서 속으로 풍선을 불 듯) 미주신경을 활성화할 수 있다. 그러면 도파민이 배출되고, 이완 반응을 자극하며, 면역력이 향상한다.

하지만 우리가 상처받거나 학대당하거나 사랑과 지지를 받지 못하면, 태어날 때부터 지닌 타인과 교감하는 능력은 약화하거나 사라진다. 타고나 여미운 물 주며 키워야 할 씨앗과 같다. 관심을 기울이지 않으면 연민의 잠재력은 성장하지도 꽃을 피우지도 못한다. 이 잠재력은 항상 우리 안에 존재하며 자신을 발현할 적절한 상황을 기다리고 있다.

4장

사는 것과
살아남는 것은 다르다

살아가는 이유를 분명히 알고 있다면 어
떠한 상황도 견딜 수 있다.

빅터 E. 프랭클Viktor E. Frankl의 ≪죽음의 수용소
에서≫중에서[1]

사람의 안녕은 흔히 큰 그림 그러니까, 의미 부여와 목적의식과 관련된다. 의료진은 시간을 들여 문제의 이면에 있는 근본적인 원인을 찾아 해결하는 대신 피상적으로 '처리'하려고 한다. 하지만 우리는 장수나 삶의 즐거움에 대한 의미 부여, 그리고 목적의식의 중요성이라는 측면에서 나치 강제 수용소에서 살아남은 유대인 생존자에게 배울 점이 많다.

나치 강제 수용소의 생존자들에게 배우는 교훈

수십 년 전에 미국계 이스라엘인 의료사회학자 아론 안토노프스키 Aaron Antonovsky는 의미 부여와 목적의식의 중요성을 설파했다. 그는 이른 바 '건강의 근원'에 관심을 기울였고 끔찍한 트라우마를 겪은 사람들을 조사했다. 바로 홀로코스트(1930년대에서 1940년대까지 나치가 저지른 유대인 학살 - 옮긴이)에서 살아남은 사람들이었다. 그는 제2차 세계 대전 이후 동유럽에서 이주한 50세 이상의 이스라엘 여성들을 조사했다. 25여 년 전에 강제수용소에서 살아남은 여성들은, 수용소에 수감되지 않았던 비슷한 나이대의 다른 여성들에 비해 심리적으로 안정되지 못한 경향이 있었다. 수용소 생존자들은 대체로 감정적 스트레스와 걱정이 더 많았으며 취미 활동에서 즐거움을 잘 느끼지 못했다.[2]

하지만 놀라운 결과는 수용소 생존자들 가운데 적지 않은 수의 여성들은 예상외로 상당히 잘 지낸다는 점이다. 생존자 가운데 약 40퍼센트에 이르는 여성들이 오히려 또래의 다른 여성들에 비해 육체적 건강이 좋은 것으로 드러났다. 이 가운데 29퍼센트의 여성들은 감정적 증상이나 심리적 '장애'의 징후를 보이지 않았다. 상당수 여성이 다양한 활동을 하며 삶이 행복하다고 묘사했다. 삶의 만족도 조사에서 약 30퍼센트의 여성들이 10점 만점에 8점 이상을 책정했다.

안토노프스키는 이 의외의 결과를 검토해볼 가치가 있다고 판단했다. "이 여성들은 어떻게 건강한 것일까?" 그는 궁금했다. "고통스러운 경험을 겪었던 여성들 가운데 일부는 어떻게 심리적으로 안정된 삶을 살고 있는 걸까?" 그가 던진 궁극적인 질문은 바로 이러했다. "격동의 세월이 그들의 타고난 본성에 역사적, 사회문화적, 물리적 환경으로 영향을 끼쳤을 것이다. 그런데도 현실을 헤쳐나가는 능력은 어떻게 형성된 것일까?"

안토노프스키는 몇 가지 답을 제시했다. 우선, 그들의 충격적인 경험이 일상의 스트레스를 폭넓은 관점으로 보는 데 도움이 되었을 것이다. 더 나아가 이 여성들은 새로운 삶에서 직업인, 친구, 아내, 엄마라는 의미 있는 역할을 해내었고 이러한 점이 자신을 규정하고 지탱하는 데 도움이 되었다는 점이다. 안토노프스키는 '현실을 헤쳐나가는 능력'에 대한 글을 쓰면서 건강 증진에 도움 되는 관점의 중요성을 설명하기 위해 건강의 근원을 뜻하는 '살루토제네시스(salutogenesis, 라틴어로 'salus'는 건강을, 그리스어로 'genesis'는 근원을 의미한다 -옮긴이)'라는 말을 만들었다. 이 관점은 인생의 격랑을 헤쳐나갈 적절한 기술과 회복탄력성을 기르게 한다.

나를 살게 하는 것이 무엇인지 아는 힘

안토노프스키의 여러 가지 이론은 한창 발전하고 있는 분야인 정신신경면역학에서 자주 활용된다. 하지만 그가 만든 '살루토제네시스'라는 용어를 특히 주목할 만하다. 이것은 전문 의료진과 가족 간병인이 환자를 돌볼 때 지녀야 할 관점을 설명한다.

누군가 아플 때 사람들은 대개 아픈 상태, 그러니까 '병의 발생' 자체에 초점을 맞춘다. (특히 의사들은 무엇이 잘못되었는지 찾아내 곧바로 해결책을 제시하도록 훈련받는다) 그들은 병인과 치료에 주의를 기울인다. 물론 암처럼 상당히 전문적으로 다루어야 하는 병들은 병인에 근거한 접근법이 필요하다. 하지만 안토노프스키는 건강에서 가장 중요한 요소는 삶의 의미를 정의하는 일이라고 믿었다. 사람이 자신을 지탱하려면 삶에 목적이 있어야 한다. 따라서 살루토제네시스, 즉 건강의 근원으로 접근하는 태도는 질병 자체보다는 잠재적으로 건강한 개인에게 더 초점을 맞춘다. 이러한 접근법에선 개인이 의미를 부여하는 원천들(가령 가족, 직업, 창의력, 우정, 종교)을 찾아 더 나은 건강과 궁극적인 목표에 이르기 위한 길로 활용한다.

의료진과 가족 간병인이 환자를 돌보는 방식에도 이러한 긍정적 태도를 추가해야 한다. 일부 의대에서는 삶의 요소에 의미를 부여하는 것이 건강에 어떤 영향을 끼치는지에 관한 연구를 이미 수업에 포함했다. 우선 행복은 상대적인 개념이다. 한 조사에서 일정한 시간이 지난 후에는 하반신 마비 환자와 복권 당첨자의 행복감 정도에 큰 차이가 없는 것으로 밝혀졌다.[3] 또한 재활 의학과 관련해 최근 진행된 몇 가지 조사 결과, 얼마나 영성이 있느냐가 환자가 정신적 외상에 의한 뇌 손상을 회복하는 데 영향을 주었다. 자신이 신께 온전히 전념한다고 묘사한 사람은 그렇지 않은 사람보다 회복에서 더 좋은 결과를 얻었다. 심지어 그들은 종교 활동에 주기적으로 참여하는 사람들보다도 더 좋은 결과를 나타냈다.[4] 단순히 종교 활동을 하는 사람보다 스스로 의미를 찾는 것이 중요하다.

근원으로 접근하려면 당연히도 거기에 스포트라이트를 비추어야 한다. 그러니 더 건강해지고 싶다면 건강에 주의를 기울여야 한다. 그래서 이 장에서 건강을 증진하는 데 필요한 긍정성, 가능성, 잠재력의 힘에 초점을 맞추려고 한다. 하지만, 우선 이와 상반된 측면을 이해할 필요가 있다.

감정이라는 약, 감정이라는 독

많은 조사 결과가 만성적 스트레스 같은 마음에서 비롯된 병이 신체에 어떻게 해를 가하는지 잘 보여준다. 스트레스는 스테로이드 코르티솔의 수치를 해로운 수준으로 올린다. 수치가 오르면 심장병, 수면 장애, 소화 장애가 나타나며 이러한 영향은 평생 지속될 수 있다.

빈센트 펠리티Vincent Felitti와 로버트 앤더Robert Anda가 진행한 조사가

'아동기의 학대 및 가정의 기능 장애와 성인 사망의 주요 원인과의 관계'
라는 제목으로 〈미국 예방 의학 저널〉에 실렸다.[5] 조사 결과, 어린 시절의
정서적 상처가 평생 생리적 건강을 약화시켰다. 펠리티 박사는 남부 캘리
포니아의 카이저 퍼머넌트 병원에서 체중 감량 전문가로 일해 왔다. 그는
한 비만 환자의 체중을 100파운드 이상 줄이는 데 도움을 주기도 했다.
이는 두 사람 모두에게 큰 승리였다. 하지만 몇 달이 채 지나지 않아 환자
는 감량했던 것 이상으로 체중이 증가했다. 하지만 펠리티 박사는 포기하
지 않고 환자와 허심탄회하게 대화를 나누었다. 그들은 소통했고 그 결과
환자가 어린 시절, 할아버지에게 성적 학대를 당했다는 사실이 드러났다.
환자는 그 사실에 엄청난 수치심과 고통을 느껴왔다. 그런데 그녀가 살을
빼고 몸매가 좋아지자 나이 많은 남성 동료가 그녀에게 추파를 던지기
시작했고 환자는 그의 추파에 기쁨이 아니라 낭패감을 느꼈다. 성적 접
촉이 있을까 두려워했던 그녀는 다시 음식으로 위안을 삼았다. 그러면서
비만에 따른 치명적인 위험을 감수하며 자기 방어의 일환으로 살을 과도
하게 찌웠다.

펠리티 박사는 환자의 상황에 당혹감을 느끼면서도 강한 인상을 받
았기에 자신이 진료하는 모든 비만 환자를 인터뷰하기 시작했다. 얼마 후
펠리티 박사와 그의 동료들은 좀 더 야심찬 프로젝트에 착수했다. 그들은
병원에 다니는 환자 1만 8,000명의 진료 기록을 분석한 후 놀라운 사실
을 발견했다. 펠리티 박사는 이렇게 말했다. "어린 시절의 불행한 경험 가
운데 어떤 것은 시간이 지나도 치유되지 않는다. 유아기와 아동기의 기억
은 잊히는 것이 아니라 축축한 시멘트에 새겨진 발자국처럼 평생 지속된

다는 사실을 알게 되었다."[6] '어린 시절의 불행한 경험ACE, adverse childhood experiences'은 모두 감정적이다. 여기에는 학대(부모의 심리적 학대와 육체적 학대, 누군가의 성적 학대), 정서적 또는 신체적 방치, 가난, 주거 불안정, 억기능 가정(가정 내 알코올 중독이나 마약 사용, 자녀가 18세가 되기 전 친부모를 잃음, 가정 내 우울증이나 정신 질환, 난폭한 어머니, 가족 구성원의 수감)과 같은 범주를 포함한다. 이러한 정서적 트라우마는 심혈관 질환, 암, 만성 폐질환, 골절, 간질환 같은 성인의 생리적 질환뿐만 아니라 절망, 불안, 이혼 같은 심리적 문제와도 큰 관련이 있다. 실제로 조사에 참여한 사람들 가운데 61.4퍼센트가 일이나 다른 활동에 2주 이상 방해되는 정신 건강 문제를 겪고 있었다.

부정적 사고방식이 건강에 유해하다는 또 다른 예기 있다. 바로 병 자체와 병의 증상에만 초점을 맞추는 접근법이다. 이러한 태도는 심지어 병을 지속시키기도 한다. 어떤 사람들은 자신의 상태에 끊임없이 관심을 쏟을 때 정체성을 형성하고 편안함을 느낀다. 크론병을 앓는 여성을 치료한 위장병 전문의가 내게 들려준 사례를 예로 들어보겠다. 환자 캔디스는 수년 동안 자신을 돌보는 데 전념하면서 그 병에 대해 할 수 있는 모든 것을 배웠을 뿐만 아니라 크론병 환자를 위한 지원과 모금 활동에도 참여했다. 심지어 지역 지원 단체의 리더이기도 했다.

위장병 전문의는 어느 날 캔디스에게 몇 가지 검사를 한 후 진료 시간에 좋은 소식이 있다고 말해주었다. 이제 크론병이 나은 것 같으니 다른 식으로 건강관리를 해도 된다고 말이다. 그런데 그는 캔디스의 반응에 너무 놀랐다. 캔디스가 자리에서 일어나더니 진료실을 뛰쳐나갔던 것이다. 마침내 그는 캔디스가 자신의 병에 집중했던 것이 정체성을 형성하는 데 도움이 되었다는 점을 알게 되었다. 그녀는 자신의 증상을 이제 새로운 틀에서 접근해야 한다는 사실에 자아의식과 정체성에 혼란을 느꼈다.

　병적 측면에만 계속 치중하면 이렇듯 바람직하지 못한 결과가 발생한다. 크론병 환자들 가운데 어떤 사람들은 자신의 다른 측면들은 생각하지 않고 자신을 이픈 사람으로만 생각한다. 그 결과 삶의 다른 영역들이 마비되는 현상이 생긴다. 지속적인 의료적 필요 때문에(심지어 의사와의 대화를 통해서도) 이러한 자아상이 강화된다. 섬유근육통을 앓는 여성을 대상으로 시행된 조사에서 많은 환자가 자신의 몸 상태 때문에 의사와 멀어지거나(의사가 이따금 자신의 병에 의구심을 품어서) 친구와 멀어진 적이 있다고(약속이 갑자기 취소되어 친구의 기분이 상해서) 응답했다. 많은 이가 병 때문에 자신의 정체성이 사라졌다고 불평했다. 그들은 자신을 예전의 자신으로 인식하지 않고 아프게 된 지금의 자신으로만 인식하려고 애썼다. 병적 측면이 삶의 다른 모든 측면을 무색하게 만들었다.[7]

　그들처럼 예전에 자신에 대해 품었던 자아상을 상실하면 병 자체가 새로운 정체성이 된다. 그러면 병과는 별개로 자신의 삶을 누리기 힘들다. 섬유근육통 환자들을 보면 서포트 그룹과의 교류가 병의 호전으로 이어지기도 하고 그렇지 않기도 한다. 후자의 환자들은 서포트 그룹과의 대화에서 자신의 극심한 불평을 털어놓기 바쁘다. 이때 각각의 환자는 일종의 경쟁심을 느끼며 통증이라면 자신이 제일 심하다는 점을 강조한다. 한편 스트레스를 일으키는 요소들에 초점을 맞추고 대화한 이들은 고통이 상당히 호전되었다. 이들은 자신의 감정을 체계적으로 글로 써서 표현했으며 자신의 감정을 자각하도록 연습했다. 그러자 가바펜틴 성분 약(뉴로

틴)이나 프레가발린 성분 약(리리카)처럼 흔히 처방되는 수많은 약보다 고
통 완화에 더 큰 효과가 있었다. 또한 대조군 환자들보다 적어도 6개월
동안 고통이 완화되고 마음이 유연해지고 신체 기능이 호전되었다.[8]

어떻게 느끼느냐에 따라 미래가 달라진다

증상에 관한 대화는 환자가 직면하는 고통과 난관에 초점이 맞춰진
다. 하지만 희망적이고 힘을 불어넣어 주는 쪽으로 대화의 방향을 바꿔
야 한다. 환자의 신체 어떤 부분이 잘못되었는가에서 환자의 삶에 의미를
부여하는 것이 무엇인가로 초점을 옮길 때 치유의 기회가 있다. 대부분의
사람은 타인의 도움이 필요하다. 누군가 동행하면서 지지와 격려를 해줄
때 치유가 훨씬 수월해진다. "아침에 일어나서 하루를 시작할 수 있는 힘
을 어디서 얻나요?" 같은 간단한 질문을 함으로써 건강과 관련한 타인의
목표에 초점을 맞출 수 있다. 이렇게 하면 상대방은 통증이나 장애에도
불구하고 자신의 삶에 의미를 부여할 수 있다. "아프지 않았다면 삶이 어
땠을 것 같나요?"나 "무엇 때문에 건강하고 싶은가요?"도 아주 좋은 질문
이다. 공감을 바탕으로 소통하면 상대방이 현재의 문제가 아닌 앞으로의
건강에 주파수를 맞추도록 도울 수 있다. 그러니까 '건강해지고 회복하려
면 무엇이 가장 필요할까'라는 부분에 집중하게 된다. 이렇듯 병 자체가
아닌 사람에 집중하는 것이다. 이뿐만 아니라 건강을 회복하는 데 몸과
마음이 다 관여한다는 생각을 받아들일 수 있다.

생각과 기대로 몸의 반응 과정이 변화할 수 있다. 긍정적인 기대의

생리적 효과는 여러 조사로 입증되었다. 앞서 살펴보았듯 플라시보 약은 건강을 회복하고 통증을 완화하는 데 중요한 역할을 할 수 있다. 가장 최근 버지니아의 연구자들은 림프계가 생각과 감정을 담당하는 뇌 부위들을 순환한다는 사실도 발견했다. 림프는 면역 세포를 운반한다. 예전에는 림프가 혈액 뇌 관문을 통과해 뇌 속으로 들어가지 못한다고 여겨졌지만 이제 과학자들은 (뇌에서 발생되는) 감정과 면역 기능 사이에 직접적인 관련이 있다는 사실을 알았다. 사람들이 '어떻게' 느끼는지가 병과 싸우는 능력에 영향을 주는 것이다.[9]

긍정적인 대화와 긍정적인 시각은 많은 도움이 된다. 1987년, 영국 사우스햄튼 대학교에서 실시한 실험 결과가 〈영국 의학 저널〉에 실렸다. 의사가 진단과 치료에 대해 말할 때 긍정적인 말을 쓸 경우 경미한 바이러스성 증상을 보인 환자가 빨리 회복하는지 알아보는 실험이었다. "코감기 바이러스 같은데 8일에서 10일 후면 증상이 호전될 겁니다" 같은 긍정적인 기대의 말을 들었던 환자들은 좀 더 빨리 회복했다. 대조적으로 의사가 "뭐가 문제인지 모르겠네요"라든가 "제가 쓰려는 치료법이 효과가 있을지 장담은 못합니다"처럼 불확실하게 말했을 때 환자의 증상이 좀 더 오래 지속되었다. 2주 후, 의사에게 긍정적인 말을 들었던 환자들 가운데 64퍼센트가 회복한 반면 불확실한 말을 들었던 환자들은 그중 39퍼센트만 회복했다.[10]

왜 어떤 환자들은 좀 더 빨리 회복했을까? 그들은 치유 효과의 혜택을 받았다고 말할 수 있다. 의사의 긍정적인 태도와 기대로 말미암아 환자의 희망적인 생각과 자기 조절력이 강화한 것이다. 의료진이나 간병인은 환자가 자신의 삶에서 중요하고 가치 있는 것에 초점을 맞추도록 도와주는 것과 긍정적인 태도를 보여주는 것을 치료의 도구로 활용할 수 있다. 마음과 몸이 다양한 방식으로 상호작용한다는 사실을 증명하는 결과가 갈수록 많이 나온다. 의사가 발병 증상뿐만 아니라 건강의 근원이라는 측면에 집중하고 마음의 힘을 함께 활용해 치료하는 것은 이제 자연스러운 현상이 되었다.

이러한 시각은 건강 문제를 다룰 수 있도록 자신감을 회복시킨다. 또한 자신을 폄하하지 않고(자신의 체중이나 생활 습관에 죄책감을 느끼지 않는 것처럼) 자기 치유의 힘과 잠재력을 믿는 방식으로 자신의 건강을 이해하는 데 도움이 된다.

가능 혹은 불가능

수년 동안 자기 충족적 예언과 기대가 결과로 이어지는 원리를 다룬 책이 많이 출간되었다. 많은 것이 하버드 대학교 사회 심리학 교수였던 로버트 로젠탈Robert Rosenthal의 획기적인 연구를 기반한다. 1965년, 로젠탈 박사는 샌프란시스코에서 유명한 오크 초등학교 실험을 실시했다. 학생들은 소수 민족으로 부모님들이 멕시코 출신이고 집안에서 스페인어를 구사했다.[11] 그는 교사의 기대가 학생들의 지능 지수에 영향을 주는지 알아내고 싶었다.

실험의 동료 연구원이었던 학교 교장과 로젠탈 박사는 갓 입학한 1학년 학생들의 지능 검사를 전통적인 방식으로 시행했다. 그리고 결과에 대한 정보를 교사나 부모에게 알리지 않고 1학년 학생들을 무작위로 두 개의 그룹으로 나누었다. 실제 존재하지 않는 지능 테스트인 '하버드 변형 습득 검사Harvard Test of Inflected Acquisition' 결과에 근거해 그룹을 나누었다고 거짓말하면서 첫 그룹의 교사들에게는 학생들이 '평범하다'고 말해주었다. 하지만 둘째 그룹의 교사들에게는 학생들이 지적 성장 속도가 빠르며 재능이 뛰어나다고 말해주었다. 물론 거짓 테스트 결과를 근거로 들었다. 사실 두 그룹은 어떤 테스트 결과도 따르지 않고 임의적으로 분류한 것인데도 말이다.

1년 후 로젠탈 박사는 아이들의 지능 지수를 다시 검사했다. 결과는 놀라웠다. '평범한' 그룹에 속한 아이들의 지능 지수는 12점 올랐다. 이에 반해, 이른바 재능이 뛰어난 아이들의 지능 지수는 평범한 아이들의 지능 지수 증가 수치보다 두 배 이상인 27.4점이나 올랐다. 차이가 생긴 유일한 요인은 교사들이 아이들에 대한 기대감을 바탕으로 아이들을 대한 방식이었다. 로젠탈 박사는 이러한 자기 충족적 예언을 '교실에서의 피그말리온 효과'라 불렀다. 그리스 신화에서 피그말리온은 조각가인데 자신이 만든 조각상과 사랑에 빠졌고 조각상은 결국 사람이 되었다. 로젠탈 박사가 밝혔듯 교사의 높은 기대가 학생들의 성과 향상으로 이어졌다. 교사가 믿어준 학생들이 피그말리온의 조각상처럼 소생한 것이다.

1978년, 로젠탈 박사는 학생 345명의 조사 결과들을 통합하여 메타 분석을 실시했다.[12] 이번에도 그는 교사가 학생들에게 기대를 품을 때의 긍정적 효과가 다른 과학자들이 플라시보 효과에 대해 밝혀낸 것과(30퍼센트의 향상) 아주 흡사하다는 사실을 발견했다. 그의 실험 결과는 긍정적인 기대의 힘을 확실히 보여준다.

스스로 자신의 한계를 긋는 사람들에게도 이러한 원리를 적용할 수 있다. 1890년, 미국 인구 조사국은 홀러리스 태뷸레이팅 머신(IBM의 신구자 격인 천공 카드 장치)을 처음 사용했다. 직원들은 이 기계의 시스템이라면 하루에 550개의 카드를 처리할 수 있다고 들었다. 그러자 하루에 이 수치보다 더 많이 처리할 경우 직원들은 스트레스를 받았다. 하지만 고용되어 훈련을 받은 200명의 또 다른 그룹의 직원들은 하루에 처리해야 할 수에 대한 언급을 듣지 못했다. 이 직원들은 불안감이나 스트레스를 전혀 받지 않고 하루에 2,100개의 카드를 처리했다.[13]

스포츠 세계에선 이러한 사례가 상당히 많이 존재한다. 과거에 4분 안에 1마일을 달리는 것은 불가능으로 여겨졌기에 아무도 이를 시도하지 않았다. 그러다 1954년, 로저 배니스터Roger Bannister가 0.6초 차이로 '4분의 벽'을 깼고 이제 4분 안에 1마일 달리기는 중거리 선수들에게 기본이 되었다. 우리가 우리 자신이나 타인을 믿지 못한다면 어떤 일은 평생 불가능하다고 생각하며 살아갈 것이다. 어떤 변화를 이루기엔 자신이 너무 보잘것없고 변변치 못하다고 느껴진다면 모기와 함께 잠자는 것을 시도해보는 건 어떤가!

위의 사례들은 마음이 어떻게 자신을 제한하거나 자유롭게 하는지, 어떻게 자기 치유에 기여할 수 있는지 보여준다. 치유될 수 있다는 믿음은 소통의 강력한 원천이다. 내가 의사로서 할 수 있는 가장 중요한 일 가운데 하나는 환자 상태가 더 좋아질 수 있다고 믿는 것이다. 이렇게 하면 환자와 나의 에너지로 치유 방법을 함께 찾아나갈 수 있다.

하지만 환자의 안녕에 피해를 주면서까지 자기 치유의 중요성을 지나치게 강조하는 것은 해롭다. 내가 지나친 낙관주의로, 어떤 병이든 마음을 이용해 극복할 수 있다고 믿는다면 환자를 심하게 몰아붙일 가능성이 높다. 환자가 실제로 필요로 하는 것과 내 철학적 관념이 일치하지 않아 병이 더 악화할 수도 있다. 만성피로 증후군 환자를 진료할 때 이러한 점을 항상 깨닫는다. 에너지 생성을 자극하는 가장 좋은 방법은 점차적으로 몸을 움직이고 운동하는 것이다. 하지만 의사가 신체의 자기 치유 잠재력을 과신한 나머지 환자를 성급하게 몰아붙인다면 병이 재발할 수 있는데 이때 증상은 더 악화하기 마련이다. 신체의 자기 치유 잠재력을 무시할 때 해를 입기도 하지만 그것을 너무 과신해도 해를 입는다. 따라서 치료에서 균형은 지극히 중요하다.

의사, 할머니, 강아지의 공통점

증상 자체가 아닌 건강의 근원에 초점을 맞춘 접근법을 써서 만만치 않았던 환자에게서 극적인 변화를 본 적이 있다. 40세 여성 환자인 마리안은 정의하기 어려운 수많은 증상으로 좌절감과 괴로움을 겪었다. 그녀는 극심한 피로감을 느꼈고 온몸의 관절이 아팠으며 자주 기진맥진했고 주위 모든 것에 알레르기 반응을 보이는 듯했다. 두통도 있었고 간헐적으로 메스꺼움을 느끼기까지 했다. 실내에서는 끔찍한 기분을 느꼈고 밖에 나가야 그나마 기분이 나아졌다. 그녀는 수많은 검사에서 음성 반응이 나오자 자신의 신체에서 무슨 일이 일어나는지, 왜 그렇게 끔찍한 기분이

드는지 이해할 길이 없어 절망감이 들었으며 자신이 어느 정도 '미쳐가고 있다'고 생각했다. 그러나 마리안에게 내려진 진단 결과 가운데 하나가 화학물질과민증^MCS이었다. 외부 자극에 의한 기질성 질환인 이것은 사람들이 제대로 이해하지 못하고 있으며 의료계 전문가들 사이에서도 논란이 많았다. 화학물질과민증이 있는 사람은 아무리 낮은 수치의 화학물질에도 참을 수 없는 상태가 되거나 지나치게 민감해진다. 증상은 사람마다 다르게 나타나지만 증상의 영향은 일상을 완전히 무력하게 만든다. 이뿐만 아니라 치료약이나 치료법이 존재하지 않는다.

불안감이 여전했지만 병명을 알게 된 것이 마리안에겐 올바른 방향으로 나아갈 첫 단계였다. 어쨌든 마리안의 몸이 뭔가 지독한 증상을 겪고 있으며 그녀의 괴로움이 사실이라는 점이었다. 하지만 마리안은 결과에 대해 스스로 어떤 기분인지 확신하지 못했다. 마리안 주치의인 애덤 린드플레쉬^Adam Rindfliesch는 마리안에게 그녀의 진단을 다른 각도에서 볼 것을 권했다. 그는 마리안이 자신을 주변의 화학 물질이나 자극물의 희생자로 인식하지 않고, 그러니까 환경에 끊임없이 시달리지 말고 신체적 반응을 개인적인 장점의 발현으로 생각하도록 이끌었다. 마리안이 화학 물질에 반응한 것은 그녀의 주파수가 환경에 많이 맞추어졌기 때문이다. 화학 물질에 대한 민감성은 곧 마리안이 소유한 특별한 감지력이었다. 이러한 사람은 직관력이 뛰어나다. 따라서 의사는 마리안이 자신의 상태를 신체 면역계의 결함으로 보지 않고 새로운 시각으로 보도록, 이것을 감수성이 아주 예민한 개인으로서 지닌 재능의 하나로 이해하도록 격려했다. 이는 사실 마리안이 자신에게 예술적 감각과 감수성이 있다는 생각과 일맥

상통했다.

대화는 마리안에게 중요한 전환점이었다. 시간이 지나면서 마리안은 자신의 증상이 언제 발생하는지 좀 더 예리하게 이해했고, 예전보다 잘 견뎠다. 예전과 다르게 신체적 증상을 자신만의 고유한 접근 방식으로도 이해하기 시작했다. 의사와 함께 치료, 계획을 세울 때 스스로를 어떻게 생각하는가라는 본질적인 부분을 고려하고 자기 몸을 구슬려 좀 더 균형 잡힌 상태가 되도록 했다. 마리안은 워낙 예민한 사람이었기에 자주 불안했고 이른바 '교감 신경 활성도'가 높았다. 즉 '투쟁 혹은 도피' 반응의 정도가 항상 심했다. 의사는 심호흡, 명상, 신체 활동으로 긴장을 완화하도록 권했다. 카페인 같은 자극적인 성분이 들어간 식품은 식단에서 제외했다.

의사가 치료의 일환으로 환자의 두려움을 줄일 수만 있다면 그에 따르는 여러 영향들도 완화할 수 있다. 마리안이 바로 그런 경우였다. 마리안은 덜 불안했고 덜 우울했으며 자기 비판적인 태도도 누그러졌다. 또한 마리안과 의사가 나눈 대화는 그녀가 자신의 상황을 인지하는 방법을 바꾸도록 했다. 그녀는 희망, 자존감, 스스로 할 수 있는 능력을 갖출 수 있었다. 궁극적으로 그녀의 새로운 시각으로 말미암아 삶의 질이 향상했다.

최근 한 캠퍼스를 방문해 의대생을 대상으로 환자의 치료와 건강 증진에서 사람 사이의 소통의 중요성에 대해 강연했다. 재밌게도 사람은 소통에서 나오는 치유력이라는 것이 새로운 개념이라는 듯 놀라워했다. 좀더 예리하게 말하자면 사람들은 한때 그러한 개념을 알았지만 어느새 잊어버렸다는 듯 반응했다.

학생들로 가득 찬 강연에서 질문을 던졌다. "만일 여러분이 한 환자의 신부전을 치료하기 위한 의료팀을 꾸린다면 누구를 선택하겠습니까?" 학생들은 손을 들어 전문가들을 언급했다. 한 학생은 "신장 전문의"라고 답했고 다른 학생은 "외과 전문의"라고 말했다. "투석 간호사"라고 소리친 학생도 있었다. "신장투석 전문의", "약사"라는 대답도 나왔다. 우리는 곧 신장 문제를 해결할 전문가 목록을, 더 포괄적으로는 아픈 환자를 살리기 위해 필요한 팀을 구성했다.

그런 후 그들에게 물었다. "만일 개인을 계속 건강하게 만들 팀을 구성한다면 누구를 선택하겠습니까?" 처음에는 1차 진료 의사, 간호사 같은 유력한 후보자들이 거론되었다. 하지만 명단의 양상이 점차 발전했다. "스트레스를 다루는 데 도움을 줄 심리학자요." 한 학생이 말했다. 학생들은 건강을 유지하기 위한 방법을 좀 더 생각해보면서 영양사, 사회복지사, 개인 트레이너를 추가했다. "목사나 영적으로 끌어줄 사람이요." 한 학생은 이렇게 말했다.

그러자 한 학생이 "광대요"라고 말했다. 그 학생이 "사람은 웃을 때 기분이 좋아지잖아요"라고 설명할 때 낄낄거리는 소리가 강의실 여기저기서 들렸다.

그러다가 명단의 방향이 갑자기 바뀌면서 학생들이 놀라운 표정을 지었다.

"할머니요." 한 학생이 말했다.

"강아지요." 다른 학생이 덧붙였다.

학생들이 건강을 위한 모든 요소를 고려하며 '팀'을 구성해가는 사이 한 가지 근본적인 진리가 분명해졌다. 바로 병을 치료할 때 전문적인 의료도 중요하지만 안녕을 위해서는 그 이상의 것이 필요하다는 점이다.

건강은 공통의 화제이고 병은 이질적인 화제이다. 사람들은 병을 다루려면 전문가가 되거나 전문 학위가 있어야 한다고 믿지만 건강에 대한 이야기는 누구나 할 수 있다. 건강에 대한 화제라면 사람들은 서로 공감한다. 건강해지려면 무엇이 필요한지 직관적으로 알기 때문이다. 그것을 가장 명확하게 볼 줄 아는 사람은 흔히 초심자 같은 마음을 가진 아이다. 의료진이나 간병인은 환자의 삶에서 비육체적인 부분(영적 측면, 정서적 측면, 개인적으로 의미가 있는 측면)을 깊이 있게 다루지 않고는 진실된 건강 전문가가 될 수 없다는 사실을 깨달아야 한다. 하지만 의료진이나 간병인은 자신이 환자를 육체적으로만 낫게 해줄 수 있다고 오해하기 때문에 보통 병의 육체적 측면만 다룬다.

진정 건강해지려면 건강의 근원을 파고들 수 있는 사람의 도움을 받아야 한다. 의료진이나 간병인은 건강과 치유의 '전문가'가 되어 환자에게 도움을 주려고 할 때 책에 나온 지식 이상의 기술을 습득해야 한다. 그들에겐 정말 필요한 때에 포옹을 할 줄 아는 어린이처럼 적시에 자신의 인간성을 끌어낼 능력이 있어야 한다. 조화롭고 실용적인 방식으로 능력을 활용한다면 건강과 자기 치유에 더욱 효과적인 접근법을 쓸 수 있다.

연민을 바탕으로 소통할 때 내면으로부터 건강을 끌어낸다. 환자가 의미와 목적을 찾고 사랑하는 대상과 소통하도록 격려한다면 신체는 치유되기 위해 할 수 있는 모든 것을 한다.

5장

내가 누군가의 죽음을
앞당긴 것이 아닐까

당신이 이기는 사람도 있고 배우는 사람
도 있어요.

영화 〈베스트 엑조틱 메리골드 호텔2
The Second Best Exotic Marigold Hotel〉 중에서

레지던트 1년 차에 아이다호에서 칼이라는 환자를 만났다. 칼은 퇴역 군인으로 한때 흡연자였고 심한 폐기종을 앓고 있었다. 그는 폐렴이 자주 재발했고 호흡 기능이 점점 저하했기 때문에 갈수록 많은 양의 산소가 필요했다. 그날 그를 진료했을 때 심각한 감염이 없어서 흡입제만 조절해주었다. 하지만 시간이 지나면서 그의 예후는 점점 안 좋아졌다. 내 방법이 그에게 더는 효과가 없는 것 같아 두려웠다. 그의 상태가 악화하고 있었고 살날이 6개월에서 12개월밖에 남지 않았다는 생각이 들었다. 레지던트였던(그것도 상당한 풋내기였던) 나는 칼에게 1년을 넘기지 못할 것 같으니 주변을 정리하셔야할 것 같다고 허심탄회하게 말해야 했다.

그것은 너무도 어려운 일이었다. 물론 희망과 기대를 줄 수도 있겠지만 유감스럽게도 아직 그런 기술을 연마하지 못했다. 결국 최대한 친절하고 신뢰감을 주는 목소리로 칼에게 주변을 차차 정리하셔야 한다고 설명했다. 그가 앞으로 어떤 과정을 거칠지 예상했기에 그가 마지막을 준비하도록 충분한 시간을 가졌으면 싶었다. 좋은 의사라면 으레 해야 할 일이라고 생각했고 그도 내 말을 신뢰했다.

다음 날 아침, 칼의 아내로부터 전화가 걸려왔다. 그녀는 울고 있었다. "남편이 지난밤에 자다가 죽었어요." 어안이 벙벙했다. 그것은 슬픈 우연의 일치였겠지만 내가 한 말이 그의 죽음을 앞당긴 것이 아닐까하는 의구심이 지금까지도 든다. 만일 그 사실을 다른 방식으로 말했거나 아예 말하지 않았다면 그는 아직 살아있을까? 그에게 살날이 얼마 남지 않았다는 생각을 심어준 것인가? 유감스럽지만 이 질문에 대한 답은 앞으로도 찾지 못할 것 같다.

의사는 전략적이어야 한다. 환자가 저항심이 강하고 호전적인 사람임을 안다면 그 환자에게 살날이 얼마 남지 않았다는 말을 솔직히 해주는 것을 고려할 것이다. 오히려 이득일 수도 있기 때문이다. 이런 사람들은 그러한 말에 자극받아 의사의 진단이 틀렸음을 증명하려고 애쓴다. 하지만 무너지는 사람들도 있다. 사람은 천차만별이다. 의료진이나 간병인은 각 환자의 내력과 특성을 꿰뚫고 있어야 한다. 그래야 환자에게 도움될 최상의 방법을 쓸 수 있다. 그렇게 하지 못하면 환자에게 유익보다는 해를 더 끼칠 수 있다.

선의가 악의로 도착할 때

인간은 연민을 느낄 수 있는 대단한 존재다. 타인이 힘든 시간을 보낼 때 도움을 주고 싶어 한다. 실제로 의식적, 무의식적으로 타인을 치유해주기도 한다. 하지만 긍정적인 영향을 끼치는 것은 해로운 영향도 끼칠 가능성이 있다는 증거다. 약이 그렇다. 좋은 의도로 처방했으나 효과가 강력한 약이 지독한 부작용을 낳기도 하는 것이다. 항생제는 심각한 감염을 치료할 수 있지만 장내 미생물에 손상을 줄 가능성이 있다. 항우울제는 우울한 기분을 없애줄지 모르지만 성기능 장애와 체중 증가를 유발하기도 한다. 화학 요법은 암세포를 죽이지만 그 과정에서 몸에 나쁜 영향을 준다.

교감을 위한 인간의 생물학적 도구들(거울 신경세포, 옥시토신, 뇌 가소성, 후생적 영향)이 부정적인 방향으로 작용할 수도 있다. 누군가가 화났거나 낙담했거나 일에 치여 힘들다면 상대방 역시 이러한 감정을 감지하고 괴로워할 수 있다. 리차드 데이비슨은 말했다. "괴로움을 느낄 때 타인을 도우려는 마음이 생기지 않는다. 나 자신이 고통스러우면 타인의 고통을 들여다볼 여유가 없기 때문이다."[1] 사실 타인이 힘들어하는 순간에 내가 하는 말이나 행동이 때로는 의도했던 것과 달리 해를 끼치기도 한다. 그때 잘못 대처하면 상대방에게 큰 피해를 줄 뿐만 아니라 두 사람 사이의 관계에 장기적인 해를 입힌다.

돈독한 유대감을 형성할 때 오히려 상대방이 하는 말에 쉽게 상처를 받기도 한다. 밀착된 관계일 때 마음을 더 여는 경향이 있어서 상대의 말을 고스란히 받아들이기 때문이다. 최악의 상황은 우리가 부적절한 순간에 경솔한 말이나 농담을 하거나 상대방 기분에 둔감할 때다. 잔인하게 굴 의도가 없을지라도 말의 영향력을 고려하지 않고 상대방의 육체적, 정신적 고통에 자신의 불확실, 불안, 두려움을 반영한다. 이러한 유형의 도움은 악영향을 주기 쉽다. 친구 사이나 심지어 다정한 부부 사이도 틀어지게 만들 수 있다. 하지만 희망이 전혀 없는 것은 아니다. 비언어적 의사소통은 말을 대신할 수 있다(8장 참조). 만일 누군가가 자신을 도와주고 관심을 기울이고 있다는 것을 인지한다면 진심을 알게 되기 때문에 상처로 느껴졌던 말을 용서할 것이다.

노시보 효과

상호 대화로 '치유 효과'를 자극하면 긍정적인 기대가 촉진되면서 신체의 자기 치유 기제가 작용된다. 각자 상황에 따라 이러한 작용이 일어나면서 더 나은 상태에 대한 희망과 확신이 생겨난다. 진정으로 믿으면 실제로 그렇게 될 때가 많다.

반면 노시보 효과nocebo effect라 불리는 상반된 현상도 있다. 노시보는 라틴어로 '해를 끼친다'를 의미한다. 치유 효과와 상반되긴 하지만 같은 원리로 작용한다. 부정적 믿음이 결과에 나쁜 영향을 끼친다는 것이다. 내 환자 칼에게 일어났던 것으로 추정되는 현상이기도 하다. 언젠가 한 친구가 어린 시절에 겪은 노시보 효과에 대해 이야기한 적이 있다. 그녀가 자전거 타는 법을 배울 때 많은 부모가 그렇듯 그녀의 아버지는 딸이 균형 잡도록 돕기 위해 뒤에서 안장을 붙잡고 같이 달렸다. 친구는 아버지가 뒤에서 도와준다는 긍정적인 믿음으로 스스로 상당한 거리를 달렸다. 하지만 그녀는 자신이 한 질문에 아버지가 한참동안 대답하지 않자 뒤돌아보았다. 아버지는 한 블록 이상 떨어진 지점에 서있었다. 친구는 자신이 '안전하다'는 긍정적 믿음으로 거리를 혼자 달렸지만 혼자라는 사실을 깨달은 순간 자신이 자전거를 탈 줄 모른다는 부정적 믿음에 휩싸이며 넘어지고 말았다.

이와 비슷한 일은 질병에서도 발생한다. 치유 효과가 상실되는 현상이다. 마음의 영향으로 더 아프다고 느낄 수 있을 뿐만 아니라 실제로 해로운 증상이 생길 수 있다. 천식 환자 40명을 대상으로 한 실험을 예로 들어보겠다. 실험 참여자들은 호흡을 방해하는 자극물에 노출될 것이며 뒤이어 천식을 치료할 새로운 약도 받게 될 거라고 들었다. 하지만 실제로 공기 중에 뿌려진 '자극물'은 탄산가스를 넣은 소금물 분무액이었다. 이것에 노출되자마자 47.5퍼센트의 환자들에게 기도 제한이 발생했고 30퍼센트의 환자들은 심한 천식 발작을 일으켰다. 결과만큼 중요한 사실은 환자들에게 '새로운 천식 치료약'을 주자 한 명도 빠짐없이 치료에 반응했다는 점이다. 이 약 역시 똑같은 소금물로 만든 분무액이었는데도 말이다.[2]

이외에도 상당히 놀라운 실험이 시행되었다.[3] 과학자들은 파킨슨병을 앓는 환자들의 두개골에 작은 구멍을 뚫어서 이 병을 일으키는 것으로 여겨지는 지점에 태아 뇌 조직 세포를(뇌의 손상된 부위에 대한 대체물로서) 주입했다. 대조군 환자들의 두개골에도 작은 구멍을 뚫었지만 태아 세포를 주입하지는 않았다(오늘날에는 인간 연구에 대한 규정이 더 엄격해져서 아마 허용되지 못할 것이다).

전반적으로 실험 효과는 나타나지 않았다. 태아 세포를 주입받은 환자들의 뇌가 성장했다는 증거는 있었지만 증상이 호전되지는 않았고 심지어 운동 장애를 일으켰다. 반면 놀랍게도 대조군 환자들 가운데 일부는 파킨슨병 증상에서 상당한 호전을 보였다. 그런데 실험 막바지에 태아 세포가 주입되지 않았다는 사실을 듣게 되자 그들은 화를 내고 좌절했다. 그리고 증상이 재발했다. 이것이 노시보 효과다.

대조군 환자들이 호전되었다가(플라시보) 악화된(노시보) 이유는 도파민 수치의 변동과 관련이 있을 것이다. 파킨슨병에 걸리면 보상 호르몬이 줄어든다. 앞에서 언급했듯 긍정적 기대는 도파민 호르몬 생성에 영향을 주기 때문에 플라시보 효과에도 중요한 역할을 한다. 도파민 호르몬은 플라시보를 쓸 때 증가하고 노시보를 쓸 때 감소한다. 좋은 결과를 얻을 것으로 기대한 환자들의 두개골에 구멍을 낸 것은 뇌에서 도파민 생성을 촉진하여 효과가 있었는지도 모른다. 하지만 자신이 대조군이었다는 사실을 알게 되면서 속았다는 기분이 들었다(노시보). 이에 도파민 수치가 내려갔고 증상도 재발했다. 친구가 자전거 타는 법을 배웠을 때 상황과 비슷하다. 자기 뒤에 아버지가 있다고 생각할 때 도파민 수치가 올라갔지만 쭉 혼자였다는 사실을 깨달은 순간 도파민 수치가 떨어져 넘어졌던 상황 말이다.

노시보 효과의 가장 극단적 예는 부두 죽음voodoo deaths일 것이다. 많은 사례 조사 결과, 부두교에서 힘(누군가는 이를 '흑마술'이라 하겠지만)을 가진 것으로 여겨지는 존재가 목표 대상에게 저주를 내렸을 때 그 대상이 믿음과 기대를 내면화하면 죽음에 이르렀다.

하버드 의과 대학교의 월터 B. 캐넌Walter B. Cannon은 이러한 현상을 조사했다. 이것은 신체의 생리적 반응이 병에 대한 두려움 같은 감정과 어떻게 연결되는가에 대한 오늘날 생각의 토대가 되었다. 1942년, 캐

112

년 박사는 서구 의학계 관계자들이 남아메리카, 아프리카, 오스트레일리아, 뉴질랜드, 태평양제도, 아이티 원주민들을 관찰한 결과를 바탕으로 부두 죽음의 사례를 모아 책으로 펴냈다.[4] 1925년, 허버트 베이스도브 Herbert Basedow는 자신이 관찰하고 기록한 내용을 담아 ≪The Australian Aboriginal오스트레일리아 원주민≫을 썼다. 캐넌 박사는 이 책에 담긴 특히 흥미로운 이야기를 자신의 책에 실었다.

남자는 적이 저주를 내리며 지시봉으로 자신의 뼈를 겨누고 있음을 깨달았다. 남자는 그야말로 불쌍한 모습이다. 지시봉을 응시한 채로 상상 속의 치명적인 물질을 상상한다. 지시봉을 통해 자기에게 쏟아지고 있는 위험 물질을 피하려는 듯 두 손을 들고 겁에 질린 표정을 지은 채 일어난다. 두 볼이 창백해지고 눈은 흐리멍덩해지고 표정이 끔찍하게 일그러진다…… 소리를 지르려 하지만 목소리가 나오지 않고 입에서는 거품만 흘러나온다. 몸이 떨리기 시작하면서 부지불식간에 근육이 뒤틀리고, 뒤쪽으로 휘청거리더니 땅에 쓰러진다. 잠시 후 남자는 기절한 것 같다. 그런데 이내 죽기 전 고통을 겪는 듯 두 손으로 얼굴을 감싸고 몸부림을 치면서 신음한다. 잠시 후 아주 평온해지며 오두막집으로 기어간다. 이때부터 시름시름 앓고 안절부절 못하며 먹는 것을 거부하고 부족의 일상적인 일들을 하지 않는다. 만일 부족 치유자가 저주를 풀어주는 형태로 도움을 주지 않는다면 남자는 비교적 짧은 시간 내에 죽는다. 시기적절하게 치유자의 도움을 받으면 목숨을 건질 수 있다.[5]

죽음의 문턱에 닿았던 희생자는 부족 치유자가 저주를 풀어주면 그

제야 두려움에서 벗어나는 것이다. 캐넌 박사와 그의 선임자들이 살던 시대에는 저주를 받았다고 느낀 사람의 뇌에서 일어나는 일을 확인할 수 있는 뇌파 기록 장치와 기능성 MRI가 없었을 뿐만 아니라 이러한 반응에 관여하는 호르몬, 신경전달물질, 신경펩타이드에 대한 분석도 존재하지 않았다. 하지만 말 그대로 무서워 죽을 것 같은 개인들에 대한 그들의 관찰 내용은 타당한 근거가 있다. 오늘날 우리는 그러한 죽음에 이르게 한 과정을 추적할 수 있다. 처음에 희생자는 저주를 내리는 주술사나 적의 힘을 믿고 두려움에 사로잡힌다. 희생자의 두려움이 워낙 강하기 때문에 교감 신경계가 조절하는 투쟁 혹은 도피 반응이 심하게 자극받는다. 이것은 다시 혈관 수축을 야기해 심장 같은 중요 기관의 혈액 공급을 감소시킨다. 뒤이어 심장 부정맥과 혈관 허탈로 심장 박동이 너무 약해져 저주를 믿은 사람은 결국 죽는다.[6]

프래밍햄 데이터베이스에 등록된, 심혈관계질환에 대한 위험 인자가 비슷한 여성들을 예로 들어보면, 자신이 심장 마비를 일으킬 가능성이 높다고 믿는 여성들은 믿지 않는 여성들에 비해 이것으로 사망할 확률이 4배 더 높게 나타났다.[7] 이는 부두교 저주에 대한 반응과 크게 다르지 않다.

〈뉴잉글랜드 의학 저널〉에 실린 또 다른 예도 있다. 바로, 관상 동맥의 경련으로 야기된 일부 심근 경색은 어떻게 원상태로 돌아갈 수 있는가 하는 내용이었다. 이것은 갑작스럽고 심각한 감정적 스트레스 때문에 심장이 '멈추는' 경우를 말한다. '상심 증후군broken heart syndrome' 진단을 받은 참여자들은 심근 경색과 그로 말미암아 심장 효소가 상승하는 증상을 겪었다. 하지만 여기서 좋은 소식은 그들이 완전히 회복했다는 사실이다.[8] 상심 증후군은 일본의 문어 잡는 항아리 이름을 따서 타코츠보 심근증이라고도 한다. 심장이 정상적으로 수축될 때 일반적으로 멜론 모양에서 작은 감자 모양으로 바뀐다. 하지만 타코츠보 증상이 오면 심장이 막힌다. 문어의 몸 쪽으로 무언가가 들어오면 도망가지 못하도록 항아리 모양으로 몸을 말아서 입구를 좁게 만들 때와 비슷하다.

이러한 증상은 위험할 수 있다. 2015년, 타코츠보 심근증의 수많은 사례를 들여다본 결과 이 증후군을 겪는 사람들은 사망할 확률이 높고 이것이 나타나는 순간 실제로 죽은 사람들도 있었다.[9] 하지만 이 증상은 격정적인 감정이 지나가면 저절로 해결되었다. 관상 동맥에 막힌 부분이 있는지 찾아보기 위해 환자에게 심장 도관 삽입을 해서 혈관 조영 사진으로 보면 90퍼센트의 환자들이 지극히 정상적으로 나왔다. 이 결과에서도 중요한 사실을 깨달을 수 있다. 격한 감정이 '심근 경색'을 일으킬 정도라면 긍정적 감정은 심장에 얼마나 유익할까?

스님들의 경험이 도움될 것 같다. 그들이 깊은 자애 명상에(이 부분은 10장에서 자세히 설명할 것이다) 빠져있을 때 뇌파 기록 장치로 뇌파를 측정해 보았다. 그들은 총소리 같은 갑작스럽고 시끄러운 소리에도 거의 반응하지 않았다. 움직이거나 벌떡 일어나지도 않았다.[10] 그들의 뇌파 감지 센서에서조차 강한 파동이 기록되지 않았다. 대부분의 사람은 귀청이 터질 듯한 소리를 갑자기 들으면 깜짝 놀라거나 움찔할 것이다. 활동과 휴식을 모두 조절하는 자율 신경계 작용 때문이다. 자율 신경계 가운데 하나인 교감 신경계는 투쟁 혹은 도피 반응을 관장하고, 다른 하나인 부교감 신경계는 안정을 찾는 데 도움을 준다. 두 신경계의 균형이 깨지면 불안한 반응이 나타나고 병이 발생할 수 있다. 불안감이 고조된 상황에서 사는 사람일수록, 갑자기 안정감에 방해되는 일이 발생하면 충격을 받거나 소리를 지를 가능성이 더 높다. 범죄 조직과 연루된 위험한 고등학생들 사이에서 일하는 고등학교 행정실장인 내 친구는 항상 긴장한 상태에서 지내는 터라 저녁 식사 때 아들이 포크만 떨어뜨려도 자리에서 벌떡 일어나곤 했다. 그의 교감 신경계가 과잉으로 반응했기 때문이다.

1장에서 토리노 대학교의 루아나 콜로카 박사의 실험 결과를 언급했다. 회복실 환자들 가운데 한 그룹은 의사로부터 강력한 진통제를 주입받았고 다른 그룹은 시간도 통보받지 못한 채 자동 투입 장치의 링거 주사로 같은 약을 주입받았다. 추가적인 실험도 있었다. 환자들은 이 장치가 자동으로 꺼졌을 때보다 간호사가 회복실에 들어가 장치를 끄며 "이제 진통제 주입을 멈춥니다"라고 했을 때 더 큰 고통을 느꼈다. 왜 그럴까? 환자들은 마치 배신당한 것처럼 느꼈고 이것이 고통과 피해 의식을 일으킨 것이다.

도움이 되지 않는 말들은 하나같이 똑같다

학생들에게 몇 가지 질문을 던졌다. 타인을 이해하고 의사소통을 잘하도록 하기 위함이었다. "살면서 개인적으로 고통스러웠던 때를 떠올려 보세요." 사랑하는 사람이 죽었을 때나 자신에게 의미 있는 물건을 잃어버렸을 때처럼 말이다. 뒤이어 누군가의 행동이나 말이 도움 되지 않았거나 기분을 더 상하게 했던 경우도 떠올려보라고 요청했다. 흥미롭게도 이

강좌를 진행한 14년 동안 타인이 자신에게 도움이 된 경우와 그렇지 않은 경우에 대한 학생들의 대답이 항상 비슷했다. 즉 이것이 보편적인 인간의 진리라는 점을 보여준다. 힘들 때 도움 되지 않는 행동이나 말은 다음과 같다.

- 상대방이 설명하려고 애쓴다.

- 상대방이 "모든 게 다 잘 될 거야"라고 말한다.

- 상대방이 나를 피하거나 화제를 바꾼다.

- 상대방이 해결하려고 애쓴다.

- 상대방이 자신의 경험을 말한다.

- 상대방이 내 감정을 무시한다.

- 상대방이 내가 울거나 슬퍼하는 것을 허용하지 않는다.

- 상대방이 상황을 분석하려 한다.

- 상대방이 자신과 같은 신앙심을 강요한다.

이러한 말이나 행동은 결국 '도움이 되지 않는 것'으로 분류되었다. 그저 상대의 말을 들어주고 같이 있어주는 것이 아니라, 상대에게 자신의 생각을 성급하게 밀어붙이기 때문이다. 말로 조언할 때보다 진정으로 옆에 있어줄 때 치유가 되는 법이다. 말을 멈추고 상대방에게 무엇이 필요한지 느껴야 한다. 이것에 대한 방법은 2부에서 다룬다. 외면, 회유, 화제 전환은 타인에게 관심을 기울이지 않는다는 사실을 크게 떠벌리는 셈이다. 분석, 판단, 비판, 비하는 상대방을 더 기분 나쁘게 만든다. 의견을 제시하는 것은 어떨까? 친구들과 가족은 지식이 필요한 것이 아니다. 그들에겐 무조건적인 관심이 필요하다. 물론 조언을 해야 할 때도 있지만, 그들이 조언을 구할 때만 그래야 한다.

만일 당뇨병 환자가 의사를 찾아가 당뇨병을 관리하는 가장 좋은 방법을 묻는다면 지식을 공유하는 것이 적절하다. 하지만 배우자를 잃어 심장마비가 올 것 같은 사람에게는 그야말로 의사의 관심이 필요하다. 옥시토신의 힘을 기억하는가? 사람들이 원하는 한 가지가 있다면 바로 친절한 존재 그리고 포용일 것이다. 그들은 의사가 자신들의 문제를 '해결'해주기를 원하지 않는다. 실제로 의사가 그렇게 해줄 수 없기 때문이다. 고통스러운 상황을 건강하게 헤쳐 나가도록 도울 수 있을 뿐이다.

해결 불가능한 해결책들

사람들은 치유자 보다는 '해결사'가 되려는 욕구가 있다. 아이가 다른 친구와 싸우고 울면서 집에 들어오면 부모는 재빨리 아이를 부드럽게 안아줄 것이다. 하지만 상황을 바로잡아야 할 충동도 느낀다. 어느새 부모는 자녀가 어떤 부분을 잘못한 건지 지적한다("그래서 미안하다고 했니?"). 의견을 제시하기도 한다("너무 심각하게 생각하지 마. 카일은 그냥 샘나서 너를 놀리는 거야!"). 다음에 어떻게 행동해야 하는지 조언하기도 한다("그냥 웃어넘기는 법을 배워"). 아니면 부모는 그 친구의 코를 한 방 때리고 싶어 할지도 모른다. 하지만 아무리 현명하고 신뢰할 만한 제안일지라도 말을 하는 사람과 상처받은 사람 사이에 거리가 생길 수 있다. 당신이 하는 말과 어조, 그리고 문제가 별것 아니라는 의견은 당신이 상대방 말에 귀 기울이지 않고 상황을 이해하지 못하고 있음을 드러낼 수 있다.

　문제를 가장 비효율적으로 '해결'할 때는 상대방에게 그 사람의 건강에 대해 조언을 해줄 때다. 누구나 상대방에게 도움이 되는 해결책을 안다. 고혈압이 있는 부모에게 저염식을 권하거나 관절염으로 괴로워하는 동료에게 "이부프로펜 같은 소염제 먹어봤어요?"라고 말할 수 있다. 최근 한 친구가 임신 중에 체중이 너무 많이 늘어서 걱정된다고 하자 또 다른 친구가 재빨리 말했다. "매일 조금씩 걸으면 되지 않니?" 그러나 의도가 제 아무리 좋아도 이러한 해결안으로 문제가 더 나아지기는 힘들다.

　또한 해결안을 제시하는 도움은 오래 가지 못한다. 건강을 촉진하는 게 아니라 실제로 고통을 연장하고 회복을 방해한다. 타인의 고통과 관련하여 큰 그림을 보지 못할 때 친구로서 부족한 존재가 되며 지원자로서 실패한다. 누구나 고통을 피하고 싶어 하지만 상대방으로 하여금 고통을 직면할 수 있도록 진정한 도움을 줄 때 치유가 이루어진다.

　고통을 직면한다는 말이 그리 달갑게 들리지 않는다. 누가 그렇게 하는 것을 원하겠는가? 환자에게 목 통증과 관련한 의료적 설명을 하는 것과, 목 통증이 야기된 상황에 대해 이야기를 나누는 것 사이에서 하나만 선택하라고 한다면 대부분 전자를 선택할 것이다. 하지만 진짜 원인을 파고들지 않는다면 통증은 해결되지 않을 것이다. 2장에서 설명했지만 이것은 약이나 마사지를 이용해 문제를 소극적으로 처리하는 방식과 상반된, 문제의 본질을 직면하는 적극적 처리 방식이다. 적극적 방식을 취할 때 상대방은 가장 필요한 것을 얻는다. 바로 다른 사람의 진정한 관심이다.

아픈 이를 위해 최선을 다할지라도 실제로 소통에 도움이 안 되는 말을 많이 하는 것은 오히려 서로 멀어지게 만드는 기능을 한다. 익숙한 예를 몇 가지 들어보겠다.

"네가 무얼 겪고 있는지 나도 다 알아. 나도 다리를 다쳤을 때……" 자기중심주의를 드러낸다. 상대방과 '결부하고', '도움을 주려고 애쓰는' 방식으로 화제를 자기 자신에게로 돌리는 것이다. 이런 말은 어떤가. "나도 요통이 있었을 때 이 책을 읽었어/요가를 했어/척추 지압을 받았어/물리 치료를 받았어/마취 주사를 맞았어/침을 맞았어, 아무튼 그렇게 해서 수술을 피했어." 한 사람에게 효과가 있는 방법이 다른 사람에게도 당연히 효과가 있을 거라는 생각이 담겨 있다. 그럴 수도 있고 그렇지 않을 수도 있다. 상대방의 상태는 말하는 사람과 완전히 다를 수 있다. 또한 의도는 좋지만 잘못 판단한 조언은 상대방의 문제를 악화시킬 가능성이 있다. 자신에 대한 이야기를 하느라 여념이 없을 때 상대방의 고통에 깊은 관심을 기울이지 못한다. 그 결과 상대방과 실제로 소통하지 못한다.

"그 정도 가지고 상태가 안 좋다고 생각하는 거야?" 상대방의 고통이 별거 아니라는 말을 하기 위해 상태가 더 나쁜 사람을 끄집어내는 방식이다. 내 친구는 이런 말을 한 적도 있다. "남편이 자전거에서 떨어져 갈비뼈 6개가 부러지고 폐타박상에 얼굴에 피멍이 들었어. 병원에 입원했을 동안 자전거 사고로 다친 사람들의 끔찍한 얘기를 얼마나 많이 들었는지 몰라." 정말 다친 사람과 그의 가족에게 그렇게 심한 사례를 말하면서 부담

120

감을 더해주고 싶을까? 정말로 도움을 주려는 것일까? 그런 이야기가 도움이 될까? 그것이 어떻게 소통을 촉진할까?

"왜 나인데 이런 말을 하는 거야? 내가 얼마나 속상한지 알아?" 치료에 위기가 오거나 차도가 없을 때 환자를 돌보는 가족은 불안해한다. 더 나아가 이제는 자신에게 신경쓰고 싶어 한다. 이렇게 되면 환자는 가족을 위해 고통의 심각성을 숨기거나 도움이 가장 필요한 순간에 요청하지 않을 수도 있다.

"기운내⋯⋯", "진정해⋯⋯", "그리 나쁘진 않을 거야⋯⋯" 상대방의 괴로움이나 고통을 잘 알지 못한다는 점을 드러내는 셈이다. 이러한 말은 지지와 소통이 가장 필요한 순간 외로움만 더 느끼게 한다.

"네가 너무 걱정 돼. 낫지 않을까 봐 우려스러워." 가장 부정적인 영향을 주는 말이다. 우리가 상대방에게 자신감과 긍정적인 감정을 표현하면 거울신경세포를 자극하여 상대 또한 긍정적인 마음이 든다. 그러나 같은 원리로, 우리가 의심, 두려움, 절망을 표현하면 그 반대 현상이 발생한다.

2부

소통의 힘

6장

당신의 편견은
안녕하신가요?

자신을 거슬리게 하는 다른 이들의 모든
측면은 자신을 이해할 수 있는 단서가
된다.

칼 융Carl Jung의 ≪기억, 꿈, 사상≫ 중에서

생물학적 시스템에는 모든 것이 관련되어 있다. 가장 놀라운 사실은 무형의 인식과 생각이, 유형의 화학 물질인 인체의 단백질이 된다는 점이다. 이 과정은 정보의 인지에서 시작된다. 조라는 이름의 '까다로운' 고객을 상대하는 한 사회복지사를 상상해보자. 사회복지사 쉐릴은 그를 만날 때마다 스트레스를 받는다. 예전에 조는 쉐릴에게 모든 것을 따지고 반대했기 때문에 도움을 주려는 그녀의 노력이 좌절되었다. 복도를 걸어가다 대기실에서 있는 그를 흘긋 본 쉐릴의 신체에서 어떤 일이 일어날까?

조를 시각적으로 인지한 정보가 쉐릴의 뇌 뒷부분에 위치한 후두엽으로 들어간다. 이것이 과거의 경험과 결합되어 특정한 유형의 신경펩타이드(신체에 영향을 미치는 뇌 단백질)가 만들어진다. 뒤이어 화학 반응이 폭발적으로 일어나기 시작한다. 우선 신경펩타이드Y가 만들어지는데, 이것은 쉐릴이 조와 '싸우거나' 조에게서 '도피하기' 위한 충분한 에너지를 공급받도록 설탕을 갈구하게 만든다. 뇌하수체에서 부신피질자극호르몬을 유발하는 인자도 분비하도록 자극한다. 곧, 부신을 자극하여 코르티솔이 생성된다. 코르티솔은 쉐릴이 싸우거나 도망치는 데 필요한 설탕(포도당)을 동원하며 기능한다. 그래서 체중 증가를 발생시긴나(만일 쉐릴이 싸우거나 도망 치지 않는다면 여분의 에너지는 미래의 난관 때 쓰이기 위해 지방으로 저장된다).

쉐릴은 조를 지나칠 때 고개를 끄덕이며 살짝 미소 짓고 날씨에 대해 말한 후 조금 있다 오겠다고 말했다. 그녀는 두려움이라는 진짜 감정을 숨긴 채 책상으로 돌아가 지금 당장 자신을 끌어당기는 베이글에 크림치즈를 발랐다. 쉐릴은 조가 자신의 고객이기 때문에 싸우거나 도피할 수 없다. 그저 자신의 감정을 억누른다. 이에 스트레스 호르몬인 코르티솔 수치가 올라가고 그 결과 인슐린 분비가 증가차여 지방 축적으로 이어진다. 다시 신체 내이 염증을 촉진하며 병에 걸릴 가능성을 높인다. 모든 과정은 자신에게 스트레스를 주는 사람으로 인식한 고객과의 경험에서 느낀 쉐릴의 감정에서 비롯되었다. 쉐릴은 사무실 밖으로 나가 상담을 위해 조를 불러야 한다.

그렇다면 어떻게 해야 피로감을 느낄 정도로 스트레스를 받지도 주지도 않으면서 까다로운 사람과 매끄럽게 소통할 수 있을까? 어떻게 그들에게 진정으로 도움을 줄 수 있을까?

최대한 원활하게 소통하기 위한 조치가 몇 가지 있다. 앞으로 이러한 전략들을 소개할 것이다. 하지만 진정한 소통은 도움이 필요한 사람에 대한 정보가 아니라 역설적이게도 자기 자신과 편견에 대한 깊이 있는 이해에서 시작된다. 이러한 편견에는 스트레스와 타인에 대한 자신의 반응도 포함된다.

편견이 그대를 속일지라도

누구에게나 불만스러운 점이나 편견, 확고한 의견 등이 있다. 태도는 평생의 경험으로 축적된다. 이는 의사 결정을 내리고 세상을 해석하는 기준이 되지만 다른 사람과의 친밀한 교류에 방해가 되기도 한다. 누구도 진정으로 객관적일 수 없다. 수필가 아나이스 닌Anaïs Nin은 "우리 모두는 인생을 있는 그대로 보는 것이 아니라 자신의 시각으로 본다"고 말했다.[1]

현실은 우리의 생각, 그러니까 의식이 만들어낸 결과다. 사람들은 수년 동안의 교육을 통해서든 힘들게 겪은 인생 경험을 통해서든 정보를 얻는다. 이 과정에서 뇌가 점점 조건화되고 자기만의 틀을 만들기 때문에 새로운 현실을 받아들이거나 의견을 바꾸기가 어려워진다.

2013년, 하버드 대학교에서 실시된 실험에서 아무리 교육을 많이 받고 유능한 전문가라도 자신의 판단 기준 밖에 존재하는 것을 제대로 인지하지 못할 수 있다는 사실이 드러났다. 주의력 연구자인 트래프턴 드류 Trafton Drew는 경험 많은 방사선 전문의 24명에게 폐를 촬영한 CT 사진을 보면서 작은 암 덩어리가 있는지 확인하게 하는 실험을 했다. 그리고 방사선 전문의들이 찾는 작은 혹보다 48배 더 큰 고릴라 이미지를 폐 오른쪽 상단에 일부러 삽입했다. 전문의들은 사진을 유심히 관찰했지만 놀랍게도 83퍼센트의 전문의들이 고릴라를 아예 발견하지 못했다. 고릴라 사진이 상당히 컸는데도 말이다. 시선 추적 장치로 조사해보니 시선이 고릴라 이미지에 머물다 갔지만 머리로는 고릴라를 전혀 인지하지 못했다.[2]

어떻게 이런 일이 가능할까? 방사선 전문의들은 암일 수도 있는 비정상적인 혹을 찾았다. 그들은 혹의 모양과 특징을 잘 알고 있으며 하루에

도 엄청나게 많은 차트와 사진을 판독하기 위해 최대한 효율적으로 일한
다. 그렇기 때문에 '이걸 놓치지 않겠다'라는 마음 상태로 임한다. 고릴라
이미지에는 그들이 아는 '위험 신호'가 없었기에 그들은 이것을 무시했고
말 그대로 눈앞에 있는 것을 인지하지 못했다.

사람들은 자신이 찾는 것을 알아본다. 하지만 편견 때문에 중요한 사
항을, 스스로 관련이 없다고 믿거나 아예 주의를 기울이지 못한 사항을
놓치기도 한다. 대부분의 사람은 자신에게 익숙한 세상을 보는 방식이 있
기 때문에 자신의 의견을 '확정된 사실'처럼 여긴다. 하지만 상대방과 소
통하려고 할 때 내 생각이 편협할 수도 있음을 인식해야 한다. 연민을 바
탕으로 소통하려면 우선 자신의 편견을 알아야 하고 그것이 어디서 비롯
했는지, 왜 그것을 유지하는지 이해해야 한다. 가장 중요한 점은 편견을
(나는 이를 '마음의 소음'이라 부른다) 타인에게 부적절하게 혹은 너무 빨리 투영
하면 안 된다는 것이다.

오만과 편견

편견(마음의 소음)은 말과 행동으로 배어나며 치유를 위한 소통에 방해
가 된다. 나의 불만으로 환자 밥에게 후회스러운 언어를 선택했을 때 아
프게 깨달았다. 부유한 집안 출신의 50대인 그는 친절한 사람이었다. 자
식들이 모두 부모 품을 떠나 밥과 그의 아내 애나만 한집에 살았다. 그들
은 좋은 동네에 살았고 옷도 잘 입었으며 여행을 즐겼다. 근사한 음식점
에서 함께 하는 저녁 식사가 가장 큰 즐거움 가운데 하나였기에 두 사람

은 외식을 자주 했다. 하지만 애나는 여분의 칼로리를 소모하기 위해 헬스장에 다니려 노력했지만, 밥은 자신은 헬스장이라면 질색하고 대부분의 운동을 싫어했다.

그 결과 밥은 몇 년 동안 비만해질 정도로 체중이 크게 늘었다. 그는 자신의 허리둘레를 똑똑히 인지했고 후회도 했지만 체중 관리를 하지 못했다. 그래서 여러 가지 건강 문제가 생겼다. 그는 고혈압에 콜레스테롤 수치도 우려스러울 정도로 높았다. 전년도에는 대장암도 발병했다. 그가 암 치료를 끝낸 후 정기 검진을 받으러 나를 다시 찾아왔다. 우리는 당뇨병으로 진행되지 않도록 혈당치를 확인하는 검사가 얼마나 중요한지 이야기를 나누었다. 밥은 마지막 즈음에 한숨을 쉬며 말했다. "선생님, 비만 치료법은 언제 나올까요?"

밥의 질문은 내 안의 심기를 건드렸다. 그동안 고칼로리 음식을 좋아하고 운동하지 않는 그의 생활 방식에서 비롯하는 신체적 문제를 해결하기 위한 방법을 제안해왔다. 그러나 그가 수년 동안 변화를 전혀 보이지 않았다는 사실에 좌절감을 느꼈다. 그의 대장암은 치료되었지만 체중 때문에 재발할 가능성이 보통 사람보다 더 높았다. 당뇨 합병증도 머지않은 일이었다. 그는 내가 수없이 보아온 환자들의 패턴을 보였다. 즉 끊임없이 의사가 신경을 써주기를 바라면서 자신의 문제에 주인의식을 가지지 않았다. 또한 조급함을 드러내며 건강 문제를 해결하기 위한 빠른 묘책을 요구하면서도 노력은 전혀 하지 않았다. 그는 왜 책임감을 보이지 않는 걸까? 왜 그에게는 자신의 문제를 해결하기 위한 의지나 자제력이 없는 걸까? 누구나 자신의 문제와 맞닥뜨리면 스스로 해결해야 할 책임이 있지 않은가?

밥의 질문은 내가 의사로서 그리고 한 개인으로서 오랫동안 느껴온 여러 가지 좌절감을 건드렸다. 아마 그랬기 때문에 내 입에서 인정 없는 말이 불쑥 튀어나왔던 것 같다. "비만 치료법은 이미 나와 있어요. 적게 먹고 많이 움직이는 것이요!"

짧은 두 문장을 뱉자마자 다시 주워 담고 싶었다. 하지만 너무 늦었다. 그 순간 밥의 눈빛에는 상처받은 기색이 역력했다. 밥을 창피하게 하거나 혼내지 않고 그가 체중 문제를 해결하도록 돕겠다는 내 목표가 무색해졌다.

편견 때문에 판단이 흐려진 것이다. 내 좌절감(밥은 자기 문제의 심각성을, 문제가 더 악화할 뿐이라는 사실을 모르는 걸까? 잘 알아야지 말이야! 내 말은 전혀 듣질 않잖아!) 때문에 밥과의 소통에 지장이 생겼다. 환자에게 불필요한 고통을 주었을 뿐만 아니라 기회도 놓쳤다. 도움이 될 해답을 제시하는 대신 내가 바라는 시각을 그가 갖추기를 바랐다.

만일 시간을 들여 적절하게 대답했다면 이렇게 했을 것이다. "때로는 붉은 고기, 흰 파스타, 쌀 같은 음식을 덜 먹고 다이어트 탄산음료를 포함한 탄산음료를 끊는 단순한 변화가 큰 차이를 만들어요." 하지만 식단은 환자 본인이 식이 요법을 생각하고 계획을 세워야만 가장 효과적이고 지속될 가능성도 높다. 따라서 밥이 그 문제에 진정성 있게 접근하도록 말했어야 했다. 예를 들어, "그러게요, 그런 치료법이 나오는 날은 대단한 날이 되겠네요. 저도 그런 날이 오면 좋겠어요. 하지만 아직은 그런 치료법이 없으니 그 사이에 밥 씨가 스스로 어떤 걸 할 수 있다고 생각하세

130

요?" 그때 할 말을 잠시 생각했더라면 도움이 아닌 상처가 되었을 게 분명한 부정적인 말은 하지 않았을 것이다.

일단 자신의 편견을 인정하고 그것을 한쪽으로 밀어낼 수 있다면, 즉 마음의 소음에서 벗어날 수 있다면 타인에게 무엇이 도움 되는지 파악할 수 있다. 이렇게 하지 못하면 독단적이고 쉽고한 사고를 할 가능성이 높다. 나는 비만 치료와 관련한 밥의 애석한 질문에 불친절하게 답했을 때 이런 편견에 빠져있었다. 그래서 나의 시각을 성급하게 적용하여 결과적으로 도움이 안 되는 대화를 하고 말았다. 정보는 사실에 기반을 둔 것이지만 밥에게는 도움이 되지 않았다. 결국 내 선입견을 한쪽에 밀어두지 못했다. 결과적으로 노시보 효과를 발생시킨 셈이었다. 그날 진료실을 나오면서 기분이 몹시 안 좋았다.

경험이라는 두 얼굴

삶의 경험과 정보에 대한 해석이 신체 변화를 일으킬 수 있다. 스트레스는 혈압 상승, 두통, 혹은 그야말로 신체 각 부위의 통증의 형태로 나타난다. 어떻게 이런 일이 가능할까? 장 초반에 언급했듯 우리가 정보를 통합할 때 뇌의 신경펩타이드가 변하고 자율신경계가 작동한다. 댄 샤피로Dan Shapiro 박사와 나는 이러한 조건 반응을 인포-메디컬 사이클(info-medical cycle, 정보를 뜻하는 'information'과 의학을 뜻하는 'medical'의 합성어 –옮긴이)이라고 이름 지었다.(도해 참고)[3] 물론 이 과정은 오랜 시간에 걸쳐 축적된 지식으로 도출한 것이다.

기본적으로 인포-메디컬 사이클은 이렇다. 우리가 새로운 경험을 하면 그에 따른 새 정보를 받아들인다. 이때 우리의 마음은 사건을 해석하려고 애쓴다. 하지만 해서 작용과 함께 생리적 반응이나 신체 증상을 유발하는 감정적 반응도 일어난다. 긴장감으로 땀이 나든지 기쁨으로 전율하든지 간에 감정들은 행동 방식을 바꾼다. 궁극적으로 우리는 감정에 근거하여 행동하며 이에 대한 기억을 축적한다. 경험과 이로 말미암은 신체적 변화가 신념 체계를 형성하는 데 이바지한다. 그 결과 뇌는 조건화된 믿음에 익숙해지고 믿음에 위협이 되는 것들을 생소하게 여긴다. 이때 우리는 불편함을 느낀다.

어린 시절에는 모든 첫 경험이 학습과 경이로움의 원천이 되기 때문에 인포-메디컬 사이클이 본질적인 부분을 차지하지만, 성인이 되고 나서도 이러한 순환 고리를 끊임없이 재생산한다. 때때로 사람은 무엇을 처음 직면했을 때 판단이나 비판적 사고에 근거해 반응하지 않는다. 이는 '아이의 시각으로 보기'나 불교에서 말하듯 '초심자의 마음 갖기'로 불린다. 사물을 있는 그대로 보며 정확하게 인지한다. 그러다가 경험을 하고 외부 입력이 주어지면 흔히 초심자의 마음에 담긴 신선함을(열린 마음, 무방비한 상태, 경외심) 잃는다. 성장의 긍정적인 측면은 아이가 이러한 과정으로 자신에게 유익한 결정을 내릴 능력을 발전시킨다는 점이다. 즉 아이는 점점 기분이 좋아지는 상황을 찾고 기분이 나빠지는 상황을 피한다.

하지만 불가피하게 발생하는 문제가 있다. 사람은 나이가 들어감에 따라 경험을 바탕으로 사람이나 상황을 추정한다. 그러면서 전문가의 마음 상태가 되어 세상을 보는 자신의 시각을 확고한 '사실'로 믿는다. '전

132

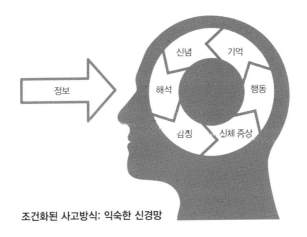

조건화된 사고방식: 익숙한 신경망

문가'가 되는 것이 유리하게 보일지 모르지만 여기서 말하는 전문가의 마음이란 그다지 긍정적인 태도는 아니다. 이러한 태도로 인해 시각이 좁아지고 제한된 관찰만 한다. 그 결과 새로운 정보에 직면했을 때 이미 확고하게 자리한 자신의 판단 기준을 적용한다. 그 상황에서, 그 기준이 맞지 않을지라도 말이다.[4] 방사선 전문의들이 CT 사진에서 오로지 혹만 찾고 고릴라 이미지는 전혀 인지하지 못했던 것처럼 말이다. 스스로 굳게 믿는 생각과 기준을 버리기란 굉장히 어려운 일이다. 아인슈타인은 이런 말을 했다. "사람이 한 명 죽을 때마다 물리학은 발전한다."

당신, 가짜지?

아버지의 접시에 있는 맵싸한 부리토(토르티야에 콩과 고기 등을 넣어 만든 멕시코 요리 - 옮긴이)를 맛보는, 18개월 된 유별난 아기를 상상해보라. 이 아기가(브라이언이라고 해두자) 평소에 먹지 않는 음식을 시도하려고 할 때 '형아들'이 먹는 것을 자신도 먹는다는 생각에 흥분하지만 그것이 어떤 맛인지는 예상하지 못한다. 하지만 막상 음식을 입에 넣으면 평소 먹던 음식보다 훨씬 맵다는 사실을 알게 된다. 매운 맛에 대한 반응은 신체 증상으로 나타나 입안이 얼얼해지고 땀이 나며 심박수가 올라간다. 그리고 울음을 터뜨린다. 경험은 브라이언의 신경망에 새겨져 기억을 형성한다. 이제 브라이언은 기억을 바탕으로 어른의 음식은 모두 알싸하다는 신념을 일반화한다.

다음에 브라이언은 부모님이 그들의 접시에 있던 통닭구이 조각을 건넬 때 경계한다. '정보'를 예전과 다르게 받아들인다. 흥분하는 것이 아니라 눈을 감고 입을 닫고 고개를 흔들며 '싫어!'라고 말한다. 브라이언은 부모님의 음식은 자신이 싫어하는 음식이라고 믿는다. 예전에 고추에 대한 신체 반응을 일으켰던 신경펩타이드가 생성되면서 브라이언은 통닭을 먹지 않고도 심박수 증가나 울음 같은 반응을 보일 수 있다. 입안이 얼얼했던 기억 때문에 새로운 음식을 거부한다.

하지만 희망이 전혀 없는 것은 아니다. 브라이언은 나중에 다른 음식들을 맛본 후 결국 긍정적인 식사 경험을 하고 이로써 미각과 음식 선택이 확장된다.

괴로움을 느끼게 하는 음식을 먹었던 아이가 다음에 그 음식에 대해 보이는 반응을 (혹은 예전에 겪었던 고통스러운 경험에 대한 어른의 반응을) 편안함에 익숙한 신경망의 작용이라 부른다. 삶의 경험들이 쌓여 신념이 생기고 이것을 정상적이라고 느낀다. 이 생각이 굳어지면 우리는 편안함을 느끼기 시작한다. 연설가가 사람들이 좋아하는 연설을 하고 싶다면 사람들이 이미 믿고 있는 것을 말해야 할 것이다. 조건화 과정은 옳거나 그르다고 말할 수 있는 것이 아니다. 그저 인간 삶의 일부일 뿐이다.

우리의 문제는 경험이 축적되어 형성된 자신의 편견을 항상 인지하지 못한다는 점이다. 다시 말해, 그것이 진리가 아니라 인식과 경험의 산물이라는 점을 인정하지 못한다. 편견은 호흡처럼 자연스럽게 내면에 뿌리내리기 때문에 내재된 편견 혹은 무의식적 편견으로 불린다. 유감스럽게도 편견은 다른 사람과의 상호작용에 영향을 준다. 판단을 내릴 때 개인의 소소한 관점이 쉽게 끼어들기 때문에 명백한 증거도 왜곡할 수 있다.

1970년대에 시행된 한 실험 결과가 〈사이언스〉지에 게재되었다. 이 실험에서 의사의 전문적인 편견 때문에 실제 아프지 않은 사람도 병이 있다고 진단할 수 있다는 사실이 드러났다.[5] 연구원들은 정신과 의사들이 '가짜' 정신 질환 환자를 선별할 수 있는지 알아보았다. 한 명의 대학원생, 세 명의 심리학자, 소아과의사, 정신과의사, 주택 페인트공, 주부로 이루어진 여덟 명의 실험 대상자들은 정신 병원에서 '가짜 환자'가 되는 데 동의했다. 그들 가운데 어느 누구도 정신적인 문제로 진료받은 적이 없었지만 실험의 일환으로 각 여덟 곳의 정신 병원 정문으로 향했다. 그리고 가짜 이름을 대며 '쿵'하는 소리가 귀에서 들린다고 호소했다. 이 가짜 환자들은 병원에 들어가는 것이 곧바로 허용되었다. 하지만 그들은 병원에 들어가자마자 협조적이고 친절하고 기꺼이 도우려는 태도를 드러내며 정상적으로 행동했다(연구원들이 실험 참여자들에게 이렇게 하라고 지시했다). 정신과 의사와 면담할 때도 자신의 생활에 대해 정확하게 사실대로 대답했다.

가짜 환자들은 개인 치료와 그룹 치료를 받았고 다른 환자들이 하는 활동에 참여했다. 모든 의료 직원은 이 짐입자들이 조현병(약사법 개정 때 변경하기로 한, 정신 분열증의 새 병명 - 옮긴이)을 앓고 있다고 믿었다. 그들은 가짜 환자들을 '아프다'고 여겼고 일기를 쓰고 복도를 걷는 평범한 행동도 질환 증상의 일부로 기록했다. 가짜 환자들은 평균 19일 동안 입원해있었다(한 사람은 불쌍하게도 54일 후에 퇴원했다!). 그들 모두의 퇴원 진단 사유는 '조현병 호전'이었다.

여기서 중요한 사실은 참여자들에게 전혀 질환이 없다는 사실을 알아차린 유일한 사람들은 그들과 함께 식사와 운동을 하고 그룹 치료를 하며 상호작용한 환자들이었다는 점이다. 조현병이 있는 환자들은 오히려 특정한 병리학에 따라 사람을 보거나 진단할 수 있는 전문적인 훈련을 받지 않았기 때문에 가짜 환자들에게 꼬리표를 붙이지 않고 그들을 대했다. 즉 전문적인 훈련을 받은 자의 고글이 아닌 초심자의 눈으로 보았기에 정확한 진단을 내릴 수 있었다!

위의 사례처럼 의미 있는 상호작용과 신뢰하는 관계 형성은 편견과 선입견을 해결하는 방법이다. 이러한 내용은 호평을 들을 만한 영화의 줄거리로 쓰일 수 있을 것 같다. 여기에 시나리오를 한번 제시해보겠다……'남다른' 한 사람이 마을로 들어온다. 이 사람은 피부색, 종교, 문화 혹은 성적 취향이 달라 마을의 기준에 부합하지 않는다는 점에서 이질적이다. 마을 사람들은 다르다는 두려움 때문에 '이방인'을 이따금 함부로 대하고 심지어 해를 입힌다. 낯선 이가 자신들의 편안하고 익숙한 신경망에 부합하지 않기 때문이다. 그러나 공동의 적을 극복해야 한다거나 전국 농구 선수권 대회에서 이겨야 한다거나 마을을 지켜야 한다는 줄거리가 전개되면서 마을 사람들은 이방인과 관계를 형성하기 시작하고 그를 점차 신뢰하고 인정하게 된다. 서로 소통하면서 두려움이 줄었고 새로운 경험은 마을 사람들의 기준을 다시 형성하는 데 일조했다. 이제 사람들은 그를 두려운 존재가 아니라 한 사람의 인간, 친구, 조력자, 코치, 팀원, 이웃으로 인식한다. 이로써 마을 사람들의 신경망은 확장된다. 관점의 다양성이 존재하는 공동체는 더 좋은 곳이 된다. 마을 사람들은 서로 다른 대상을 덜 두려워하고 대상의 잠재력에 마음을 더 열게 된다.

오스카 시상식 배경 음악, 큐……

f는 몇 개일까?

사람은 기계적인 리듬으로 하루를 살아갈 때 머릿속에 이미 형성된 방식과 절차에 의존한다. '빨간 신호등에서 멈춘다', '승강기에 타면 내려야 할 층이 될 때까지 기다린다', '스웨터를 입어보기 전에 사이즈를 확인한다'. 이러한 의존은 일상에 유용하지만 세상을 새로운 시각으로 보는 것을 어렵게 한다.

철학자이자 심리학의 아버지인 윌리엄 제임스William James는 "천재란……사물을 습관적이지 않은 방식으로 인식하는 능력을 가진 사람에 지나지 않는다"라고 말했다. 이는 그럴 수도 있고 아닐 수도 있겠지만 어쨌든 습관적이지 않은 시각을 지녀야만, 상대방과 진정으로 소통하고 그를 돕는 데 자신의 기술을 활용할 가능성이 높아진다. 뇌가 습관과 패턴을 좋아한다는 사실을 이해하고 싶다면 다음의 도전에 응해보길 바란다. 아래 문장을 한 번 읽고 f가 얼마나 많이 나오는지 세어보자.

FINISHED FILES ARE THE RESULT
OF YEARS OF SCIENTIFIC STUDY COMBINED
WITH THE EXPERIENCE OF YEARS

평범하고 재미없는 데다가 특별히 까다롭게 분석해야 하는 문장도 아니다. 대부분의 사람은 f를 빨리 찾아내며 그것이 세 번 혹은 네 번 나온다고 말한다. 실제로 f는 여섯 번 나온다. 사람들은 대개 'of'라는 단어에 있는 f를 지나친다. 연구원들은 이러한 이유에 대해 몇 가지 가설을 제시했다. 우선 'of'라는 단어는 다른 단어들보다 짧아서 사람의 눈이 이 자음을 재빨리 건너뛸 수 있다. 더욱이 속으로 'of' 소리를 말해보면 뇌는 f를 'v'로 발음하는 데 익숙해져 있다. 그래서 'finished'나 'files'의 f와 다르게 발음되기 때문에 'of'의 f를 놓칠 가능성이 있다. 이유가 무엇이든지 간에 결론은 분명하다. 사람의 마음은 이 글자를 실제로 '살펴보지' 않고 인지하는 경향이 있다는 점이다. 세상에서 제 구실을 하려고 익힌 습관들이 눈앞에 있는 중요하고 새로운 세부 사항을 식별하기 어렵게 만든다.

　사람은 타인을 대하는 방식에서도 이런 식으로 접근하는 경향이 있다. 자신이 이미 아는 행동과 방식을 선호하며 낯선 사람을 자신이 정의

해둔 범주에 따라 분류한다. 자신의 편견에 사로잡혀 있어서 중요하고 세부적인 것들을 찾지 못하거나 인식하지 못할 수 있다. 죽은 가족 이야기가 나오자마자 상대방이 흘린 눈물이나, 불편하다는 사실을 나타내는 틱 증상을 우리가 알아차리지 못하는 것이다. 상대방에게 도움을 주기 위한 가장 확실한 정보를 얻으려면 우선 세상을 보는 관점을 제대로 인지해야 한다. 당신이 길들여진 마음 때문에 모든 f를 발견하지 못할 수 있다는 사실을 인정하는 것이다.

한 전문 상담 교사가 자신의 경험을 말해주었을 때 좀 더 분명히 깨달았다. 상담 교사는 학년 중간에 전학온 2학년 학생과 부모님과 면담했던 일을 말해주었다. 상담 교사가 된 지 얼마 안 된 멜리사는 윌슨 가족의 옷차림을 보자마자 백인 중산층 가족이라고 판단했다. 멜리사는 선입견이 있는 상태에서 열여섯 살 난 제레미에게 의례적인 질문을 했다. "왜 이 학교를 선택한 거니?"

제레미는 무시하듯 어깨를 으쓱이며 "우린 그냥 이 근처로 이사 온 건데요"라고 말했다. 멜리사는 이어서 가족에게 질문했다. 멜리사는 자신의 관점으로 볼 때 면담이 순조롭게 진행된 것 같았다. 하지만 그러한 관점은 익숙해진 고정관념에서 나온 것이었다. 그래서 멜리사는 윌슨 가족에게 실제로 어떤 일이 있는지 알아차리지 못했고 그 결과 가족의 상황을 정확히 판단할 수 없었다.

시간이 지나고 좀 더 깊이 생각한 후에야 멜리사는 그 가족에 대한 자신의 가정이 틀렸다는 사실을 깨달았다. 제레미는 그 학교를 왜 선택했는지 대답하기 전에 부모님을 흘끔 보았다. 그의 어조에는 더 이상의 질문을 받고 싶지 않다는 단호함이 있었다. 나중에 멜리사는 윌슨 가족이 동네 맞은편 쉼터에서 텐트 생활을 한다는 사실을 알게 되었다. 제레미는 어떤 학교를 다닐지 선택할 수 있는 상황이 아니었고 자신의 거주 상황에 불만족과 낭패감을 느꼈다. 멜리사가 상황을 조금 더 빨리 알아차렸더라면 선입견과 가정에서 벗어나 제레미와 좀 더 유연하게 유대감을 형성할 수 있었으리라. 또한 제레미의 비언어적 의사소통을 좀 더 면밀히 관찰하고 형식적인 질문들을 하지 않았을 것이다. 그리고 제레미가 자신에게 의존하도록 대화를 이끌었을 것이다.

자신의 편견을 파악하면 상대방의 렌즈로 그에게 필요한 것을 정확하게 판단할 수 있다. 하지만 멜리사처럼 자신의 편견을 파악하지 못한다면 중요한 기회를 놓치기 쉽다. 상대방을 돕는 데 필요한 정보를 얻기 전에 자신이 믿는 것을 상대방에게 투영할 가능성이 높다. 그러면 상황을 오해하거나 오진하거나 잘못된 치료법을 제시할 가능성이 있다. 한마디로 치료의 핵심에 도달하지 못한다는 말이다. 이뿐만 아니라 상대방을 준비도 안 된 방향으로 밀어붙일 수 있고, 상대방이 '내 말을 안 들어주네' 혹은 '내가 안 보이나'라고 느끼게 만들거나, 심지어 자신을 하찮은 존재로 느끼게 만들 수 있다. 이러한 감정은 상대방과의 소통을 파괴하기 쉽다.

어려움에 처한 사람에게 자신의 바람과 편견을 투영하는 실수를 저지르기 쉽다. 죽어가는 가족을 둔 가족 구성원들에게서 이러한 고통스러운 상황을 목격하기도 했다. 예를 들어, 부모의 마지막 소원을 듣지 못한 자녀들은 치료가 고통을 더 악화시키고 지속시키는데도 부모의 삶을 연장하기 위해 할 수 있는 일은 다 해달라고 의사에게 요구할 때가 있다. 부모님과 많은 시간을 보내지 못해 죄책감을 느껴서 혹은 단순히 부모를 떠나보내거나 작별하는 방법을 몰라서(혹은 떠나보내기 싫어서) 그럴 수도 있다. 그들은 자신이 부모를 위해 행동한다고 믿는다. 하지만 유감스럽게도 그들은 자신의 편견과 심리적 투영에 따라 행동한다. 그래서 사랑하는 사람에게 가장 유익하고 자비로운 행동을 진지하게 생각하지 못한다.

한 사람의 편견이 모든 사람에게 해로운 영향을 끼치기도 한다. 사회복지사 쉐릴은 조를 잠깐씩 면담하는 데도 스트레스를 받았고 결국 체중까지 늘었다. 또한 조를 돕는 능력도 약화했다. 그녀는 자신의 반응을 인지하고 책임감을 지녀야 할 필요가 있다. 이렇게 하면 조가 누구를 떠올리게 하는 건지, 혹은 자신이 다른 어떤 문제를 조에게 투영하는 건지 파악할 수 있다. 이럴 때 더 열린 마음으로 자신의 문제를 조에게 이야기할 수 있을지도 모른다. 쉐릴은 조가 했던 잘못된 행동을 용서할 필요가 있다. 그동안의 일이야 어떻든지 간에 조에게 조금 더 마음을 기울여 소통할 수 있고 그러면 스트레스와 관련된 신경펩타이드의 생성이 줄 것이다. 더구나 조는 자신의 삶에 대해 진술한 이야기를 털어놓을 수도 있다. 이렇게 된다면 쉐릴은 그의 신경질적인 겉모습 이면의 모습을 보게 되고 그러면서 그에게 진정한 도움을 줄 수 있을 것이다.

사람들은 각자 다른 가정과 문화에서 자라기 때문에 각기 다른 신념에 익숙해진다. 그래도 좋은 소식은, 사람들이 일단 자신의 편견을 인정하면 그것을 극복할 수 있다는 것이다.

타인에게 도움을 주려면 우선 자신의 믿음을 뒤로 하고 세상을 보는 상대방의 관점을 이해할 필요가 있다. 이렇게 할 때 상대방을 진정으로 돌볼 수 있으며, 양쪽 모두 좋은 결과를 얻기 때문에 치유 효과가 더 강력하다.

2부
소통의 힘

너 자신을 알라

사람은 반복되는 정신 작용이나 믿음에 고착하기 쉽다. 하지만 익숙한 생각의 방향을 바꾸어 다른 시각으로 볼 때 통찰력이 생기고 이로써 현실을 새롭게 인식할 수 있다.

의사소통의 힘은 굉장히 중요하다. 의료진의 말은 환자가 긍정적인 결과를 향해 가느냐, 부정적인 결과를 향해 가느냐의 방향을 정할 수 있다. 사람의 의도는 인식을 바꾸기 마련이다. 모든 것은 의료진이 자신의 편견을 인지하고 그것을 한쪽에 밀어두는 것에서 시작한다. 그래야 환자와의 포괄적인 교감을 이해하며 환자에 대한 믿음을 표현할 수 있다. 강한 유대감을 형성할 때 서로 신뢰하는 관계가 되기 때문에 건강에 좋은 영향을 끼칠 가능성이 높아진다. 신뢰를 정의할 때 다음의 등식을 이용하는 것을 좋아한다. 이 등식은 펜실베이니아 체스터 카운티에 소재한 경영 컨설팅 회사인 네이피어 그룹Napier Group에서 배웠다.

$$신뢰 = \frac{친밀함 \times 능숙함}{위험도}$$

위험도가 높을수록 능숙함과 친밀함의 균형이 더 중요해진다. 가령

142

우리는 그 분야 최고이지만 차갑고 냉정한 심장병 전문의를 만날 수 있다. 아니면 의학적 기술은 보통 수준이지만 따뜻하고 친절한 전문의를 만날 수도 있다. 어느 쪽이든지 간에 우리의 신뢰와 치료가 위태로워진다. 후자는 우리를 기분 좋게 해주지만 증거에 기초한 최고의 치료를 못할 수 있다. 반면 전자는 믿을 만한 최신 정보를 제공하더라도 우리의 기분을 불편하게 할 수 있다. 이럴 때 우리는 의사를 신뢰하지 않거나 의사가 권하는 것을 지키지 않을 가능성이 있다. 더욱이 무심한 의사는 소통의 힘을 활용하지 않기 때문에 이때 제시된 치료법은 효과가 떨어질 가능성도 있다.

중추 신경계에는 신경가소성이 있기 때문에 인식과 함께 발생되는 신경펩타이드가 변할 수 있다. 환자와 기꺼이 소통하려는 의지는 의료진에게 후생적 영향을 촉진하며 건강한 진료 환경을 조성할 수 있다. 결과적으로 더 많은 만족감을 주는 의료진은 환자가 더 건강해지도록 끌어줄 수 있다. 그리고 이 모든 것은 자신의 편견을 인식하고 거기에서 벗어나려는 노력에서 비롯된다.

결국 아나이스 닌이 "우리는 사물을 있는 그대로 보는 것이 아니라 자신의 시각으로 본다"라고 한 말에는 진실이 담겨 있다.[6] 진심으로 타인과 공감하려면 '너 자신을 알라'는 고대 그리스 격언을 명심해야 한다. 또한 개인의 믿음이 소통에 방해가 될 수 있다는 점을 인지하는 것도 중요하다. 타인과의 상호작용에서 긍정적인 전달자가 되려고 할 때 세상을 보는 자신의 관점을 잘 이해해야 주변 세상을 더 명확하게 볼 수 있다.

7장

현재는 사랑으로
기억될 거예요

평온, 솔직함, 느긋함, 명료성처럼 자연
스러운 마음의 모든 특성은 당신의 마음
속에 있는 그대로 존재합니다.

욘게이 밍규르 린포체 Yongey Mingyur Rinpoche

내 동료인 캐서린 보너스Katherine Bonus는 위스콘신 대학교의 마음 챙김 프로그램Health Mindfulness Program의 초창기 강사이자 전직 관리자이다. 그녀는 게리의 아내에게 게리의 이야기를 할 수 있도록 허락을 얻었다. 젊은 남성의 말기 암 환자인 게리는 캐서린의 마음 챙김 기반 스트레스 완화 프로그램에 참여했다. 그리고 캐서린에게 자신이 암 치료를 받는 동안 동행해달라고 요청했다. 캐서린은 게리가 눈을 감기 전, 4일 정도의 마지막 입원 기간 동안 그와 그의 의사가 나누었던 대화를 지켜보았다.

게리는 31살이었다. 그는 두 번의 암 진단에도 꿋꿋했지만, 세 번째 암이 재발했을 때는 쉽지 않음을 직감했다. 게리는 열정적인 사람이었고, 가족과 친구들은 그를 깊이 사랑하고 존경했다. 대학원생이자 과학자로서 유망하고 성공적이었던 게리는 자기 일에 열정이 있었고 젊은 아내와 애정이 돈독했으며 살고 싶은 열망이 강했다. 하지만 세 번째 재발한 암은 치료에 반응하지 않았고 모든 의료적 수단을 다 쓴 상태였다.

그날 아침 게리의 병실 앞에 도착했을 때 그의 아내를 복도에서 만났다. 심한 충격을 받은 듯한 그녀는 방금 전 의사가 더는 해줄 게 없다는 말을 하고 병실을 나갔다고 말했다. 이제 퇴원을 해야 한다고 했다. 게리는 더 물어볼 게 있으니 의사를 다시 불러달라며 아내를 병실 밖으로 보냈다.

병실로 들어서자 깊은 슬픔과 정적이 느껴졌다. 불안한 침묵이 흘렀다. 게리, 그의 어머니, 게리의 친구와 함께 의사가 오기를 조용히 기다렸다. 마침내 의사가 들어왔고 대화를 다시 시작했다. "임상 실험은 어떠나요?" 게리가 물었다. "뭔가 다른 게 있을 텐데……뭔가가 더 있을 거예요. 대안 요법 같은 게 있지 않을까요?"

나는 암 전문의를 쳐다보았다. 의사는 환자에게 시선을 고정하고 있었다. 의사는 침착하고 친절하게 말했다. "할 수 있는 일이 더 이상 없습니다. 저희는 모든 걸 시도했어요. 저희도 게리 씨가 살았으면 좋겠어요. 저희가 할 수 있는 일이 있다면 무엇이든 할 겁니다. 솔직히 말씀드리면 할 수 있는 게 이제 없어요. 너무 죄송합니다." 의사는 말을 잠시 멈추었다. "게리 씨, 이 병원을 나가시는 게 좋을 것 같아요. 집으로 가서서 아직 시간이 있을 때 가족과 친구 분들과 시간을 보내세요. 게리 씨가 가진 모든 에너지를 가족의 마음을 치유하는 데 쏟아보세요. 가족에게 하고 싶은 모든 말을 다 하셨나요? 그동안 가족이 게리 씨와 함께 있을 기회가 있었나요? 전 게리 씨가 기회를 놓치지 않으면 좋겠어요. 시간이 많지 않아요. 그러니 집으로 가서서 가족에게 집중해보세요."

병실 안 사람들이 눈물을 쏟아내었고 뒤이어 침묵이 흘렀다. 게리는 의사의 눈을 똑바로 쳐다보며 조용히 말했다. "사람은 죽으면 어떻게 되는 건가요?"

의사는 자신이 정확히 들었는지 확인하려는 듯 그 질문을 되풀이해 물었다. 게리는 고개를 끄덕였다. 의사는 말없이 숨을 깊이 들이쉬더니 깊은 생각에 빠진 듯했다. 나는 의사를 응시했고 그때 들은 대답을 남은 평생 기억할 것이다.

의사는 아주 부드럽고 친절한 목소리로 대답했다. "전 사람이 죽으면 어떻게 되는지 잘 모릅니다. 천국이 있다고 믿는 사람들이 있어요. 다른 존재로 환생한다고 믿는 사람들도 있고요. 솔직히 저는 모르겠어요. 하지만 이것만은 알고 있어요. 방을 둘러보세요. 지금 이 순간 방에 존재하는 사랑을 느끼실 수 있을 겁니다. 저는 게리 씨가 사랑으로 잉태되었고 사랑으로 길러졌고 지금 이곳에도 사랑이 존재한다고 믿어요. 그리고 게리 씨는 삶을 다한 후에도 사랑으로 기억될 거라는 걸 진심으로 믿어요. 그게 바로 사랑이에요."

나는 게리가 침착하게 베개에 편안히 기대는 모습을 지켜보았다. 그곳에 슬픔과 안도감이 함께 감돌았다. 의사는 게리에게 몸을 숙여 그를 안아주고 조용히 말했다. "제가 게리 씨를 돌볼 수 있게 해주셔서 감사해요. 게리 씨를 돌볼 수 있어서 좋았어요. 이제 작별의 인사를 하고 싶네요. 집으로 가서서 남은 날을 보내세요. 잘 지내시길 빌어요." 의사는 부드럽게 이 말을 하고 병실을 나갔다.

병실 분위기가 바뀌었다. 게리의 젊은 아내는 그저 "집으로 가요"라고 말했다. 게리는 목요일 오후에 집으로 옮겨졌다. 주말에는 가족과 친구들 몇 명과 함께 시간을 보냈다. 그 시간 동안 사랑을 표현하고 작별 인사도 했다. 게리는 월요일 이른 아침에 눈을 감았다. 사랑 속에서 세상을 떠났다.

　나는 여의사가 명상을 했는지는 알 수 없다. 하지만 그 순간 그녀가 연민의 화신 같은 존재였다는 점은 알고 있다. 그녀는 눈길을 돌리지도 않았고 환자를 피하지도 않았으며 가식적인 행동도 하지 않았다. 그녀에겐 난처한 상황과 마주하는 끈기가 있었고 침착함이 있었다. 그녀는 미리 생각하고 준비한 기계적인 대답을 하지 않았다. 그저 조용히 귀를 기울였고 그 순간의 현실을 직면했다.

　게리가 삶을 충실히 살 여력이 있을 때 그렇게 할 수 있도록 의사가 도왔다. 스스로를 해방시키도록 말이다. 게리는 의사의 도움으로 귀중한 시간을 낭비하지 않고 현재에 더욱 충실한 시간을 보냈다. 분명 그녀는 잠시 멈춤의 시간을 보내고 내면으로 들어가 고요한 상태에서 말했을 것이다. 그녀의 존재는 환자와 환자의 가족이 고통스러운 현실 속에서 어느 정도의 평온을 경험하는 데 도움이 되었다. '고통은 존재하지만 경감될 수 있다'는 말이 있다. 그날의 대화에서 이러한 사실을 직접 목격했다.

　게리가 세상을 떠나고 2주 후 그 의사에게 내가 목격한 것과, 그녀가 진심으로 환자 곁에 있어준 것에 대해 감사하는 편지를 썼다. 그녀는 답장에서 게리가 "사람은 죽으면 어떻게 되나요?"라고 물었을 때 머릿속이 텅 빈 것 같았다고 썼다. 그녀는 아무 생각 없는 고요 속으로 깊이 끌려들어가는 기분이 들었다고 했다. 그리고 그러한 고요 속에서 흘러나온 말들이 그녀를 통해 전달되는 것 같다고 했다. 그러한 말을 하는 본인 역시 크게 감동받았다면서.

마음 챙김은 현실에 진정으로 몰입할 때 생기는 인식이다. 이것은 누구나 도달할 수 있는 지혜이자 연민의 상태이다. 그저 현재의 순간에, 한 번에 한 순간씩 빠져들어 삶의 '현재성'에 닿아 고정된 생각을 내보내고 지금 펼쳐지는 순간들의 소중함을 발견하면서 마음 챙김 연습을 하면 된다. 마음 챙김은 무엇이든 제기하는 것이 아니라 무엇이든 받아들일 여지를 만드는 일이다. 어떤 대상이든 최대한 친절하게 주의를 기울이는 일이다.

문손잡이에 손을 얹고 가만히 멈추어 선다

타인과 공감하려면 현재에 온전히 집중해야 한다. 오늘날 마음 챙김 명상 운동의 선구자인 존 카밧 진은 이를 테니스공을 한 손에 떨어뜨릴 때 집중하는 것과 같다고 말한다. 현재에 집중한다는 게 쉽게 들릴지 몰라도 오늘날엔 만만치 않은 일이다. 온갖 종류의 정보를 흡수하는 트위터, 페이스북, 문자 메시지, 음성 메일, 이메일 등 끊임없는 소음에 파묻히거나 방해받는다. 이 가운데 중요하거나 자신과 관련된 것은 일부일 뿐이다. 마음에는 많은 생각, 느낌, 감정이 재빠르게 스쳐 지나간다. 업무 성과를 내고, 상사를 이해시키고, 이메일을 읽고, 현재 일어난 일들을 파악하고, 다음 스케줄에 늦지 않아야 한다는 압박감을 시시각각 느낀다. 이 때문에 마음이 번잡해지면서 눈앞에 놓인 과제들, 나중에 느낄 스트레스에 대한 생각을 정신없이 한다. 끊임없이 돌아가는 정신 활동을 바다 위에 몰아치는 거센 폭풍으로 묘사하기도 한다.

이와 반대로 현재에 충실한 상태는 지금까지의 행동이나 말을 멈추려는 각별하고 조용한 노력에서 나온다. 현재에 온전히 몰입하면 감각이 기민해진다. 이럴 때 지각이 예민해지고 세부적인 것을 보는 눈이 뜨인다. 또한 주관적으로 판단하거나 분석하지 않고 정보를 받아들일 준비가 된다. 타인에게 자신이 온전히 집중하고 주의를 기울이고 있다는 점을 전달하기도 한다. 진정으로 도움을 주려한다는 사실을 몸짓, 표정, 목소리로 드러내는 것이다. 침착하지만 기민한 무술 전문가가 연습 상대의 다음 동작을 능숙하게 예측할 수 있듯이 현재에 충실한 의사는 대화로 통찰력과 전략적 행동을 가능하게 하는 진짜 신호를 감지한다.

집중하는 일이 쉽지만은 않은데 특히 생사가 걸린 상황에선 더 그렇다. 앞서 언급한 암 전문의가 죽어가는 환자의 질문에 과학적 지식으로 대답했다면 환자와 그의 가족에게 결과적으로 별로 이롭지 않았을 것이다. 사람은 상대방이 무슨 말을 했는가보다는 상대방이 어떤 기분을 느끼게 해주었는지를 더 잘 기억한다. 이 전문의는 환자의 안 좋은 상황이 아닌 환자의 두려움에 초점을 맞추어 세심한 반응을 해주었다.

이처럼 연민을 바탕으로 교감하려면 세심한 준비가 필요하다. 상대의 감정에 주파수를 맞추는 노력과 예리한 정확성도 필요하다. 그러나 마음이 끊임없이 움직이는 상태일 때는 거의 불가능하다. 첫 단계는 그 전문의가 그랬듯 생각과 행동을 잠시 멈추고 마음속의 무질서한 생각들을 비우는 일이다. 자신의 편견(마음의 소음)을 확인하고 접어둘 수 있다. 그러면 상대방을 주관적으로 판단하지 않고 현재를 의도적으로 인식하면서 그 순간에 충실하게 된다.

150

힘들어하는 사람과 난처한 대화를 할 때 빨리 마무리 지으려는 충동을 자제하는 것이 중요하다. 다음 약속이나 그날의 저녁 메뉴 등 내 주의를 다른 데로 돌리지 않으려면 의식적 노력이 필요하다. 뿌리 깊은 믿음과 편견에 빠지지 않고 피해 주지 않으려면 자기인식이 필요하다. 살루토제네시스, 즉 건강의 근원으로 접근하는 것은 의식적인 행동이다. 의료진이 하던 말과 행동을 의도적으로 멈추고 현재에 집중하면 자신만의 편안함의 영역comfort zone을 벗어난다. 그러면 명징하고 열린 마음 상태에서 상대방의 필요를 의식적으로 파악할 수 있다.

우선 행동을 멈추어야 한다. 세상의 불협화음으로부터 자신을 분리해야 한다. 마음을 정화시키고 환자의 삶과 경험에 대한 선입견을 버려야 한다. 뒤이어 자신을 에워한 내적 소음과 외적 소음을 벗어나 자기 자신 속으로 들어가야 한다. 그리고 바로 앞에 있는 대상에게만 집중해야 한다.

멈추라고 하는 것이 말 그대로 멈추는 행위를 의미한다는 점을 알게 된 학생들은 흔히 놀라곤 한다. 멈추려면 실제로 움직임을 그만두고, 심호흡을 하고, 지금 이 순간에 집중해야 한다. 상대방과 대화할 때 정확히 언제 내면이 고요해져야 하는지 아는 게 중요하다. 이렇게 내적으로 고요한 순간에 친밀한 교감이 강화한다. 멈춤의 힘은 〈미국 의학 협회 저널〉에도 소개되었다. 연구원들은 환자와 의사의 대화를 관찰했다. 의사들이 비언어적으로 상대에게 주파수를 맞추는 긴장이 고조된 순간 행동과 말을 멈출 수 있었다. 의사들의 내면이 고요할 때 환자들은 그동안 밝히기 주저했던 중요한 정보를 말했다. 반대로 의사들이 잠깐이라도 시간을 내어 멈추지 않으면 환자들은 본인에게 상처가 될 만한 정보를 공유하지 않

았다. 의사들이 정확하고 적절한 질문을 하더라도 말을 아꼈다.[1]

대부분의 사람은 하던 행동을 멈추는 호사를 자신에게 허용하는 데 익숙하지 않다. 하지만 아무리 분주한 사람이라도 타인과의 만남 전 복도에서 이렇게 할 수 있다. 예를 들어, 나는 문손잡이에 손을 얹는다. 진료실에 들어가 다음 환자를 맞이하기 전에 가만히 멈추어 서서 마음을 정화시키는 심호흡을 의식적으로 한다. 심리치료사라면 진료 사이마다 잠시 멈추는 시간을 보내며 다음 환자와의 대화를 위해 바로 전 환자의 말을 잠재울 수 있다. 관리자라면 성과 향상을 주제로 회의를 하기 전 잠시 멈추는 시간을 보낼 수 있다. 부모라면 10대 자녀의 침대 밑에서 발견한 것에 대해 말을 하려고 자녀의 방에 들어가기 전 잠시 멈추는 시간을 보낼 수 있다.

외부 세계의 소음과 자신의 정신 작용에서 발생된 불필요한 잡음에서 벗어나 순간적으로 안도감을 느낀다. 또한 마음의 반사적 반응을 통제할 수 있다. 특히 편견과 정보를 처리하는 익숙한 방식, 앞장에서 언급된 감정적 반응에서 자유로워지는 데 도움이 된다. 비판적인 생각에 시동이 걸리면 상대의 감정을 덜 느끼기 때문이다. 하지만 소통하려면 상대의 감정을 더 느끼는 것이 중요하다. 바로 이런 이유로 잠시 멈추는 시간은 연민을 느끼기 위해 필요한 요소다.

최면 유도나 심상 요법에도 암시를 더 강력하게 받아들일 수 있는 상태에 들어가기 위해 멈춤의 시간이 필요하다. 사실 사람은 항상 멈춤의 시간을 보낸다. 골프공을 치거나 투구하기 전, 수영장에 뛰어들기 전, 급소를 찌르는 농담을 하기 전, 이메일이나 편지를 보내기 전에 말이다. 성난 반응을 보이기 전이나 조취를 취하기 전 잠시 멈추고 열까지 세기도 한다. 다른 사람의 감정을 건드리는 중요한 말을 하기 전에도 잠시 멈춘다. 기도를 읊조리기 전에도, 의미를 부여하기 전에도 잠시 멈춤의 시간을 보낸다.

또한 반사적 반응을 멈출 수도 있다. 반사적 반응이란 자기 신념이라는 틀에 갇혀서 성급한 판단을 하거나 그저 판에 박힌 다음 질문으로 넘어가는 것을 말한다. 그러나 멈춤의 시간을 보내면 모든 감각을 동원하여 관찰할 수 있다. 미리 준비한 말을 하기 전에 생각을 거쳐 좀 더 전문성을 발휘할 수 있다. 즉 멈춤의 시간을 보내고 판단하지 않으며 있는 그대로를 봐야 한다. 마음을 고요하게 할 때 관점을 새롭게 할 수 있고 그동안 놓쳤을지도 모를 정보를 능숙하게 손에 넣을 수 있다.

지금, 여기

어떻게 자연스럽고, 매끄럽고, 적절하게 이런 능력을 기를 수 있을까? 경험으로 볼 때 마음 챙김 연습이 핵심적인 부분이다. 마음 챙김이란 지금 이 순간에 주관적인 판단 없이 의식적으로 한 가지에 집중하는 능력이다. 단일한 집중력은 여러 가지 방식으로 다양한 활동에서 발생될 수 있다. 여기서 '한 가지'에는 호흡(프라나야마 요가), 현재(마음 챙김 명상), 만트라(초월 명상), 기도(종교), 시(인문학)도 포함된다. 어떤 활동이나 심지어 극한 스포츠도 될 수 있다. 제물낚시를 한다면 낚시 줄을 던지는 게 집중하는 '한 가지' 일이 될 수 있다. 번지점프나 스카이다이빙 같은 위험한 활동도 지금 이 순간에 마음을 집중하게 한다. 그래서 일부 사람들이 이러한 활동에 중독되는 건지도 모른다. 살아있음을 느끼기 때문이다. 사람들은 다른 모든 것은 잊고 오직 자유 낙하나 베이스 점프나 두 바퀴 반의 공중제비 같은 활동에 집중함으로써 자기가 선택한 순간 속으로 들어간다.

이는 아주 단순하다. 마음은 항상 그렇듯 여기저기 두리번거린다. 하지만 이러한 활동을 하는 사람은 자신의 '한 가지' 일에 차분하게 마음을 집중할 수 있다. 환자나 친구나 가족이나 고객과 마주 앉아있을 때도 적용된다. 상대방과 소통하려는 사람은 자신의 마음에 여러 생각이 일어도 자신을 비난하지 않으면서 정신을 집중하고 상대방에게 주의를 기울일 수 있다. 마치 명상하듯 집중한다. 업무용 의자가 명상을 위한 쿠션이 될 수도 있다.

치료 전에 마음 챙김 명상을 이용한 선구자 가운데 한 명이 로널드 엡스타인Ronald Epstein 박사다. 엡스타인 박사는 로체스터 대학교 의료 센터에서 가정의학, 정신 의학, 종양학, 간호학 담당 교수이고 ≪Attending≫의 저자이기도 하다. 그가 의사들의 마음 챙김을 주제로 실시한 고전적인 조사 결과는 〈미국 의학 협회 저널〉에도 실렸다. 그는 의사들이 마음 챙김 연습에 내재된 자기 성찰로 말미암아 '고통스러워하는 환자에게 귀 기울이고, 자신의 실수를 인정하고, 기술을 연마하고, 증거에 입각한 결정을 내리고, 자신의 가치관을 명확하게 한다면 통찰력을 갖추고 진료에 임할 수 있다'는 사실을 발견했다. 마음 챙김 연습으로 잠시 멈추고, 현재에 충실하고, 의미 있는 소통을 하는 능력이 생기는 것이다.[2]

마음 챙김 명상을 하기 전까지는 내 마음에서 편견, 분주함, 산란함을 온전히 걸어내지 못했다. 하지만 명상을 하면서 멈춤의 시간을 보내고 그 순간 일어나는 일에 집중하는 것을 반복하다보니 거울 신경세포가 타인의 감정에 더 민감해졌다. 집중 수행을 하기 전에는 경험하지 못했다. 마음 챙김은 굉장히 중요해서 위스콘신 의학보건 대학교에서 이것을 의대생과 레지던트의 교육에 포함시키는 과정이 진행되고 있다.[3] 또한 위스콘신 대학교 통합 의료 프로그램 측은 최근 미국 전역에 있는 재향군인 건강관리 협회Veterans Health Administration 임상의들에게 마음 챙김 명상을 가르치기로 계약을 체결했다. 단순히 병을 처리하는 데서 '전반적인 건강 상태'를 고려하는 것으로 대화의 방향을 바꾸는 전략이다. 그러니까 단순히 병이 아닌 사람을 다루는 것이다. 이는 의료 문화를 선형적 과정liner process(이 병은 어떤 문제나 행동의 결과이다)에서 순환적 과정circular process으로 바꾼다. 순환적 과정은 환자에게 병이 있다는 꼬리표를 다는 게 아니라 환자가 스스로 변할 수 있고 더 나은 방법을 찾을 능력이 있다는 점을 깨닫게 하는 데 도움을 준다.

사람들에게 마음 챙김 명상을 하도록 고무시키면 결과적으로 타인을 보는 그들의 시각에 변화가 생긴다. 상대방에게 명상을 하도록 격려하려면 우선 본인 먼저 자기 성찰적이고 철학적인 여정에 몰입해야 한다. 2분 동안의 만남에서도 마음 챙김을 수행할 수 있고 상대방과 교감하고 신뢰를 형성할 수 있다. 40분 이상 마음 챙김 상태를 유지하는 것도 가능하다. 동료들에게 이 과정을 훈련시켰을 때 그들의 효율성과 진단 능력이 향상했다. 더욱이 상대방이 그들의 진료에 더 만족했다.[4]

다시 일어나는 힘

여러 조사 결과 마음 챙김 명상이 피로와 관련된 부정적 감정을 바꾸고 회복탄력성을 강화해 실제로 뇌 가소성에 영향을 주었다.[5] 명상을 하면 건강에 유익한 방식으로 뇌 회로가 바뀐다.[6] 매사추세츠 대학교의 신경과학자 팀은 집중적인 마음 챙김 훈련을 하기 전과 후의 MRI 뇌 스캔을 분석했다. 그들은 몇 주 동안 개 산책시키기와 설거지 같은 일상 활동 중에 마음 챙김 명상을 하는 식으로 훈련을 시행했다. 그러자 사람들이 현재에 충실했을 때 스트레스 관리, 감정, 자의식 등과 관련한 뇌의 여러 부분에서 회백질이 증가했다.[7] 뇌 가소성을 분명히 보여주는 사례다

2013년, 동료 루크 포틴Luke Fortney와 유능한 마음 챙김 명상 강사들의 도움으로 시행한 조사에서 이 사실을 증명하기도 했다. 우리는 피로하고 바쁜 의사들에게 마음 챙김 명상을 하는 방법을 가르쳤다. 참여자들에게 마음 챙김을 설명하고 멈춤의 시간을 보낸 후 현재에 충실한 것의 중요성과 이것이 환자와의 소통에 어떤 영향을 주는지 또한 가르쳤다. 이후에 그들의 피로도와 스트레스, 불안, 우울감 수치를 측정했다. 그 결과 이후 9개월 동안 그들의 수치가 눈에 띄게 개선되었다는 사실을 발견했다.[8]

보스턴 칼리지의 존 마크란스키John Makransky는 티베트의 마음 챙김 명상을 종교나 배경에 상관없이 누구나 수행할 수 있도록 만들었다. 수행자들은 명상을 통해 그저 현재에 충실하고 연민을 바탕으로 타인과 교감하는 상태에 수월하게 도달한다. 이뿐만 아니라 혼란과 반발이 있는 내면 상태에서 벗어나고 에너지를 충전한다. 이때 마음이 편안해지고 열린 상

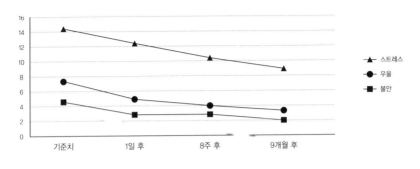

우울증 불안 스트레스 수치

태가 되는데 마크란스키는 이를 "가장 깊은 휴식과 원기 회복이 이루어지는 심오한 존재 상태"라고 표현했다.[9] 명상을 하면 거세게 일렁이는 파도에서 고요하고 깊은 곳으로 떨어지는 듯한 기분을 느낀다. 바로 이곳이 가장 내밀한 평온과 지혜를 끌어낼 수 있는 지점이다.

하지만 대부분의 사람은 이러한 평온과 집중 상태에 도달하지 못한다. 2010년 11월, 〈사이언스〉지에 '잡념이 많으면 행복하지 않다A Wandering Mind Is an Unhappy Mind'라는 제목의 기사가 실렸다. 연구원 매튜 A. 킬링스워드Matthew A. Killingsworth와 다니엘 T. 길버트Daniel T. Gilbert는 사람은 잡생각을 얼마나 자주 하는지, 어떤 생각들에 이끌리는지, 생각의 타래가 행복에 영향을 주는지 알아보고 싶었다. 그들은 조사 참여자들에게 하루 동안 일정치 않은 시간에 자신들과 연결되는 스마트폰 앱을 사용하도록 요청했다. 앱으로 그들에게 질문한 후 그들의 대답을 온라인 데이터베이스에 기록했다. 2010년, 이 데이터베이스에는 83개 나라에 사는 18세에서 88

세에 이르는 사람들 5,000명에게 수집한 약 25만 개의 샘플이 축적되었다. 킬링스워드와 길버트는 성인 2,250명의(이중 58.8퍼센트가 남성이고 73.9퍼센트가 미국인이었으며 평균 나이는 34세였다) 샘플을 분석했다. 그들에게 하루 중 아무 때나 행복에 대해 질문했다(지금 이 순간 기분이 어떤가요?). 그러면 참여자들은 0에서(아주 나쁨) 100까지(아주 좋음)의 점수 사이에서 대답했다. 활동에 대한 질문을 받으면(지금 무엇을 하고 있나요?) 22가지 활동 분야에서 한가지 이상에 체크하여 대답했다. 마지막 질문은 잡념에 대한 질문이었다(현재 하고 있는 일과 상관없는 생각을 하고 있나요?). 참여자들은 이 질문에 '①아니오 ②네, 기분 좋은 생각을 하고 있습니다 ③네, 기분이 좋지도 나쁘지도 않은 생각을 하고 있습니다 ④네, 기분 나쁜 생각을 하고 있습니다' 가운데 하나를 선택했다.

킬링스워드와 길버트는 사람들이 어떤 활동을 하는지와 상관없이 잡생각을 자주 한다는 사실을(모든 샘플의 46.9퍼센트와 사랑을 나눌 때를 제외하고 활동을 할 때 수집된 샘플 가운데 30퍼센트 이상) 발견했다. 한 가지에 집중하는 사람들에 비해 잡념이 많은 사람일수록 덜 행복했다. 가장 재미없는 활동을 포함한 모든 활동에서도 마찬가지였다. 사람들은 기분 나쁜 일이나(샘플의 26.5퍼센트) 기분이 좋지도 나쁘지도 않은 일(샘플의 31퍼센트)보다는 기분 좋은 일에(샘플의 42.5퍼센트) 대한 잡생각을 더 많이 했다. 하지만 현재 하는 일에 집중할 때보다 더 행복하지는 않았다. 기분이 좋지도 나쁘지도 않은 일이나 기분 나쁜 일을 생각할 때는 현재 하는 일에 집중할 때보다 행복감이 현저하게 떨어졌다.

즉 잡념이 불행한 기분의 결과가 아닌 원인이 되었다. 연구원들은

"지금 일어나지 않은 일을 생각하는 능력은 감정적 희생이 뒤따르는 인지적 수완이다"라고 말했다.[10]

핵심은 사람들이 한 가지 일에 온전히 집중할 때 가장 행복하다는 점이다. 하지만 나는 데이터에 나타난 극단적 측면을 살펴보는 것을 좋아한다. 그래서 가장 행복한 사람들이 무얼 하고 있었는지 알고 싶었다. 알고보니 그들은 사랑을 나누고 있었다. 그야말로 말이 되는 소리다. 내일 해야 할 발표를 걱정하거나 최근에 형제자매와 싸운 일이 계속 떠오른다면 만족스러운 성적 경험을 하기 어렵기 때문이다. 사실 성기능 장애의 주요 원인은 불안과 잡념이다. 이는 발기 부전을 일으키고 오르가즘에 도달하지 못하게 한다. 만족스러운 성적 경험에 대해 생각해보자. 두 사람이 서로 주고받으며 쌍방향의 친밀한 대화를 나누고 오직 서로에게만 집중한다. 하지만 절정에 도달하자마자 마음은 어떻게 하는가? 곧장 판단을 내린다. "어땠어?" "그 동안 느낀 최고의 오르가즘 5위 안에 들었어?" "내가 귀를 충분히 애무했어?" 판단하지 않고 현재에 집중하는 것이 만족스러운 섹스를 위한 완벽한 비법이다. 하지만 사람의 마음이란 판단과 분석을 재빨리 내리는 것을 좋아한다.

마음 챙김은 불면증을 치료하는 아주 좋은 방법이기도 하다. 대부분의 사람은 잠들기 전 무수한 생각을 하다가 결국 아무 생각이 없어지면서 마침내 잠이 든다. 양의 수를 세는 것은 이와 같은 원리로 작용한다. 대부분의 불면증은 마음을 헤집는 잡념 때문에 발생한다. '한 가지'에 집중하거나(양 세기처럼) 마음 챙김 명상을 하면(그러니까 왼쪽 엄지발가락부터 시작하여 마음으로 바디 스캔을 천천히 세심하게 시작해본다) 잡념이 사라지고 몸이 이완되며 잠에 빠져든다.

벽돌, 수건, 신발, 신문, 펜, 병

멈춤의 시간과 마음 챙김 명상은 창의적 사고를 할 수 있는 내적 공간을 형성한다. 새로운 아이디어는 익숙한 신경망에서 벗어나는 과정에서 생긴다. 그리고 새로운 신경망을 형성하고, 그것은 강화한다. 국제적인 조사 결과 명상을 하는 동안의 열린 마음 상태가 창의적인 통찰력으로 이어질 수 있다는 사실이 드러났다. 레이던 대학교에 재직 중인 심리학자 로렌자 콜자토Lorenza Colzato는 조사 참여자들에게 두 가지 유형의 명상을 수행하도록 요청했다. 한 그룹은 숨을 들이쉴 때와 내쉴 때 자기 신체의 일부에 초점을 맞추었고 다른 그룹은 "나는 열려 있다", "나는 내보낸다", "나는 내 의식을 확장한다", "나는 나를 있는 그대로 받아들인다"라는 말에 초점을 맞추었다. 후자는 마음 챙김 명상과 관련이 있는데 감정이 일어날 때 그것을 주관적 편견 없이 관찰했기 때문이다.

뒤이어 콜자토는 모든 참여자에게 두 가지 과제를 주었다. 한 과제는 집중적 사고와 관련되었다. 콜자토는 그들에게 세 단어 '시간', '머리칼', '뻗침'을 제시하고 공통점을 물었다. 그들은 세 가지 개념을 하나의 아이디어로 압축해야 했다(답은 '길다'이다). 이는 정답을 발견하는 데 필요한 구체적 사고 유형이다. 콜자토는 참여자들에게 확산적 사고와 관련된 과제도 주었다. 그들은 벽돌, 수건, 신발, 신문, 펜, 병이라는 흔한 물건들의 가능할 법하지만 특이한 사용 용도를 최대한 많이 나열해야 했다. 확산적 사고를 하려면 창의력이 필요하다. 조사 결과 열린 명상을 수행한 참여자들이 다른 참여자들보다 과제를 더 빨리 해냈다.[11]

결과는 두 가지 교훈을 보여준다. 첫째, 한 가지 신념에 자신을 옭아매지 않아야 창의력을 더 잘 발휘할 수 있다. 열린 마음을 지녀야 상대방의 현실에 맞게 새로운 통찰력을 발전시킬 수 있기 때문이다. '내보내는' 명상을 하면 비판적이고 분석적인 생각에서(자신의 신경망이 익숙한 편안함을 느끼는 영역에서) 벗어나게 된다. 이러한 생각은 예전부터 뇌에 자리한 편견에 고착되게 만든다. 창의력은 뇌가소성이라는 마법의 작용을 통해 상대방의 삶을 새로운 방식으로 볼 수 있게 해주는 시냅스를 형성하는 데 도움을 준다. 길들여진 생각과 익숙한 믿음에서 벗어나 상대방을 있는 그대로 보기 시작하면 진짜 현실을 들여다볼 수 있다.

또 다른 교훈은 마음 챙김 명상이 창의력을 높이고 정신적 도약을 하게 해준다는 점이다. 섬광처럼 번뜩이는 통찰력은 경외심을 느끼게 한다. 당연히 건강에 이롭다. 침체되고 갇혀 있는 뇌는 건강하지 못하다. 신체역시 마찬가지다. 삶의 신비함과 아름다움을 알게 되는 '아하!'의 순간을 경험하는 것이 건강에 훨씬 좋다. 뇌의 신경망 역시 갑작스러운 깨달음으로 형성되고 신경가소성이 발생하는 데 필요한 경로를 만들어낸다. 기존의 고속도로가(기존의 뇌) 아름다운 광경을 경험할 수 있는 새로운 길들로 갈라지는 것과 같다. 이로써 경이로운 것, 새롭고 고무적인 비전과 연결된다. 유명한 작곡가 요한 세바스티안 바흐Johann Sebastian Bach가 아름다운 멜로디를 어떻게 만드냐는 질문을 받았을 때 했던 대답과 같은 맥락이다. "중요한 건 멜로디를 일부러 찾는 게 아닙니다. 이건 아침에 일어나 침대에서 나오며 서둘러야 하는 그런 일이 아니거든요."[12]

내 경우 치유될 수 있는 인간의 잠재력을 볼 때가 '경이로운' 순간이다. 하지만 대개 시간을 내어 상대방과의 소통에 집중하지 못한 채 판단하고 분석하느라 바쁘고, 그래서 잠재력을 발견하지 못한다. 위의 두 가지도 물론 중요하지만 가장 효율적인 방식으로 대화할 필요가 있다. 우선 마음을 열어야 하고 그렇게 해서 얻은 정보로 건강을 위한 전략을 세워야 한다.

한 귀로 듣고 한 귀로 흘릴 때

대부분의 사람은 상대방이 자신과 교감하는지, 자신에게 진짜 필요한 부분에 관심을 기울이는지 직감적으로 안다. 최근 10대 여학생 두 명이 나누는 대화를 우연히 엿들었는데 그때 이러한 사실을 더욱 확신하게 되었다. 한 여학생은 "난 개랑 말하는 데 질렸어. 내가 왜 골머리 앓아야 하는지 모르겠어. 내 말을 아예 듣지도 않아."

그러자 약간 얼떨떨해 보이던 다른 여학생이 이렇게 대답했다. "정말? 난 너희 둘이 항상 얘기하는 것 같았는데."

첫째 번 여학생은 이렇게 말했다. "걘 항상 '흠, 그건 나도 그런데, 뭐'라고 말해. 그리고 자기 말만 한다니까. 이젠 걔랑 말하는 게 지겨워."

학생들은 고작 열다섯 살밖에 안 되었을 테지만 상호 대화에서 무엇이 중요한지, 상호 대화가 어떻게 틀어질 수 있는지를 알려주는 심오한 의미가 그들의 말에 담겨 있었다. 두 사람이 '항상' 이야기를 나눌 수는 있다. 오랫동안 이야기를 나눠온 사이이고, 세세한 이야기를 할 때 편안함을 느끼며, 중요한 경험에 대해 많은 정보를 나누었을 수도 있다. 하지만 서로의 대화가 완벽하다거나 진실하다고 느끼지 못하는 것이다.

사람은 상대방이 자신에게 온전히 충실하지 못할 때 직감적으로 안다. 이 여학생은 자신이 많은 이야기를 하지만 상대방이(다른 친구일수도 자매일 수도 있다) 대화에 진심으로 관심을 기울지지 않는다는 사실을 감지했다. 연구진이 일반 감기 환자들을 대상으로 했던 조사에서 나타났듯 사람은 상대방과의 대화에서 소통과 공감이 존재하는지 아닌지 직감으로 안다. 친구가 내 말을 주의 깊게 듣는지 한 귀로 듣고 한 귀로 흘리는지 아는 것이다. 마찬가지로 상대방 말을 들어줄 때 상대방 또한 나를 존중하는지 아니면 그저 자기 말을 들어줄 또 다른 누군가가 필요했던 건지 쉽게 알아차린다. 두 사람 사이에 많은 말이 오가더라도 진정한 대화가 이루어지지 않을 수 있다. 사람은 처음부터 끝까지 생각을 완벽하게 표현할 기회가 있어야 대화가 순조롭다고 느낀다.

환자들 역시 의료진이 중요한 것에 집중하고 본질에서 벗어나지 않기를 원한다. 그러나 의사들은 이 부분에서 부족했다. 〈미국 의학 협회 저널〉에 실린 조사 결과에 의하면 의사들은 환자들이 겨우 23초 말했을 때 말을 중단시키는 경향이 있었다.[13] 뒤이어 환자들이 굳이 관심을 두지 않는 의학적 주제로 대화를 이끌었다.[14] 결국 약 10퍼센트의 환자들이 주저하다가 진료실을 나온다.[15]

이는 건강관리에서 큰 문제가 될 수 있다. 문제를 언급하지 않고 도움을 요청하지 않는 환자들은 치료에 만족하지 못하고 증상이 별로 나아지지 않는다는 사실을 이제 우리는 잘 알고 있다.

　동시에 여러 가지 일을 해내야 한다는 압박이 현재에 집중할 수 없도록 만드는 가장 큰 이유다. 전자 진료 기록을 바쁘게 작성하며 관심을 기울이지 않는 의료진에게 환자가 의미 있는 정보를 줄 수 있을까? 그렇지 않다고 생각한다. 우리는 갈수록 많은 만남에서 사람이 아닌 컴퓨터에 집중하게 된다. 컴퓨터는 타인의 정보를 체계적으로 정리하고 기록을 통합하는 데 쓰이고 이것은 컴퓨터의 유익한 측면이다. 하지만 자판으로 컴퓨터에 입력하는 것은 종이에 직접 쓰는 것과 다르다. 직접 써야 상대방의 이력에서 중요한 측면을 기억하기 쉽다. 컴퓨터는 중간 영역 없이 맞는 길 아니면 틀린 길로 향하는 버튼을 클릭해야 한다. 실수를 한다면 다시 돌아가 고쳐야만 한다. 하지만 처음부터 사람에게 초점을 맞춘다면 맞는 길이나 틀린 길 같은 것이 존재할 여지가 없다. 이때는 상대방의 이력만 존재하며, 삶이라는 문맥에서 고려된다.[16]

　더욱이 의사의 산만한 일처리는 해로운 영향을 끼칠 수 있다. 동료인 존 비슬리John Beasley는 크리스틴 신스키Christine Sinsky와 함께 〈진료 중의 기록: 위협 받는 환자의 안전Texting While Doctoring: A Patient Safety Hazard〉이라는 제목의 논문에서 현재에 온전히 집중하는 것의 중요성을 강조했다.[17] "운전 중 문자 메시지를 보내면 추돌 사고 발생 확률이 23배 증가하며 대부분의 주에서 이 행위는 불법이다. 운전 중 휴대전화를 사용하면 뇌 활동량이 31퍼센트 감소하기 때문이다. 멀티태스킹은 위험하다. 인지 과학자들은 주요 업무를 하면서 동시에 이차 업무를 하면 주요 업무의 성과가 저하한다는 사실을 보여주었다." 그리고 질문을 던졌다. "그렇다면 의사

164

들이 진료 중 전자 진료 기록을 작성하는 것은 어떨까?"

유감스럽게도 이에 대한 대답은 '물론 위험하다'이다. 한번에 여러 가지 일을 하면 관찰, 의사소통, 문제 해결, 관계 형성 같은 중요한 활동들을 제대로 하지 못한다. 그리고 적절한 진단과 치료에 방해가 될 수 있다. 존 비슬리와 크리스틴 신스키는 환자들이 축 처진 기분, 불찬성, 이해 부족의 신호를 관찰했지만 '아무리 친절하고 공감하고 좋은 의도를 지닌 의사라도 멀티태스킹을 하는 동안에는 신호를 놓친다'는 점을 목격했다.

아이들조차 의사의 주의가 분산된 것을 알아차린다. 최근 〈미국 의학 협회 저널〉에 한 아이가 그린 그림이 실렸다. 자신을 진료하는 의사가 등을 돌려 컴퓨터에 데이터를 입력하는 모습이 담긴 그림이었다. 아이는 의사와 자신이 완전히 분리된 듯한 모습을 놓치지 않았다. 이 그림을 보면 한 아버지에게 들었던 이야기가 생각난다. 그는 자신이 딸에게 집중을 잘하지 않자 딸이 "아빠, 내 눈을 보면서 내 말 좀 들으세요"라고 말했다고 했다. 의료진에게 발생하는 이러한 문제를 해결하기 위해 '서기', 그러니까 중요한 정보를 기록하는 사람을 두는 방법이 있다. 그러면 의사는 환자와 자유롭게, 온전한 대화를 나눌 수 있다. 물론 이렇게 하려면 비용이 들고 환자도 진료실에 낯선 사람이 동석하는 데 동의해야 한다. 하지만 고려해볼 가치가 있는 방법이다.

대부분의 의료 훈련에는 장차 의사가 될 사람들이 환자와 어떻게 관계를 형성할 것인가에 대해 논의하는 시간이 포함된다. 영어로 친밀한 관계를 뜻하는 'rapport'의 어원은 '조화를 이루다'는 뜻을 지닌 프랑스어 'en rapport앙 러포'이다. 학생들은 환자를 연기하는 배우들과 가짜로 진료하는 연습도 하며 환자와 만나는 일의 소중함을 배운다. 환자의 안녕을 묻는 일반적인 질문과 "오늘은 어떻게 오셨나요?"처럼 대화의 문을 여는 간접적 질문도 배운다. 또한 환자의 병력을 확인하고 검사를 실시하고 건강 관련 질문을 하는 방법을 배우며 나쁜 소식을 전하는 방법도 배운다. 여기에 마음 챙김 훈련까지 더하면 미래 의사들의 관계 형성 기술을 향상시킬 수 있다.

친밀한 관계를 형성하는 요소에는 비언어적 측면도 많다. 궁극적으로 아주 진지하고 의미 있는 대화란 두 사람이 잠시 멈춤의 시간을 보내고 고요한 내면으로 들어가 자기 자신을 끄집어내어 단순히 부분들을 합한 것보다 더 풍성한 무언가를 함께 만들어내는 상호작용이다. 비유적으로 말하자면 두 사람이 함께 춤을 추는 것이다. 뒷장에서도 설명하겠지만 교감하려면 함께 춤을 출 때처럼 첫발부터 신뢰를 형성해야 한다. 모든 것은 누군가 한 마디라도 하기 전부터 시작된다.

뒤를 돌아본 순간

얼마 전 가족과 보냈던 하루가 생각난다. 일주일의 휴가를 위해 플로리다로 가는 중이었는데 비행기를 두 번 타야했다. 첫 비행기가 연착되어 다음 공항 터미널까지 갈 시간이 부족했다. 우리는 짐 가방을 찾았고 나는 계속 시계를 쳐다보았다. 그리고 우리가 가야 할 곳을 찾기 위해 도착/출발 시간 게시판을 수시로 확인하며 아내와 아이들을 재촉했다. 결국 나는 연결편을 제때 탈 수 있을지 몰라 애간장을 태우며 사람들을 피해 달리기 시작했다.

그러다 뒤를 돌아보니 아내와 아이들이 뒤처져오고 있었다. 그들은 서두르긴 했으나 웃고 즐기면서 사람들 사이를 헤쳐오고 있었다. 만일 발걸음을 멈추지 않았더라면 가족의 얼굴에 어린 즐거운 표정을 놓쳤을 것이다.

사람은 '만일 ~하면 어쩌지'라는 생각으로 삶의 많은 시간을 보낸다. 조바심 때문에 현재를 살지 못하고 앞으로 일어날지도 모를 일에 대한 스트레스에 휩싸인다. 하지만 잠시 멈추는 시간을 보내고 현재에 충실하면 주위에 존재하는 아름다움을 발견할 수 있다. 비행기를 놓치지 않으려고 공항을 달리는 중에도 말이다.

8장

말없이
말하기

환자를 대할 때 거만하게 고개를 뒤로 젖
히거나 머뭇거리며 시선을 내리지 말고
능숙하게 고개를 약간 숙이며 환자를 세
심히 배려해야 한다.

기원전 4세기 고대 그리스 의학 문서[1]

언젠가 한 병원에서 목격한 장면이 아직 내 마음에 남아 있다. 환자는 30대 여성 마시로 예전에 마약을 한 이력이 있었다. 마시는 심장 문제로 병원을 찾았다. 그 원인을 반드시 예전의 상습적인 마약 복용으로만 볼 수는 없었다(물론 이것이 건강에 도움이 되지도 않았겠지만). 마시는 심장 문제로 최근 약을 복용해왔고 의료팀의 세심한 관리도 받아왔다.

그러나 그날 마시를 진료한 심장병 전문의가 취한 자세에 내심 놀랐다. 그는 마시를 친절하게 맞이했지만 마시가 누운 병원 침대와 좀 떨어진 자리에서 말을 했다. 그리고 가슴에 팔짱을 낀 채로 마시에게 약을 규칙적으로 복용해왔는지 물었다. "복용량이 어떻게 되죠? 하루에 몇 번 복용하죠?" 그가 물었다. 마시는 하루 분량의 약을 모두 복용해왔다고 충실히 대답했다. 그러자 그는 고개를 끄덕이며 다른 질문을 했다. 그는 철저하게 질문했고 처방된 약이 심장에 얼마나 도움 되는지 반복해서 말했다. 하지만 그의 자세와 팔짱을 낀 모습은 그가 의도하지 않은 뭔가를 전달했다. 그는 마시의 대답을 신뢰하지 않는다. 마치 마시가 거짓말을 한다고 생각하는 것 같았다.

이후 그가 정말로 그렇게 생각한 건지 확인할 방법이 없었다. 하지만 그의 비언어적 의사소통을 보면 마시 역시 그런 느낌을 받았을 것 같았다. 의사가 자신을 의심한다고 느꼈다면 과연 사실을 말하고 싶을까? 의사의 조언을 기꺼이 받아들이고 싶을까? 물론 이에 대한 대답을 확신하지는 못했다. 하지만 이런 말이 있다. '사람들은 당신이 한 말을 기억하지 못할지라도 당신이 어떤 기분을 느끼게 해주었는지는 결코 잊지 못한다.'

대화를 끌어내는 단서

비언어적 의사소통은 말보다 더 효과적으로 진심을 전달한다. 언어 선택을 잘못했더라도 잠시 멈춤의 시간을 보내고 진심이 담긴 몸짓 언어로 현재에 집중한다면 상대방은 잘못된 언어 사용을 용서해줄 것이다. 참다행이다. 나도 어리석은 말을 한 적이 많았지만 연민이 담긴 비언어적 의사소통으로 내가 했던 말을 재빨리 무마할 수 있었다. 실제로 의사소통 전문가들은 비언어적 단서가 언어 메시지보다 네 배 이상의 영향력이 있다고 말한다. 보통 사람들은 3만 개에서 6만 개의 어휘를 구사한다. 하지만 우리 인간이 보내는 비언어적 신호는 75만 가지다.[2] 또한 사람들은 비언어적 신호를 말보다 훨씬 더 빨리, 정확하게 해석한다.[3] 이러한 종류의 의사소통은 굉장히 일반적이고 중요하기 때문에 상대방과 의미 있는 소통을 하고 싶다면 몸짓 언어에 관심을 갖고 연습해야 한다.

사람이 말하고 앉고 웃고 심지어 몸을 가누는 방식은 무수히 많은 무의식적 메시지를 전하며 이러한 메시지는 대화를 촉진하기도 갑자기 중단하기도 한다. 당신이 몸을 가만히 둘 때와 초조하게 발을 탁탁 치고 펜을 돌릴 때 드러나는 배려의 차이를 상상해보라. 실제로 조사 결과 사람들은 상대방이 앉은 상태에서 자신과 같은 눈높이로 대화할 때가, 일어서서 한 손으로 문손잡이를 잡고 두 배 더 많은 시간 동안 대화할 때보다 상대방과 더 많은 시간을 보냈다고 생각했다.[4] 또한 상대방이 자신과 똑같은 자세를 취할 때 그를 공감력이 더 많은 사람으로 인식했다.[5]

더구나 단순히 사람이 취하는 태도가 신체의 화학 반응과 난관에 대처하는 방식에도 영향을 준다는 사실이 밝혀졌다. 심리학자 다나 카니Dana Carney, 에미미 J. C. 커디Amy J. C. Cuddy, 앤디 J. 얍Andy J. Yap은 이를 실험했다. 한 무리의 참여자들에게는 프레젠테이션을 할 때처럼 확신에 찬 태도를 취하게 했고 다른 무리의 참여자들에게는 진료실에서 볼 수 있는 모습처럼 고분고분한 태도를 취하게 해서 두 부류를 비교했다. 참여자들의 침 샘플을 조사했을 때 영향력 있는 태도를 취한 참여자들의 경우 테스토스테론 수치가 올라가 궁극적으로 위험을 감수하는 행동을 할 가능성이 높아졌고 동시에 스트레스 호르몬 코르티솔 수치가 내려갔다.[6] 그들의 조사 결과는 사람이 취하는 태도가 기분과 행동을 변화시킬 수 있다는 사실을 보여준다. 이는 신체에서 만들어지는 호르몬의 영향과 어느 정도 관련이 있다. 태도가 관계를 형성하는 방식에 영향을 주는 것은 분명하다.

중요한 순간의 침묵, 빨개지거나 창백해진 두 볼, 화제의 갑작스러운 변화, 눈을 깜빡여 재빨리 참아낸 순간적인 눈물 등은 눈에 보이는 게 다가 아니라는 사실을 보여주는 단서들이다. 아이가 몇 명이냐는 질문을 받은 여성이 침을 삼키고 얼굴이 빨개지며 기쁘지 않은 표정으로 "아, 두 명이요"라고 말할 수 있다. 이러한 단서에 주의를 기울여야 말로 표현되지 않은 문제를 알아낼 수 있는 적극적 경청자가 될 수 있다.[7] 인내와 친절함을 유지해야 상대방이 유산이나 사산 혹은 병이나 사고로 아이를 잃은 일 같은 비극적인 이야기를 고백할 수 있다.

이 장에서 얼굴 표정과 시선을 마주치는 것의 영향, 자세가 어떻게 좋은 의도를 전달하는가, 터치의 힘, 몸짓 등 비언어적 의사소통의 다양한 측면을 다룰 것이다. 깊이 소통하는 데 도움 되는 기술, 즉 자세를 취하고 거울 반응을 보이는 기술도 논의한다. 본질적으로 사람은 팔짱 끼는 것이나 따분함과 불만을 무심코 드러내는 것 같은 '닫힌 태도'를 보이고 싶어 하지 않는다. 비언어적 표현으로 '당신이 하는 말에 마음이 활짝 열려있어요'라고 전하고 싶어 한다.

하지만 먼저 주의해야 할 비언어적 의사소통의 미묘한 부분들을 짚고 넘어가려고 한다.

무언의 진실

신체 언어 body language는 무언의 진실이라는 말이 있다.[8] 하지만 상황에 맞게 판단해야 한다. 예를 들어, 팔짱 끼는 것은 방어적인 상태를 나타내기도 하고 동의하지 않거나 불안감을 느낀다는 사실을 나타내기도 한다. 하지만 그런 자세가 편안하다거나 몸이 춥다는 점을 나타낼 수도 있다. 상대방을 제대로 이해하려면 상호작용에서 발생하는 다른 측면들도 고려해야 한다.

제스처가 전반적인 행동과 일치해야 의미가 있다는 말이다. 만일 언어 메시지와 비언어 메시지가 똑같은 정보를 전달한다면 의사소통은 명료하다. 한 여성이 행복하다고 말하면서 눈을 반짝이고 환하게 웃으며 생기 있게 걷는다면 문제될 게 없다. 하지만 "전 괜찮아요"라고 말했는데 슬픈 눈빛을 띠고 발을 질질 끌며 걷고 어깨가 축 처져 있다면 이야기가 달라진다. 이때 의료진은 반드시 주의를 기울여야 한다. 병원에서 목격한 상황을 예로 들자면, 내 동료는 마시에게 친절하고 진지하게 말했지만 팔짱을 끼고 마시와 비교적 거리를 두었다. 그렇기 때문에 환자가 그의 말을 어떻게 받아들였는지 예상할 수 없었다. 비언어적 의사소통, 말, 어조가 조화를 이루지 못한다면 상대방을 혼란스럽게 하고 결국 거리감을 조성하는 엇갈린 메시지를 보내는 셈이다.

더욱이 사람들은 상대방이 감정을 숨기려고 할 때 본심이 무엇인지 대체로 능숙하게 알아차린다. 미세하고 무의식적인 수많은 단서에서 본심이 드러나기 마련이다. 손가락을 코 쪽에 갖다 댄다든지(탄핵 절차가 진행될 때 빌 클린턴이 그랬다) 오른손잡이인데 시선을 왼쪽으로 돌린다든지(그래서 믿을 수 없는 사람을 표현할 때 'shifty(옮기다는 뜻의 'shift'의 형용사 -옮긴이)'를 쓰는 걸까?) 너무 큰 소리로 말한다든지(정직하지 않다는 점을 나타낼 수 있다) 등 아무리 애를 써도 본심은 새어나오기 마련이다.

비언어적 단서는 의료진이 환자의 상태를 걱정한다는 것을 나타내는데 그들이 좋아보인다고 말하며 환자를 속이려 애쓴다고 해보자. 이때 환자는 그들의 말이 아니라 이맛살을 찌푸리거나 입꼬리가 내려간 모습을 더 강하게 받아들이기 때문에 그들을 신뢰하지 않을 가능성이 높다. 이렇게 되면 교감이 잘 이루어지지 못한다. 그들이 "음, 좋아질 겁니다"나 "내년에는 모든 것이 나쁜 꿈처럼 생각될 겁니다" 같은 말로 상황의 심각성을 숨기려 할수록 교감이 형성되지 않는다. 대부분의 사람은 실제 상황을 감지하기 마련이고 상대방이 문제를 덮으려고 할수록 더 외로움을 느낄 뿐이다. 이로써 노시보 효과가 촉진될 가능성이 있다. 진실하지 못한 의사소통이 이루어진다면 부정적 믿음으로 결과에 나쁜 영향이 생길 수 있다.

의료진은 적절한 순간마다 일치하는 메시지를 그러니까, 언어 메시지와 몸짓 메시지로 동일한 정보를 보내야 한다. 이 책에서 모든 비언어적 제스처를 다루는 것은 불가능하지만 교감을 잘하는 데 도움 되거나 교감을 망치게 만드는 몇 가지 제스처를 좀 더 깊이 다루어보려고 한다.

표정

셰익스피어는 ≪겨울 이야기≫에서 '나는 그의 얼굴에서 그의 마음을 보았다'라고 썼다. 사람들이 서로 처음 만날 때 상대방을 알아내기 위해 얼굴을 약 3초간 훑어본다. 사람의 얼굴은 7천 개의 표정을 지을 수 있으며(1만 개라고 추산하는 사람들도 있다) 의사소통할 때마다 짓는 표정은 마음 깊은 곳의 생각을 전달한다.[9] 의료진이 연민 어린 대화를 시작할 때 그들의 관심과 열린 마음은 무엇보다 얼굴 표정으로 드러난다.

전 세계 사람들은 표정을 보고 이해한다. 즐거움, 절망, 분노를 나타내는 얼굴 표정은 오스트레일리아 원주민이나 몬태나주의 목장 주인이나 노르웨이의 어부나 다르지 않다.[10] 찰스 다윈Charles Darwin은 1872년에 원주민과 함께 일하는 선교사들, 최면에 걸린 사람들, 아기들, 선천적인 맹인들, 정신 질환이 있는 사람들로부터 데이터를 수집한 이후 이러한 사실을 확인했다. 당시 그는 모든 인간이 특정한 감정을 전달할 때 똑같은 표정을 짓는다고 상정했다. 가령, 사람들은 눈썹을 치켜올리며 놀라움을 표시한다. 태어날 때부터 눈이 안 보여 타인을 관찰할 수 없는 사람들도 놀랄 때 눈썹을 치켜올렸다.

냉담하고 무표정한 얼굴은 그 사람이 사람들을 지휘하고 영향력 있는 위치에 있다는 사실을 드러낸다. 어떤 표정은 친절하고 주관적 판단을 하지 않는다는 사실을 곧바로 알게 해준다. 의료진은 주의를 기울일 준비가 되었음을 보여주기 위해 잠깐 멈추는 시간의 연장선에서 안면 근육의 긴장을 풀어보는 것도 좋다. 친절하고 진심 어린 미소를 지을 때 교감이 형성되기 때문이다. 하지만 첫 대면 이후에도 표정 관리를 해야 한다. 미간을 찡그리거나 노려보거나 입술을 삐죽거리는 것은 다른 문제에 사로잡혀있거나 이미 속단했다는 사실을 드러낸다. 빠르게 움직이는 눈은 뭔가 다른 일을 기다린다는 메시지를 보내는 것일 수도 있다. 하지만 편안한 표정은 머리를 스치고 지나가는 생각들을 떨쳐냈다는 점을 드러낸다. 침착한 표정은 의료진이 개인적인 문제를 대화에 끌어들이지 않겠다는 생각을 보여준다. 즉 사적인 문제는 접어두고 편안하고 침착한 표정으로 환자와 교감할 기회를 연다.

하지만 첨단 전자 제품이 발달한 오늘날 얼굴 표정에 주의를 기울이는 것은 쉽지 않은 일이다. 만일 스마트폰을 계속 들여다보거나 하던 대화를 멈추고 이메일과 문자 메시지를 확인한다면 상대방으로부터 시선과 주의를 돌린 것이다. 그 결과 소통은 깨져버린다. 더욱이 의료진은 진료 차트에 정보를 입력할 때 대체로 주의를 환자가 아닌 화면에 쏟는다. 의료진을 포함하여 모든 사람은 자신의 제스처가 자신의 의도와 관심을 드러낸다는 사실을 반드시 유념해야 한다.

시선

내가 가르친 의대생 한 명이 한 테스트에서 떨어졌다. 의사소통과 공감을 얼마나 잘하고 신뢰를 얼마나 잘 형성하는지 파악하기 위해 학생들이 가짜 환자들과 인터뷰하는 모습을 평가하는 테스트였다. 의대생 톰은 나이 든 환자와 이야기할 때 시종일관 눈을 마주치지 않았다. 톰이 자란 문화에서(몽족) 자기보다 나이 많은 사람의 눈을 쳐다보는 것은 무례함을 나타내기 때문이다. 하지만 교수진은 우리 문화의 묵인된 원칙에 따라 톰을 평가했기 때문에 그의 태도가 부적합하다고 생각했다. 서양의 사고방식으로 볼 때 시선을 피하는 것은 소통과 공감 능력의 부족을 나타낸다. 나는 톰에게 비언어적 의사소통의 이러한 측면들을 가르치며 그가 어릴 때부터 익혀온 방식에서 벗어나도록 다시 훈련시켰다. 마침내 톰은 테스트를 통과했다. 톰이 성공한 레지던트가 되어서 개인적으로 아주 기쁘다.

시선을 마주치는 것은 비언어적 의사소통에서 중요한 요소다. 40가지의 눈썹 위치는 23가지의 눈꺼풀 위치처럼 감정을 표현한다. (이러한 수를 곱했을 때 나타나는 많은 경우의 수를 생각해보라) 대화하는 시간의 60에서 70퍼센트의 시간 동안 상대방과 눈을 마주치면 소통이 잘 될 가능성이 더 커진다. 하지만 이는 평균 수치일 뿐이다. 의료진이 상대방 말을 잘 들어주는 사람이라면 80퍼센트의 시간 동안 눈을 마주치고, 본인이 말을 하는 입장이라면 40퍼센트 정도의 시간 동안 눈을 마주치면 된다. 시선을 자주 마주치면 진심이 전달된다. 또한 시선을 맞출 때 초점의 90퍼센트 정도는 두 눈과 입을 연결하여 형성되는 삼각형에 맞추어진다.[11]

시선을 어디에 두는가 역시 중요하다. 눈동자를 위로 올리는 것은 상대방을 불안하게 하며 무관심이나 경멸을 나타낼 수 있다.[12] 눈을 내리뜨는 것은 슬픔이나 부끄러움을 나타낼 수 있다. 만일 환자가 눈을 내리뜨거나 의사의 시선을 피한다면 부끄럽거나 우울한 것일 수도 있다. 단순히 의사를 거부하거나, 의사가 하는 말을 거부하는 것일지도 모른다. 또한 불안하거나 스트레스를 느끼는 사람은 그렇지 않은 사람에 비해 무의식적으로 눈을 더 자주 깜박거린다. 전자는 스트레스를 덜 느끼는 사람만큼 자주 시선을 마주치더라도 그 시선을 유지하는 시간이 짧다. 우울한 사람들의 경우 특히 더 그렇다. 그들이 눈을 마주치는 시간은, 우울하지 않은 사람들이 시선을 마주치는 시간의 25퍼센트에 지나지 않는다.

동공의 움직임도 중요한 뜻을 나타낸다. 동공이 커지는 것은 사람이 뭔가 기분 좋은 것을 보고 있어서 그것을 받아들이고 싶다는 점을 나타낸다. 이때 동공은 보고 싶은 것을 더 자세히 받아들이기 위해 확장된다. 반대로 동공이 줄어드는 것은 불쾌한 것을 대하고 있다는 의미다. 이러한 반응은 무의식적으로 발생되지만 의료진이 환자의 마음 상태를 이해하는 데 도움을 준다. 바로 이런 이유로 포커 선수들은 테이블에 앉았을 때

선글라스를 낀다. 그래야 자신이 승리의 패를 볼 때 동공이 미묘하게 확
장되는 모습을 다른 선수들이 보지 못하기 때문이다.

아무리 작은 제스처일지라도 많은 감정을 전할 수 있다. 상대방과 눈
을 계속 마주치는 게 단순하고 사교적인 인사처럼 보일지 모르지만 정작
사람들이 기억하는 것은 이러한 행동들이다.[13]

미소

미소는 눈 마주침과 마찬가지로 생각을 전달한다. 미소는 친밀함을
강화하고 곤란한 상황을 해결하며 평화와 안전을 촉진한다. 모두 좋은 측
면이다. 친절하게 미소 지으며 사람을 맞이하는 것에 대해 앞에서 언급했
지만 흔히 사람들은 어색하거나 심지어 불안할 때도 미소 짓는다. 영장류
학자 프란스 드 발Frans de Waal은 ≪영장류의 평화 만들기Peacemaking among
Primates≫에서 붉은털원숭이들은 위협을 느낄 때 이빨을 드러낸다고 설
명했다. 그는 이렇게 썼다. "사회적 상황에서 이빨을 드러내는 것은 굴복
과 두려움을 나타내며 붉은털원숭이 사이에서 낮은 지위를 나타내는 확
실한 지표다. 인간과 유인원 같은 종들에서 이러한 표정은 유화와 친밀함
을 나타내는 미소로 진화해왔지만 여기에 긴장감의 요소는 여전히 남아
있다."[14] 3학년 선생님이 한 학생을 혼낸 후 "그렇게 실실거리지 마!"라고
소리 지르는 모습을 생각해보자.

진짜 미소(뒤센 미소라고도 한다)를 지을 때는 입 가장자리와(큰광대근) 눈
주위(눈둘레근)와 연결된 주요 안면근이 움직인다. 1862년, 프랑스 신경학

자 기욤 벤자민 아망 뒤샹Guillaume Benjamin Amand Duchenne은 이러한 발견이 담긴 책을 처음 출간했다. 그에 따르면 눈 근육이 수축될 때 두 볼이 위로 올라가고 아래 눈꺼풀 밑의 피부가 오므라지면서 눈 바깥쪽에 주름이 잡힌다.[15] 이것이 진짜 미소다. 하지만 사람들은 파티나 사교 모임에서 기분이 안 좋거나 화나더라도 입을 활짝 벌리며 가짜 미소를 얼마든지 지을 수 있다. 실제로 서양 문화에서 사람들은(특히 우울하거나 슬픈 사람들은) 미소로 진짜 감정을 숨기려 한다. 예리하게 관찰하면 가짜 웃음을 판별할 수 있다. 가짜 웃음을 지을 때는 눈썹, 눈, 이마가 별로 움직이지 않기 때문이다. 바로 이러한 점을 고려하여 상대방의 감정 상태를 이해할 수 있다.

진짜 미소를 지을 때 생기는 눈가 잔주름은 무의식적으로 생기며 억지로 만들기 힘들다. 대부분의 사람은 가짜 미소와 진짜 미소를 구별할 줄 안다. 후자는 얼굴 전체와 눈이 움직이고 즐거움을 나타내지만 전자는 대개 입 주위에서 형성되고 상대를 속이려는 시도로 받아들여지기 쉽다.[16] 눈가 잔주름을 없애기 위한 보톡스 시술을 고려하기 전에, 주름이 타인에게 자신의 진실성과 진정한 기쁨을 나타내는 신호라는 사실을 기억해야 한다. 또한 주름이 없으면 얼굴이 너무 부자연스럽게 보이고 자신의 감정 상태를 전달할 수 없다.

나쁜 소식을 전할 때 마음이 불편할 때가 있다. 하지만 충격을 완화하려고 가짜 미소를 지으면 오히려 혼란스럽고 당혹스러운 메시지를 보낼 수 있다. 따라서 난처한 상황일 때 미소 짓는 것에 주의를 기울이는 것이 좋다. 그렇지 않으면 어느샌가 알 수 없는 이유로 소통이 깨질 수 있다.

손

처음 만날 때 악수를 하는 사람들이 있다. 과거에 악수는 무기가 없다는 사실을 드러내는 방법이었고 현재 많은 문화에서 존중과 합의의 뜻을 나타낸다. 온정적인 악수를 할 때 대개 자신감이 전달될 정도로(자신에 대한 자존감은 상대에게도 전해지기 마련이다) 손에 힘을 주지만 무례하거나 고압적으로 꽉 잡지 않는다. 이럴 경우의 악수는 친절한 눈빛과 함께 부드럽게 느껴진다. 다정한 행동을 추가하자면 악수하는 동안 왼손을 상대방의 오른쪽 팔꿈치에 갖다 댄다든가 악수하는 두 오른손을 왼손으로 감싸는 것이 될 수 있다. 적절한 순간에 보이는 애정의 표시는 미소만큼 따뜻한 느낌을 준다. 또한 악수할 때 일반적으로 우위를 차지하는 사람의 손이 위로 올라오기 마련이다. 만일 상대방이 더 편안함을 느끼길 바란다면 자신의 손을 아래로 돌려 환자의 손이 위로 올라오게 할 수 있다. 그러나 무엇보다도 양쪽 손을 모두 수직으로 세우는 것이 가장 바람직하다.

의료진은 환자의 두 손이 어떤 자세인지 관찰해야 한다. 두 손이 무릎에 축 늘어져 있다면 이 환자는 슬프거나 자존감이 낮을 수 있다. 손을 가만히 두지 않고 안절부절 못하거나 뭔가를 움켜쥐는 행동은 불안을 나타낸다. 꽉 쥔 주먹은 화를 감추는 행동일 수도 있다. 하지만 손바닥을 펴는 것은 따뜻함과 열린 마음을 나타내기도 한다.[17]

환자는 대화 도중 자신의 생각을 말하고 싶을 때 두 손을 사용할 가능성이 있다. 이럴 때 자신의 얼굴 앞에서 양 손가락 끝을 마주 대며 첨탑 모양을 만들 수 있다. 첨탑 모양의 손은 중요하게 할 말이 있다거나 자신감을 뜻할 수도 있다. 아니면 말하고 싶다는 뜻을 전하기 위해 한 손이나 집게손가락을 살짝 올릴 수도 있다. 또한 집게손가락을 입술에 갖다 대면 (마치 "쉿"하고 말하듯이) 자신의 생각을 마음에 담아두려는 가능성을 나타내기도 한다. 이럴 때 의료진은 환자의 생각을 알아내기 위해 좀 더 질문하거나 자기 생각을 좀 더 명확히 설명할 수 있다.[18]

만일 상대방이 팔짱 끼고 있다면 이는 닫힌 태도를 의미하기도 한다. 팔 자세는 그 사람이 처한 상황이나 듣고 있는 정보에 대한 물리적 장벽을 만들어내는 셈이다. 사람은 지루하거나 뭔가를 기대하거나 기분 나쁜 일이 있을 때도 이런 자세를 취한다. 어떤 사람은 팔짱을 끼는 것에 대해 "그냥 그렇게 하는 게 편해서"라고 말한다. 하지만 마시와 그녀를 진료한 의사 사이의 의사소통에서 알 수 있듯 이러한 비언어적 단서는 '난 그쪽이 하는 말에 별로 관심 없어요'를 나타낸다. 하지만 만일 어떤 사람이 마치 자신을 안는 듯 팔짱을 너무 꽉 끼고 있다면 이는 불안감이나 슬픔을 느낀다는 표시일 수도 있다.

자세

사람은 자리에 앉았을 때 몸을 똑바로 하거나 앞으로 살짝 기울임으로써 관심과 흥미를 드러낸다. 반면 몸을 뒤로 기대면 관심이 별로 없거나 상관하지 않는 것처럼 보일 수 있다. 이러한 자세 역시 소통할 때 바람직하지 못한 자세다. 하지만 몸을 앞으로 너무 기울이는 자세는 고압적인 인상을 주어 공격적으로 보일 수 있다. 사람들이 인정하는 개인 공간의 크기는 문화마다 다르다. 미국에서 지켜주어야 할 개인 공간은 2피트에서 3피트, 그러니까 한 팔의 길이 정도를 의미한다. 상대방이 요청한 경우가 아니면 이 간격보다 더 가까이 있지 않는 게 좋다.

의료진은 공감을 바탕으로 한 대화를 시작할 때 자기 좌석의 높이가 환자 좌석의 높이와 비슷해야 한다. 높이 차이가 있는 좌석 배치는 서열이나 특권이 존재한다는 느낌을 주어 불쾌감을 일으킬 수 있다. 만일 의사가 일어선 상태로 앉아있거나 진찰대에 누워 있는 환자를 내려다보며 대화를 하면 환자는 자신의 위신이 떨어진다고 느낄 수 있다.

마찬가지로, 10대 자녀에게 파티에서 술을 마셨는지 솔직한 대답을 듣고 싶은 부모라면 자녀와 얼굴을 마주하고 앉아서 이야기하는 것이 좋다. 아버지가 자녀와 마주보고 대화한다고 해서 같은 위치가 되는 것은 아니다(책임과 권위라는 측면에서 아직 비슷하지 않다). 하지만 물리적 위치를 맞추는 것은 비난과 방어의 역학 관계를 완화하여 좀 더 생산적인 대화를 가능하게 한다.

접촉

일부 비언어적 의사소통의 전문가들은 접촉을 가장 기본적인 감각 수단으로 여긴다. 한번 생각해보자. 우리는 음식이 혀에 닿으면 뭔가를 맛보고, 음파가 고막에 닿으면 뭔가를 들으며, 이미지가 망막에 닿으면 뭔가를 본다. 실제로 접촉은 비언어적 의사소통 수단 가운데 가장 영향력 있는 것으로 여겨진다.[19] 중요하지 않은 말일지라도 접촉은 순식간에 그 말의 의미를 바꿀 수 있다.

우리가 인식하지 못하지만 피부는 상당히 중요한 정보를 보내거나 받아들일 수 있다. 한 조사 결과, 거스름돈이나 카드전표를 건넬 때 손님의 어깨나 손을 1초 미만으로 접촉한 웨이트리스는 신체적 접촉을 아예 안한 웨이트리스보다 팁을 더 많이 받았다.[20] 또 다른 조사 결과, 대학교 사서가 되길 치리를 할 때 손을 살짝 스친 학생들은 그러한 접촉이 없던 대조군 학생들에 비해 도서관 평가에서 더 높은 점수를 주었다.[21] 신생아 집중치료실NICU의 조산아들을 대상으로 한 많은 조사에서 부모가 가슴에 앉고 피부 접촉을 하며 부드럽게 어루만져준 아기들은 치료가 덜 필요했고 조산의 부작용에서 더 빨리 회복했으며 퇴원도 더 빨리 했다는 사실이 드러났다.[22]

환자들은 진료 때 의사와 가벼운 접촉이 있을 경우 진료 시간을 실제보다 더 길고 긍정적으로 느낀다. 그래서 나는 바쁘고 진료를 오래할 필요가 없는 상황일 때 진료 과정에 가벼운 접촉을 포함하려고 노력한다. 물론 환자가 불만을 표시하면 가벼운 접촉도 하지 말아야 한다고 생각하지만 말이다.

볼 키스, 손잡기, 포옹이 어떠한 제약 없이 허용되는 문화도 있지만 미국에는 이러한 신체 접촉을 언제 어디에서 해야 하는지와 관련한 무언의 원칙이 존재한다. 신체 접촉은 적의와 분노부터 편안함과 사랑까지 광범위한 감정을 느끼게 한다. 같은 행동이라도 상황, 지속시간, 강도, 접촉한 사람의 의도, 신체 어느 부위를 접촉했느냐 등에 따라 의미가 달라진다. 예를 들어, 엄마가 어린 아들의 셔츠 자락을 바지 안으로 집어넣는 것은 아무런 문제가 되지 않지만 낯선 사람이 이런 식으로 아이의 옷매무새를 바로잡으려 한다면 엄마는 몹시 불쾌할 것이다.

간호사, 손톱 관리사, 치과 위생사 등 많은 전문가는 매일 대하는 사람들과 신체 접촉을 한다. 이러한 접촉에는 대개 감정이 담겨 있지 않기 때문에 이를 '콜드 터치cold touch'라고 한다. 그들의 일이 그저 신체 접촉을 수반하는 것이다. 동료와 악수를 하거나 지갑이 열린 것을 알려주거나 은행 직원이 상담할 준비가 되었음을 알려주려고 여성의 팔을 가볍게 치는 행동은 사회적으로 공손한 터치라고 불린다. 사람들 사이에서 이런 식의 접촉은 늘 일어나기 마련이다. 이러한 접촉은 우정과 친밀함을 나타내는 접촉과 대조적으로 비교적 잘 모르는 사람들 사이에서 발생된다. 반면 우정과 친밀함을 나타내는 접촉은 친구의 어깨에 팔을 두르거나 포옹을 하거나 신체적 접촉으로 가까운 사람을 안심시키는 것 등을 말한다. 어루만지기, 키스, 손잡기, 껴안기 같은 아주 강렬한 접촉에는 친밀감과 사랑이 담겨 있다. 이러한 행동은 마음을 달래고 위안을 주며 옥시토신이 분비되게 한다.

나는 의사로서 환자의 배를 손으로 만져 진단하거나 갑상선을 확인하기 위해 목을 만져야 할 필요가 있다. 이뿐만 아니라 심장 소리를 들어야 할 때에도 의식적으로 접촉해야 한다. 한 손으로 청진기를 환자의 가슴에 대고 다른 손을 환자의 등에 갖다 대기 때문에 일종의 포옹하는 자세가 된다. 이는 단순히 심장 소리를 듣는 것 이상의 의미가 있다. 두 손으로 환자와 접촉하면서 내가 도움을 주고 치료해주기 위해 당신 옆에 있다는 점을 전달하는 셈이다.

의료진이 환자와 친밀한 관계는 아니지만 진료를 하는 동안 편안함을 느낄 수 있도록 등, 어깨, 팔이나 다리의 바깥쪽 같은 부분을 접촉할 수 있다. 그러나 포옹에 항상 치유 효과가 있는 것은 아니다. 밀착된 신체 접촉에 거북함을 느끼는 사람들도 있다. 이러한 사람과 포옹하면 오히려 신뢰와 교감이 허물어질 가능성이 있다. 가령, 의료적 이유 때문에 밀착을 싫어할 수도 있다. 이러한 사실을 경험으로 어렵게 깨달았다. 예전에 내가 동료를 포옹했는데 나중에 알고 보니 그녀가 심각한 어깨 관절염을 앓고 있었다. 친밀한 포옹이 그녀에게 심한 통증을 일으킨 것이다. 그러니 상대방의 상태나 상황을 알아보고 포옹해도 되는지 물어본 후 그렇게 하는 게 가장 좋은 방법이다.

몸짓 거울 반응

두 개의 엔진을 동시에 가동시키면 서로 리듬이 맞춰진다. 뇌도 마찬가지다. 아마 거울 신경세포 때문이겠지만, 두 사람은 서로의 감정과 비언어적 신호를 따라하며 보조를 맞출 수 있다. 이러한 현상이 항상 무의식적으로 일어나는 것은 아니다. '몸짓 거울 반응Body mirroring'은 학습될 수 있는 행동이다. 이것을 어떻게, 언제 해야 하는지 다룬 경영서도 많다. CEO부터 판매원에 이르는 사람까지 잠재 고객의 마음을 얻기 위해 몸짓을 이용하는 것에 익숙해야 한다. 이는 존중하는 마음을 전하고 신뢰를 형성하기 위해 상대방의 비언어적 의사소통을 티 내지 않으면서 따라하는 것이다.

궁극적으로 존중 받았다고 느낀 고객은 판매원이 파는 물건을 사기 마련이다. 의료진 또한 환자를 편안하게 하고 필요할 때마다 도움을 줄 준비가 되어있음을 보여주기 위해 환자의 비언어적 의사소통에 거울 반응을 보일 수 있다. 만일 환자가 구부정하게 앉았다면 의료진도 살짝 구부정하게 앉을 수 있다. "몸이 처지시는 걸 보니 환자 분의 고통을 알겠어요"라고 말하는 셈이다. 이런 식으로 거울 반응을 보이는 것은 환자와 공감대나 친밀감을 형성하는 데 도움이 된다. 한마디로 소통하기 위한 중요한 방법이다.

의료진은 몸짓으로 환자가 마음을 열고 중요한 정보를 공유하도록 이끌 수도 있다. 우선 관심의 눈빛이나 표정으로 환자의 몸짓 언어에 거울 반응을 보이면서 신뢰를 형성하는 것으로 시작한다. 그렇게 해서 일단 소통이 시작되면 상대방이 따라 하길 바라면서 좀 더 열린 자세를 천천히 취한다. 이 지점에서 효과가 나타난다. 예를 들어, 환자가 폐쇄된 자세로 앉아 있다면(가슴께에서 팔짱을 끼고 있다든가 다리를 꼬고 있는 것 같은) 의사는 그의 자세를 따라해본다. 뒤이어 의사는 팔짱을 느슨하게 끼거나 다리를 느슨하게 꼬는 식으로 자세를 좀 더 편안하게 잡아본다. 이러한 자세는 덜 방어적이다. 그런 후 의사는 다리를 완전히 풀고 관심을 보여주기 위해 몸을 앞으로 숙인다. 마침내 환자는 아까와 다르게 열린 자세를 하게 되며 이는 환자가 편안하고 정보를 공유할 준비가 되었음을 나타낸다.

비언어적 의사소통은 단순한 거울 반응이 아니라 섬세한 춤의 일부와 같다. 사람들은 자신의 몸짓으로 인해 상대방으로 하여금 대화가 잘 풀린다고 느낄 수 있길 바란다.

한편, 환자가 의사의 거울 반응을 거스르는 식으로 행동한다면 불편

| 약속된 장소에서 | 부드럽게 | 함께 |
| 만난다 | 이끈다 | 춤을 즐긴다 |

함이나 불찬성 혹은 배신감을 드러내는 것일 수 있다. 불화를 감지했다면 그렇게 된 이유를 알아보는 것이 현명하다.

회피 반응

거짓말인지 아닌지 알려주는 비언어적 행동이 있다. 가령, 내가 환자에게 담배를 끊을 준비가 되었는지 물어보았을 때 환자는 그렇다고 말할지 모르지만 그의 비언어적 단서는 그렇지 않다는 점을 드러낸다. 그가 대답하기 전부터 추정할 수 있다. 그가 이른바 기침을 이용한 회피 반응을 썼기 때문이다. 그는 목 안에 아무 것도 없는데 마치 목에서 뭔가를 제거하려는 것처럼 기침을 한다. 이러한 행동은 그가 자신이 하는 말에 거북함을 느낀다는 사실을 나타낸다.

아니면 그는 '투나잇쇼The Tonight Show'의 초기 진행자 조니 카슨Johnny Carson이 음란한 농담을 하기 전 그랬듯 손가락을 코에 갖다 댈지도 모른다. 가려운 코를 긁을 때처럼 세게 문지르는 게 아니라 부드럽게 몇 번 문지르거나 가볍게 탁탁 치는 것이다. 일부 전문가는 "이것은 내면의 생각과 겉으로 드러난 행동 사이에 분열이 일어나고 있다는 사실을 보여준다"고 믿는다.[23] 빌 클린턴은 대배심에서 진술하는 동안 정직하게 말할 때는 코를 별로 만지지 않았는데 거짓말할 때는 코를 26번 만졌다.[24] 귓불을 당기거나 목 옆을 긁거나 눈을 비비거나 눈을 지나치게 깜박거리거나 너무 오래 미소 짓는 것(대개 자연스러운 미소는 4초에서 5초 동안만 지속된다) 역시 감정을 누르거나 진실을 숨기려는 행동일 수 있다.

의료진은 "요즘 좀 어떠세요?"라는 질문에 환자가 "괜찮아요!"라고 말하며 위와 같은 행동을 한다면 "정말요?"라든가 "어떠신지 좀 더 자세히 말해주세요"처럼 환자가 자유롭게 대답할 수 있는 말을 하면 좋다.

어렵고도 쉬운

환자와 의사의 첫 만남은 아주 중요하다. 환자는 첫 만남에서 의사가 어떤 사람인지, 자신과 잘 맞을 사람인지 직감한다.

제대로 된 첫 인상을 줄 수 있는 방법이 있다. 이는 깊은 소통으로 이어질 수 있다. 의료진은 환자의 기운을 파악해야 하며 존중을 보여주는 식으로 행동해야 한다. 내가 당신에게 도움을 줄 것이며 온전히 집중한다는 메시지를 눈빛으로 전하면 된다. 적절한 순간에 환자에게 접촉할 수도 있다. 일반적인 악수를 하면서 환자의 어깨에 손을 부드럽게 댈 수도 있다. 그리고 환자의 몸짓 언어에 거울 반응을 한 후 앞서 언급한 대로 환자가 신뢰하고 열린 자세를 취하도록 천천히 이끈다.

자세히 물어봐도 될 법한 어떤 감정을 포착했다면 멈춤의 시간을 적절히 활용하는 게 좋다. 결혼 생활을 물었을 때 환자의 눈이 살짝 젖었다면 잠시 멈추었다가 관심을 드러내며 다음과 같은 질문을 부드럽게 해본다. "배우자와 관계를 물었을 때 눈물이 어리던데요"(……잠시 멈춘다) 혹은 "만일 방금 전의 눈물이 말을 할 수 있다면 어떤 말을 하고 싶을까요?"라고 해본다. 이 부분에서 환자의 몸짓 언어와 말 사이에 일관성이 있는지 파악하는 게 중요하다. 만일 차이가 있다면 부드러운 태도로 더 자세히 알아본다.

환자가 이른바 상호작용의 춤에 동참하지 않는다 해도(거울 반응에 동참하지 않는 것처럼) 억지로 끌고 가면 안 된다. 이보다는 말과 비언어적 단서로 관심을 보여야 한다. 그러면 환자는 다음 만남에 마음을 좀 더 열 수 있다.

환자가 소통의 춤에 기꺼이 참여한다면 이를 즐겨라! 의료진에게 가장 보람 있는 상호작용이다. 일단 두 사람이 소통하면 신체에서 화학 반응이 일어난다. 두 사람 모두 변하는 것이다!

9장

다시 어른에서
아이로

우리가 줄 수 있는 가장 소중한 선물은
우리라는 존재입니다. 우리가 마음 챙김
으로 사랑하는 사람들을 포용한다면 그
들은 꽃처럼 피어날 것입니다.

틱 낫한의 《살아계신 붓다 살아계신 예수》중
에서[1]

"의사소통이란 사회의 개인을 연결하는 접착제와 같기 때문에 의사
소통이 원활하게 이루어진다면 사회가 더 잘 돌아가지 않을까라는 생각
을 자연스럽게 한다."[2] 1969년에 미국 심리학회 회장이던 조지 A. 밀러
George A. Miller의 발언은 그때나 지금이나 맞는 말이다. 특히 긴밀한 관계를
형성해야 하는 의료진과 환자는 어떻게 '더 원활하게' 의사소통을 할 수
있을까?

모든 일에는 양면성이 존재한다. 말을 하는 쪽도 있고 듣는 쪽도 있
다. 진정한 소통의 목표는 두 사람 사이의 간격을 가능한 줄이는 일이다.
말하는 사람이 전하는 내용을, 듣는 사람이 받아들이고 이해하며 행동으
로도 옮기는 것이다. 윌리엄 오슬러 경은 "어떤 사람이 어떤 유형의 병을
앓는지 아는 것보다 어떤 유형의 사람이 어떤 병을 앓는지 아는 게 더 중
요하다"라고 말했다. 의료진은 자신이 다루는 환자가 어떤 유형의 사람
인지 알려면 진실의 대화를 나누어야 한다.

쉬운 일처럼 보이지만 유감스럽게도 의료진은 이렇게 못할 때가 너

무 많다. 앞서 살펴보았듯 유념하지 않고 방심하면 마음의 소음이 대화를 무색하게 만들 수 있다. 실제로 대화, 즉 다이얼로그^{dualogue}가 아닌 '듀얼로그(duologue, 자기의 관심사만 일방적으로 말하는 것 ―옮긴이)'가 이루어지는 때도 있다. 바로, 두 사람이 함께 말하는 것이 아니라 서로 자기 말만 할 때다. 듀얼로그는 자기 순서를 기다리는 모놀로그(monologue, 독백 ―옮긴이)와 같다. 반면, 대화는 서로에게 의미를 전달한다.

여기 적절한 사례가 있다. 최근 내과 전문의이자 보스턴 대학교 보건 행정학 학과장인 마이클 스테인^{Michael Stein} 박사는 말하는 사람과 듣는 사람 사이의 간격이 어떻게 아주 넓고 깊은 틈으로 벌어지는지 보여주는, 친구 소피아의 사례를 〈워싱턴 포스트〉지에 실었다. 건강이 '심상치 않다'는 점을 느낀 소피아는 무예약 진료소^{walk-in clinic}의 미숙한 의사에게 목통증과 미열을 호소하며 도움을 청했다. 소피아는 그 의사와의 만남을 이렇게 서술했다.

"연쇄상 구균 검사 좀 해주시겠어요?" 내가 물었다.

"과잉 반응입니다. 그냥 감기예요." 젊은 의사가 말했다.

내 몸 상태가 얼마나 안 좋은지 호들갑스럽게 말해야 했을까? 나는 애원하다시피 하여 검사를 받았다. 결국 양성 반응이 나오자 너무 화가 치밀어 의사에게 말도 제대로 못했다. 그는 무능하거나 비용을 줄이려 했거나 어쩌면 단순히 게으른 것인지 모른다. 어쨌든 불친절한 사람임은 분명하다.

소피아는 여러 면에서 실망했다. 의사는 환자를 대하는 형편없는 태도에 걸맞게 진찰 전문 의사로서 능숙함 또한 부족했다. 하지만 가장 중요한 점은 '환자는 병 상태를 말해주고 있으니 환자의 말에 귀를 기울여라'는 윌리엄 경의 금언을 어겼다는 사실이다. 이야기를 전해들은 스테인 박사의 마음에도 '불친절한'이라는 말이 몇 주 동안 남았다는 사실 또한 흥미로웠다.[3] 연민과 친절함이야말로 모든 사람이 의료진에게 바라는 점이 아닌가?

의사소통의 실패는 환자의 감정을 상하게 할 뿐만 아니라 육체적, 재정적으로도 상당한 손실을 입힐 가능성이 있다. 크리코CRICO와 분석 담당 자회사인 크리코 스트래티지CRICO Strategies는 미국 의료 과실의 약 30퍼센트에 해당하는 자료가 축적된, 탄탄한 데이터 은행을 가지고 있다. 크리코 스트래티지는 2015년, 상당한 피해를 본 환자들이 제기한 의료 과실 배상 청구와 소송 2만 3천 건 이상을 분석한 보고서를 발표했다. 열 건 가운데 세 건은 의사소통의 실패와 관련이 있었다. 의료 상황의 사실, 수치, 결과물에 대한 정보를 가진 사람이, 그것을 필요로 하는 사람에게 제대로 전달하지 못한 것이다.[4] 의료 직원과 환자 사이에 의사소통이 더 원활했더라면 1,744명의 환자 사망과 17억 달러의 의료 과실 비용을 피할 수 있었을 것이다. 소통의 실패는 어떤 가족이나 전문가도 경험하기를 원치 않는다.[5] 미국이 의료체계에 3조 달러를 쓰고도 다른 나라들에 비해 치료 결과가 더 좋지 않은 건, 의료진의 의사소통 능력이 부족하기 때문이다.[6]

형편없는 의사소통은 모두에게 비참한 결과로 이어질 수 있다. 이런 상황을 어떻게 피할 수 있을까? 말하는 사람은 마음을 열고, 듣는 사람은 이른바 깊은 듣기를 해야 한다. 여기에 부정적인 면은 존재하지 않는다.

진료를 할 때나 그 밖의 만남에서 상호작용이 있을 때, 큰 실수를 피할 수 있을 뿐만 아니라 실제로 건강과 안녕이 증진한다. 실제 사례를 들여다보자.

고백하라, 살기 위해

모니카는 친절하고 유쾌하며 자주 웃는 사람이었다. 70대 후반인 모니카는 흔하지만 위험한 3대 질환인 당뇨병, 높은 콜레스테롤, 고혈압 진단을 받았다. 어느 진료일에 그녀의 혈당과 혈압이 놀라울 정도로 급증했다는 사실을 알았다. 모니카와 진정한 소통을 하지 않았더라면 단지 그녀의 생활 방식이 건강에 위험하다고 경고하거나, 식단과 운동에 좀 더 신경 써야 한다고 설득했을 것이다. 아니면 약 복용량을 늘렸을 것이다. 어쩌면 내가 취할 수 있는 가장 효율적인 행동이었을지도 모른다. 하지만 나는 당뇨병 환자들의 그러한 상태 변화가 흔히 스트레스에 대한 반응이라는 점 역시 알았다. 따라서 권위적인 태도를 보이는 대신 잠시 멈추고 숨을 들이쉬었다. 그런 후 질문했다. "요즘 생활에 무슨 변화가 있으신가요?" 모니카는 아들에 대한 이야기를 하면서 시선을 무릎으로 떨구었다. 그리고 금방 울음이 터져 나올 것처럼 눈에 눈물이 가득 고였다. 그러한 비언어적 행동을 보고 한번 더 부드럽게 물었다.

모니카는 쉽지 않았겠지만 아들이 자신에게 폭력적으로 대한다는 사실을 결국 털어놓았다. 모니카가 속마음을 털어놓는 동안 아무 말 안했지만 그녀의 얼굴을 관찰하고 그녀의 말과 억양에 귀 기울였다. 모니카가 아들에 대한 이야기를 해주어 고마웠다. 우리 사이에 근원적인 신뢰가 있었기 때문에 모니카는 자신의 수치스러운 이야기를 해도 안전하다고 느꼈던 것이다. 나는 이제야 모니카의 감정과 신체에 끼친 원인을 제대로 이해할 수 있었다.

이야기를 마무리할 무렵 모니카는 평온해 보였다. 실제로 모니카는 대화로 마음의 짐을 덜었기에 기분이 좀 나아진 상태로 진료실을 나갔다. 시간이 지나 혈당과 혈압이 덜 위험한 수준으로 내려가며 모니카는 건강을 되찾았다.

이 경험으로 귀중한 교훈을 얻었다. 첫째, 사람은 자신이 안전하다고 느끼지 않거나 듣는 이를 신뢰하지 않을 때, 혹은 상대방이 자신을 배려한다고 생각하지 않을 때 진실이나 진짜 감정을 말하지 않을 가능성이 높다. 그럴 때는 피상적이고 의미 없는 말을 하게 되고 행복도도 떨어지기 마련이다. 과학적 조사로도 입증된 사실이다. 마티아스 멜Matthias Mehl 은 약 80명의 학생들에게 전자식으로 작동되는 디지털 오디오 녹음기를 4일 동안 착용하게 했다. 그들 모르게 대화를 추적하는 기기였다. 멜은 그들이 시시한 수다를 덜 나누는 대신 중요한 정보를 교환하거나 자신과 관련된 대화를 더 많이 하는 것이 결론적으로 그들의 안녕과 행복에 영향을 준다는 것을 알았다.[7] 즉 깊이 있는 대화는 정말 중요하다.

하지만 좀 더 중요한 점은 환자들이 중요한 사실을 공유하지 않는다면 소중한 치료 기회를 놓칠 수 있다는 것이다. 지금까지의 조사 결과는 감정이 상했던 경험을 말하거나 글로 쓰는 게 생리적으로 유익하다는 사실을 한결같이 보여준다. 상대방과 의미 있는 소통을 하면 시간이 지나면

서 신체 건강이 향상하고 면역 기능이 강화하며 그 결과 의사를 만나는 횟수도 줄어든다.[8]

사회 심리학자 제임스 펜베이커James Pennebaker는 비밀을 마음에 담아둘 때, 감정 표현 일기를 쓸 때, 감정을 자연스럽게 말로 털어놓을 때의 건강 상태를 조사했다. 글쓰기와 이야기 치료 분야의 선구자인 펜베이커는 언어와 트라우마 회복 사이의 관계를 연구해왔다. 펜베이커와 그의 동료들은 LIWCLinguistic Inquiry and Word Count라는 전산화된 언어 분석 프로그램을 개발하여 말투의 언어학적 범주 80가지를 분석했다. 휴식이나 돈 같은 특정한 화제나 대명사 사용('나'라고 하는지 '우리'라고 하는지), 그리고 '분노', '두려움', '슬픔'처럼 주로 부정적인 단어 사용이 이러한 범주에 들어간다. 이전의 연구 결과를 토대로 한 그의 조사로 사람의 말투가 성격이나 심리적 상태와 깊은 관련이 있다는 사실이 뒷받침되었다. 펜베이커는 이 도구를 활용하여 알카에다 정보원과 미국 대통령 후보 같은, 서로 전혀 다른 사람들을 분석했다.

펜베이커는 초기 조사에서 FBI와 CIA에서 일하는 거짓말 탐지기 조작자들을 인터뷰했다. 그는 상대방이 거짓말하는지 알기 위해 심박동수, 호흡 속도, 혈압, 피부 전도성(땀이 피부로 스며나오는 양) 같은 자율 신경계 반응을 관찰했다. 그 결과 사람이 진실을 털어놓은 후에 측정값들이 현저하게 떨어진다는 사실을 발견했고 이를 '거짓말 탐지기 자백 효과polygraph confession effect'라고 이름 붙였다. 이러한 변화는 휴식을 취할 때 나타나는 상태와 일치한다.[9]

부정적인 감정이나 비밀을 담고 있는 것은 생리적으로 안 좋은 영향을 끼친다. 연구자들은 생각, 감정, 행동을 과도하게 억제하려면 신체적 작업이 필요한데 이는 자율신경계에 만성적인 저강도 스트레스를 일으킨다고 믿는다. 그 결과 병이 생기거나 기존의 병이 악화할 수 있다. 또한 시상하부-뇌하수체-부신 축의 조절 장애가 생길 수 있으며 그 결과 체중 증가와 면역 억제를 동반하는, 스트레스 호르몬 코르티솔의 증가로 이어진다.[10]

반대의 경우는 어떤 원리일까? 스트레스를 받았던 일을 털어놓으면 억압된 생각들이 무의식에서 의식의 영역으로 옮겨진다. 그런데 사람은 의식의 영역에서 생각을 더욱 잘 조직화하고 통제할 수 있다. 말을 하면 감추어져 있던 정보를 해석하고 긍정적인 결과를 자극하도록 생리적으로 감정을 발산하는 것이다. 스트레스를 털어놓을 경우 자율신경계와 시상하부-뇌하수체-부신 축에 자극을 주는 만성적인 저강도 스트레스가 더 이상 필요하지 않다.

9.11 테러 이후의 여러 사례는 이러한 현상이 실제로 어떻게 일어나지 잘 보여준다. 세계 무역 센터가 파괴된 후 제임스 펜베이커의 연구팀은 공격이 발생하기 두 달 전과 두 달 후에 뉴욕 시민들이 온라인에 쓴 글을 조사했다. 예전 글에서는 좀 더 자기중심적인 일인칭 단수 대명사(나는, 나를)를 썼다가 일인칭 복수 대명사(우리는, 우리를)처럼 관계를 촉진하는, 좀 더 공동체적인 단어를 쓰는 것으로 바뀌었다. 비극적 사건이 계기가 되어 공동체의 다른 일원들에게 마음의 문을 열게 된 것이다.[11] 흥미롭게도 펜베이커는 시민들이 의료진을 찾은 정도와도 연결 지었다. 그 결과 테러 직후 시민들은 서로의 감정을 공유하면서 병원을 찾은 횟수가 줄었다는

사실이 드러났다.

비극이 발생한 지 2, 3주 동안에는 사람들이 자연스럽게 마음을 터놓는다. 언론도 사건을 솔직하게 논의한다. 하지만 약 3주가 지나면 감정과 생각이 가시지 않은 채로 사람들 사이의 대화가 줄어든다. 이른바 억제 단계이다. 표현은 줄어들지만 생각은 그대로 남아 있는 이 단계에서 일기 쓰기와 말하기가 가장 유익한 해결 방법이 된다.[12]

많은 연구원이 천식, 류머티즘 관절염, 섬유근육통, 부상 치료, 과민성 대장 증후군 등의 질병에서 오는 고통을 글로든 말로든 털어놓을 때 과연 긍정적인 효과가 있는지를 조사해보았다. 천식이나 류머티즘 관절염을 앓는 환자 107명을 대상으로 한 조사에서 실험군 환자들은 3일 연속으로 딱 20분 동안 삶에서 가장 스트레스를 받았던 사건에 대해 글을 썼다. 반면 대조군 환자들은 매일의 일을 기록했다. 4개월이 지난 후 대조군의 천식 환자들은 폐 기능에 변화가 없는 반면 실험군의 천식 환자들의 폐 기능은 20퍼센트 향상했다.

류머티즘 관절염 환자들의 향상 정도는 더 두드러졌다. 스트레스 받았던 일에 대해 글을 썼던 환자들의 경우 병의 강도가 28퍼센트 줄었다. 반면 대조군 환자들은 증상이 개선되지 않았다.[13] 이후의 조사들도 결과를 뒷받침해주었다. 류머티즘 관절염 환자들을 대상으로도 말 혹은 글로 감정 표현을 할 때의 효과를 분석했다. 처음에 글쓰기나 대화로 자신의 감정을 표현한 환자들은 3개월이 지났을 때 대조군 환자들에 비해 좀 더 빨리 걸었다. 6개월이 지났을 때는 통증과 관절이 붓는 증상뿐 아니라 의사들이 평가한 질병 활성도 또한 줄었다.[14] 코르티솔과 인터페론 감마(염

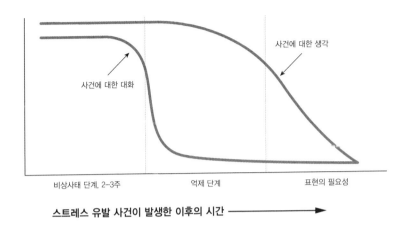

사건에 대한 생각

사건에 대한 대화

비상사태 단계, 2-3주   억제 단계   표현의 필요성

스트레스 유발 사건이 발생한 이후의 시간 ⟶

증 자극제) 수치에서도 통계적으로 의미 있는 감소가 있었다.[15]

섬유근육통 환자들에게도 이와 비슷한 이점이 있었다. 2005년, 트라우마를 글로 썼을 때의 효과를 추적한 결과 심리적 행복도가 올라가고 고통과 피로를 개선했다.[16] 다른 조사에서도 자신의 감정에 대한 글을 쓴 환자들은 3개월이 지났을 때 섬유 근육통, 불면증, 신체적 장애의 전반적인 영향이 단지 시간 관리에 대한 글을 쓴 환자들에 비해 크게 줄었다.[17]

심리적 스트레스는 면역 체계를 통제하여 상처 치유에 방해가 된다.[18] 신장 기증자 52명을 대상으로 한 조사에서 수술 전 스트레스 지수가 높고 긍정적이지 못했던 사람들은 감정적으로 안정되었던 사람들에 비해 상처 치유가 늦었다.[19] 감정을 표현하면 스트레스가 완화되고 면역 기능이 향상하여 상처 치료가 좀 더 빨라진다. 영국에서 시행된 한 조사에서 36명의 참여자들은 심적 고충, 외로움, 자존감, 사회적지지, 긍정성,

건강과 관련된 설문지를 작성했다. 그런 후 펀치 생검(작은 원형 펀치를 피부 깊이 삽입하여 조직을 뚫어서 떼어낸 뒤 병리조직학적으로 검사하는 방법 - 옮긴이)을 받았다. 이 가운데 한 그룹은 자신의 삶에서 일어난 충격적인 사건에 대해 글을 썼고 다른 그룹은 시간 관리에 대한 글을 썼다. 상처가 치유된 정도는 고해상 초음파 스캐너로 측정되었다. 펀치 생검을 받은 지 14일에서 21일이 지난 후 첫째 그룹은 대조군에 비해 상처가 현저하게 줄었다.[20]

글 쓰는 방법과 관련해 인터넷 자료와 지침을 보려면 부록 B를 참고하길 바란다.

때로는 관심종자처럼

감정을 표현하는 그 자체에 치료적 이점이 있다. 다음의 수사적 특징들은 일반적으로 건강을 향상할 수 있는 방법이다.[21]

- 글을 쓸 때 서서히 전개되는 이야기를 구성한다. 이야기의 처음, 중간, 끝을 구성하는 게 똑같은 이야기를 매일 하는 것보다 낫다. 사건을 이해하고 거기서 배울 점을 찾기가 더 수월해진다.
- 글을 쓰며 통찰력을 기른다. '깨닫다'와 '이해하다' 같은 말을 좀 더 사용한다.
- 글을 쓸 때 긍정적인 단어를 많이 쓰고 부정적인 단어를 최대한 쓰지 않는다. 즉, 좀 더 긍정적인 태도를 기른다.
- 인칭 대명사를 일인칭 단수(나, 나를, 나의)에서 일인칭 복수(우리, 우리를, 우리의)로 바꾸면 덜 개인적이면서 공동체와 더 연결되어 있음을 나타낸다.

예전의 나는 환자들에게 집에서 혼자 글로 감정을 표현할 수 있으며 그것을 꼭 누가 읽을 필요는 없다고 말했다. 환자들이 언어로 스트레스를 표현하면 중요한 치료 과정이 이루어진다고 믿었다. 하지만 최근 시행된 조사는 내 믿음이 옳지 않음을 보여준다. 자신의 글을 누군가가 읽으리라고 여길 때 면역 체계가 강화된다는 사실이 밝혀진 것이다. 공유는 아주 중요하다. 공유는 말로도 이루어질 수 있으며 글과 똑같은 긍정적 효과를 낸다. 효과가 발생하려면 타인이 실제로 자신의 말에 귀 기울인다고 느낄 수 있어야 한다. 이는 암 환자들이 서포트 그룹에 참여했을 때 상당한 효과를 얻는 또 다른 이유일지도 모른다.[22]

대답하기 위한 듣기는 위험하다

상대방이 잘 듣지 않는다면 생각과 감정을 공유하는 것이 무슨 소용인가? 내가 좋아하는 클래식 록 음악 '사운드 오브 사일런스The Sounds of Silence'에서 사이먼 앤 가펑클Simon and Garfunkel은 '사람들은 듣지만 경청하진 않아'라고 노래한다. 아주 보편적인 인간의 경험을 언급한 거라고 생각한다. 실제로 '듣기'에는 두 가지 유형이 있다. 바로 자신에게 초점을 맞춘 듣기(듣지만 경청하지는 않는다)와 상대방에게 초점을 맞춘 듣기(마음을 열고 귀를 기울인다). 두 가지를 좀 더 자세히 살펴보자.

자신에게 초점을 맞춘 듣기

≪성공하는 사람들의 7가지 습관≫의 저자 스티븐 코비Stephen Covey는 이렇게 썼다. "대부분의 사람은 이해할 생각으로 듣지 않고 대답할 생각으로 듣는다."[23] 만일 듣는 사람이 자신의 생각에 초점을 맞춘 채 과거의 경험, 전력, 가정에 근거해 대답하려 한다면 주의가 산만해지고 집중하지 못한다. 머릿속으로 자신의 일과 문제를 떠올리거나 상대에게 해줄 만한 설명과 조언을 생각하면서 멀티태스킹을 하는 셈이다. 이는 대화가 아닌 '듀얼로그'를 하기에 가장 좋은 방법이다.

상대방이 유용한 생각을 한창 말하는 중이거나 자기에 대한 중요한 정보를 막 말하려고 할 때, 당신이 자신에게 초점을 맞춰 들으며 제안이나 질문을 하는 데 집중한다고 해보자. 그렇다면 상대방은 하던 말을 멈추고 대화에서 주의를 돌려 당신이 끼어들어 하지 못했던 말을 마음 속으로 곱씹을 것이다.[24]

말을 가로막는 것은 그야말로 자신에게 초점을 맞춘 행동이며 말하는 사람이 생각을 온전히 표현하지 못하게 막는다. 그런데 이 일은 진료실에서도 빈번하게 발생된다.

의사들은 폐쇄형 질문('그렇다'나 '아니다'로 대답하는 질문)을 하여 환자의 자기 표출을 중단시킨다. 도움을 주어야 할 대상에게 오히려 피해를 주며 대화를 통제하는 방식이다. 의사와 환자의 대화를 연구한 많은 조사 가운데 말을 가로막을 때의 영향을 다룬 조사들이 있다. 1984년, 한 조사에서 74명의 환자 가운데 52명의 환자가(69퍼센트) 통증을 호소한지 딱 18초 만에 의사가 끼어든 것으로 나타났다. 환자가 더 많은 정보를 공유하는 것을 가로막았고 환자가 두려움을 말할 기회를 차단했다. 의사가 재빨리 끼어든 52명의 환자들 가운데 단 한 명만 처음으로 다시 돌아가 의사에게 끝까지 설명했다. 의사가 중간에 말을 가로막지 않아 통증을 온전히 호소했던 환자들은 23퍼센트밖에 되지 않았다. 시간을 아끼기 위해서 그랬을 수도 있다. 하지만 환자가 통증에 대해 *끝까지* 진술하는 데 보통 92초밖에 걸리지 않았고 심지어 2분 30초 이상 걸린 환자는 아무도 없었다.[25]

힘든 사람이 자기가 직면한 문제를 온전히 표현하지 못한다면 문제 해결에 얼마나 많은 시간이 허비 될지 생각해보라. 의미 있는 대화가 이루어지기 위해 필요한 것은 약간의 인내심뿐이다. 결과적으로 이것이 더 효율적이다. 중간에 끼어들어 의미나 감정이 담겨 있지 않은, 즉 안녕에 도움이 안 되는 말 대신 귀를 열어 긍정적인 변화를 촉진하는 데 필요한 정보를 얻는 것이 이득이다.

사람은 상대방이 자신의 말을 가로막고 화제를 돌리는 경험을 반복적으로 겪으면 만족스럽지 못한 대화를 할 때 신경을 곤두세우며 행동도 그에 맞게 바꾼다. 불편함을 느끼기 때문에 필요할 것 같은 정보도 말하지 않을 가능성이 있다. 혹은 '이기기 위한' 방식으로 말하며 자신이 진짜로 하고 싶은 말을 하지 않을 수도 있다. 이것이 대화와 논쟁의 차이다. 논쟁은 이기는 데 의미가 있다. 스포츠 경기와 같다. 자신의 주장이 상대방 주장보다 우위에 있다는 점을, 그러니까 자신의 믿음이 상대방의 믿음보다 더 영향력 있다는 점을 입증하려고 애쓴다. 이러다 보면 상대방 관점을 이해하기 전에 자신의 관점을 마치 '법'처럼 여기게 된다.

상대에게 초점을 맞춘 듣기

두 사람이 대화할 때 가장 중요한 화제를 끌어내려면 충분한 시간과 상대방 말을 제대로 들으려는 태도가 필요하다. 누구나 말을 '들을' 줄 안다. 하지만 정말 공감하며 진지하게 귀 기울이고 있는 걸까? 상대에게 초점을 맞춘(혹은 깊은) 듣기는 자신에게 초점을 맞춘 일상적인 듣기와 다르다. 전자는 힘들어하는 상대방에게 집중하여 상대방이 안심을 느끼고 방어적인 태도를 갖지 않게 한다. 그러면 곧, 상대방은 자신의 진실한 이야기를 자유롭게 표현하기 시작한다.

두 사람은 서로에 대해 더 깊이 이해할 수 있는 정보를 공유한다. 이 과정에서 다양한 생각을 집하기 때문에 자신의 선입견에서 벗어나 통찰력을 기를 수 있다. 이때 '아하'하는 깨달음의 형태로 새로운 발견을 하게 되는데 상대에게 초점을 둔 듣기가 중요한 이유다. 이를 위해서 '초심자의 마음'을 지니는 것이 필요하다. 자기만의 생각을 덮어 두고, 상대방이 어떤 말을 할지 단정 짓지 않는다(하지만 어떤 말을 하려는지 알고 싶어 한다). 상대방의 몸짓 언어, 얼굴 표정, 어조에 집중해야 하기에 말을 하지 않는다. 상대방의 말 이면에 있는 에너지와 감정에 주파수를 맞춘다. 또한 현재에 충실하면서 침묵, 멈추기, 간격을 허용하며 좀 더 정확한 판단을 가능하게 해주는 세부적인 것들을 인지한다. 상대방의 현실을 가능한 깊이 이해하기 위해 많은 정보를 받아들인다. 요가 수행자들이 '나마스테'라고 인사할 때처럼 상대방과 진정으로 교감한다. '나마스테'는 '내 영혼이 당신의 영혼을 보고 있습니다'로 번역된다.

질문을 한다면 이것은 대화를 원활하게 진행하기 위한 질문이다. "좀 더 말해보시겠어요?"라든가 "그 얘기는 어떤 감정을 불러일으키는 것 같은데요?"처럼 자유롭게 대답할 수 있는 질문을 뜻한다. 상대방의 마음과 몸의 상호작용을 이해하는 데 도움이 된 질문은 "당신의 몸 어디에 스트레스를 가지고 있나요?"이다.

대부분의 의료진은 상대에게 초점을 맞춘 듣기와 관련해 배울 부분이 많다. 의사들은 이른바 '문손잡이를 잡는 순간' 환자가 하는 실토를, 그러니까 환자가 진료 시간 막바지에야 자신을 정말 힘들게 하는 문제에 대해 털어놓는 것을 싫어한다.[26] 그러나 이전에 했던 대화에서 환자는 자신의 가장 중요한 문제를 말할 기회가 없었다. 인정하건대 많은 의료진에게 시간적인 여유가 없는 것은 맞다. 하지만 오히려 시간을 아끼면서도 의미 있는 대화를 하려면 상대의 말을 가로 막는 일 없이 상대가 비교적 빨리 자신의 이야기를 하도록 신뢰를 쌓아야 한다.

베트남의 선불교 스님인 틱낫한 스님에게 배울 점이 많다. 베트남 전쟁 이후 설교자, 저자, 시인이자 평화 운동가로 일해 온 틱낫한 스님은 평화주의 때문에 자국에서 추방되었다. 1960년대에 마틴 루터 킹^{Martin Luther King}은 그를 노벨평화상 후보로 추천했다. 몇 년 전 오프라 윈프리^{Oprah Winfrey}가 평화 추구와 관련해 그를 인터뷰하는 모습을 시청하기도 했다. 그는 분쟁 당사자들의 화를 가라앉히는 방법에 대해 말했다. 그러면서 그가 언급한 '깊이 듣기^{deep listening}'가 상대에게 초점을 맞춘 듣기와 다를 바 없으며 의료 종사자에게 완벽히 적용된다. 다음 내용은 인터뷰에서 발췌한 것이다.

깊이 듣기는 상대방의 고통을 덜어주는 데 도움이 됩니다. 이것을 '연민의 마음으로 듣기'라고도 할 수 있을 겁니다. 목적은 단 하나, 상대방이 마음을 비우도록 도와주는 것입니다. 상대방이 잘못된 인식과 신랄함으로 가득 찬 말들을 하더라도 우리는 연민의 마음으로 계속 들어줄 수 있습니다. 이런 식으로 들어주면 상대방에게 고통을 덜어낼 기회를 주는 셈입니다. 만일 상대방이 잘못된 인식을 바로 잡도록 돕고 싶다면 다음을 기다리면 됩니다. 지금은 말을 가로 막지 말아야 합니다. 논쟁을 하면 안 됩니다. 만일 그렇게 한다면 상대방은 기회를 잃어버리는 거지요. 그저 우리는 연민의 마음으로 들어주면서 상대방이 고통을 덜어내도록 도와야 합니다. 한 시간 동안 그렇게 하면 변화와 치유가 일어나지요.[27]

유감스럽게도 대부분의 사람은 자신이 말할 차례를 기다리기 때문에 상대방이 마음을 비우도록 도와줄 목적으로 듣지 않는다. 사람들은 각자의 생각을 품고 있다. 그래서 상대방이 하는 말의 일부만 듣기 쉽다. 다음에 할 말이나 그 상황에 대해 설명할 방법을 생각하면서 상대방 감정을 깊이 들어주기란 어렵다. 이럴 때 말하는 사람은 듣는 이가 공감하지 않는다는 점을 알아차리고 결국 입을 다물게 된다.

듣는 법을 배우는 일이 좋은 질문을 하는 법을 배우는 일보다 훨씬 어렵다고 말하는 사람도 있다.[28] 맞는 말이라고 생각한다. 상대방 말을 단순히 듣는 것과 진정으로 귀 기울여 듣는 것은 정말 다른 활동이다. 훌륭한 듣기와 관찰은 고도의 감성 지능을 나타낸다. 적절한 행동을 취하는 것보다 더 중요하다.

'잘' 듣기의 가치

시골 지역에서 진료할 때 의료품 가운데 가장 강력한 약이 항우울제라고 생각했다. 환자와 소통하는 단계를 거친 후 그 마법의 약을……플루옥세틴 20밀리그램이나 설트랄린 50밀리그램을 처방해주었다. 그리고 환자에게 14일 내에 잠을 좀 더 잘 자게 되고 기운도 생길 거라며 2주 후 다시 오라고 말했다. 효과가 있기는 했다. 하지만 그 공을 어디로 돌려야 할까? 실제로 효과의 원인은 대개 의료진과의 대화로 이루어진 치료적 절차인데 사람들은 모든 것이 약 덕분이라고 생각한다.[29]

항우울제와 이 약을 판매하는 제약 회사들로 말미암아 문화가 바뀌었다. 괴로움에는 다 이유가 있다고(그래서 잠시 멈추고 괴로움에서 뭔가 배운다면 그것을 극복할 수 있다고) 가정하는 불교 철학을 기반으로 한 일본 문화에서 어떻게 우울증을 병으로 인식하게 되었는지를 다룬 글이 〈뉴욕 타임스〉에 실렸다. 일본 사람들은 1999년까지 가벼운 우울증이라는 말을 들어본 적이 없었다. 제약회사 빅파마Big Pharma가 '영혼이 감기에 걸렸다'는 뜻인 '코코로 노 카제'라는 개념을 도입하기 전까지 이러한 가벼운 우울증이라는 용어가 없었다. 하지만 그 이후로 항우울제 사용이 급증했다. 이 제약 회사는 일본에서 우울증 치료가 제대로 되고 있지 않다고 믿었다(당연히 그 랬겠지만). 하지만 약이 해결책이었을까? 회사가 항우울제 판매를 크게 늘리고 약의 처방도 증가하면서 높았던 자살률이 줄었지만 일본 문화도 크게 바뀌었다. 이제 일본 사람들은 우울증을 약이 필요한 병이라고 생각한다. 오늘날 일본 사회는 괴로움의 원인을 이해하고 적극적으로 내면을 들여다보는 대신 소극적 치료에 훨씬 더 많이 의존한다.

누군가 아프다면 아픔에 수반된 스토리가 존재할 가능성이 크다. 어떤 스토리는 통증이나 우울증 증상으로 발현된다. 그리고 두 가지의 서로 다른 과정을 끌어낼 수 있다. 하나는 습관적이자 반사적으로 증상을 치료하는 것이다. 환자가 속 쓰림을 호소한다면 의사는 위산 분비를 억제하는 약으로 해결한다. 모니카처럼 혈당과 혈압 수치가 올라가면 의사는 그에 따라 복용량을 조절한다. 다른 하나는 의료진이 환자가 들려주는 스토리에 귀 기울이는 것이다. 환자는 무엇 때문에 속상한 거지? 환자는 왜 그렇게 스트레스를 받는 거지? 환자는 왜 죽어라 폭식하는 거지? 전자는 신체 증상에, 후자는 증상 이면에 있는 깊은 의미에 초점을 맞춘다. 이것을 선형적linear 접근법, 순환적circular 접근법이라고 부른다.

선에서 원으로

과거의 미술품은 평면에 이차원적이었다. 이집트의 그림, 그리스의 프리즈(frieze, 건축물 외면에 붙인 띠 모양 장식물 – 옮긴이), 성서 속 장면이나 성인을 표현한 중세의 그림이 그렇다. 하지만 르네상스 시대의 예술가들은 삼차원적인 원근법을 만들어내는 중심점을 발견했고 세상을 좀 더 복잡한 방식으로 보게 되었다. 뉴턴 물리학도 선형적이다. 중력이 나무에 매달린 사과를 끌어당기면 사과가 떨어진다. 그러나 끈 이론string theory의 출현으로 우리는 우주를 한층 더 구체적으로 이해할 수 있게 되었다. 즉 우주란 복합적인 현실이나 인식의 적용을 받는다. 자연에서 선형적인 것은 거의 없다. 태풍의 눈, 소라 고동, 만개한 해바라기 씨의 소용돌이무늬에서 볼

피보나치 수열

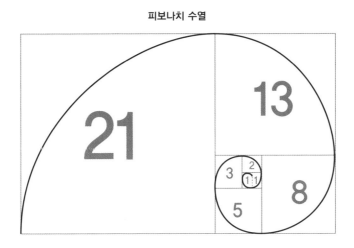

수 있는 피보나치 수열(Fibonacci sequence, 첫째 항의 값이 1이고 둘째 항의 값도 1 일 때 이후의 항들은 이전의 두 항을 더한 값으로 이루어지는 수열로 황금비를 만들어낸다 - 옮긴이)의 원형 패턴을 생각해보라. 자연에서 이러한 순환 방정식은 계속 반복된다.

의료계에도 사고의 변화가 일어나고 있다. 증상에 맞추어 약을 처방하는 것은 선형적 접근법이다. 환자가 위산 과다로 추정되는 통증을 느낀다면 의사는 위산 분비를 억제하는 약을 처방할 것이다. 환자의 속 쓰림 증상이 완화되고 의사는 다른 환자에게로 주의를 돌릴 수 있다. 하지만 이는 장기적으로 부정적 영향을 끼칠 수 있다. 장기간에 걸친 위산 분비 억제는 심장병[30], 신장병[31], 기억 상실[32] 발병 위험의 증가와 관련이 있기 때문이다.

대조적으로 치유는 순환적 접근법이다. 의료진과 환자 사이에 지속적인 대화가 오가며 의미 있는 깊은 소통이 이루어진다. 의료진은 자기만의 치유 기술을 이해하고 촉진한다. 환자는 감정을 표현하며 이는 문제의 근원으로 접근할 수 있는 동기부여가 된다. 환자의 이야기와 속 쓰림이 생긴 배경에 귀 기울이는 것은 단순히 위산 분비 억제제를 처방하는 것보다 훨씬 적극적인 방법이다. 결국 치유에는 의사가 습관적으로 처방전을 쓰고 검사를 지시하는 것이 아닌 진지하게 들어주는 것을 필요로 한다.

내 동료 트레이시 가우데Tracy Gaudet가 주도하는 총체적 건강Whole Health이라는 프로젝트로 영광스럽게도 재향군인 건강관리 협회와 함께 일한 적이 있다. 이 협회는 재향 군인들이 스스로 각자의 삶에서 가장 중요한 것에 초점을 맞추어 건강을 관리하도록 도와주는 기관이다. 이곳에서는 삶이라는 맥락에 건강관리를 통합시킴으로써 긍정적 변화를 유도한다. "무엇을 위해 건강을 원하시나요?", "건강해지려면 무엇부터 시작해야 한다고 생각하시나요?", "저희가 전문 지식을 활용해 당신이 건강 미션을 수행하는 데 어떤 도움을 줄 수 있을까요?" 같은 다양한 질문으로 시작한다. 운 좋게도 재향군인회 의료 기관의 열정적인 사람들과 함께 일했다. 그 가운데 한 사람이 재향군인 병원의 정신과 의사인 데이비드 코파츠David Kopacz다. 그는 선형적 치료와 순환적 치유의 차이점을 자세히 설명했다.

의료진은 자신이 환자의 말을 듣는 이유가 환자를 자신의 지식 상자 안에 가두기 위해서인지 아니면 환자가 그만의 의미 있는 상자를 찾도록 돕기 위해서인지 자문해야 한다. 전자는 환자에게 의학 지식을 알려주고 자신의 믿음을 설득한다. 후자는 환자와 깊이 소통하는데 이는 진정한 치

선형적 치료	순환적 치유
병리학적 과정	자연스러운 과정
치료	변화
옛날 상태의 회복	새로운 상태에 도달
질병에 초점	건강에 초점
생체의학적 모델	건강 모델
수직적	협력적
소극적	적극적

유 행동으로 이어진다. 환자가 진실한 감정을 자유롭게 표현할 수 있어야 한다. 이렇게 해야 자신이 앞으로 어떻게 해야 가장 좋은지 스스로 이해할 수 있다. 환자는 병이 발생하기 전의 자신으로 돌아가고 싶어 한다. 하지만 병으로 말미암아 이것은 가능한 일이 아니다. 그러나 환자가 시간을 내어 내면의 생각과 감정에 귀 기울인다면 자신의 병에서 뭔가를 깨닫게 되고 그 결과 좀 더 강인하고 현명한 관점을 지닐 수 있다. 삶이 '새로운 기준의 일상'으로 바뀌는 것이다.

환자는 자신에게 관심을 기울이는 사람의 도움을 받아 나아갈 방향을 정한다. 그러나 미국의 환자들은 자신이 쓴 돈만큼의 가치를 얻지 못

한다. 의사가 환자의 말에 귀 기울이지 않기 때문이다. 좀 더 정확히 말하자면 증상의 근원이 되는, 아주 중요한 이야기를 들을 시간을 내지 않기 때문이다. 이럴 경우 의사는 더 많은 검사를 지시하고 더 많은 약을 처방하는 방식으로 무마한다.[33] 약들은 부작용이 있고 흔히 증상을 해결하지 못한 채 억제하기만 한다. 하지만 의사가 시간을 내어 깊이 들어준다면 내 환자 모니카가 그랬듯 사람들은 증상의 원인을 스스로 말한다. 해결책은 멀리 있지 않다.[34]

가까이 다가가야만 보이는 것들

'우리는 두 개의 귀와 하나의 입을 가졌으니 그 수에 비례해 이를 써야 한다'라는 옛 격언은 정말 맞는 말이다. 친밀한 관계에 필요한 모든 의

212

사소통 기술 가운데 잘 들어주는 능력이야 말로 가장 중요한 기술이다. 상대방의 대답을 깊이 들어주는 방법을 모른다면 당신이 던진 중요한 질문도 무용지물이고 당신이 모은 정보의 가치도 제한적이다. 8장에서 설명되었듯, 당신은 두 귀뿐만 아니라 눈빛으로도 상대방의 말을 들어야 한다.

상대방에게 귀 기울이며 그가 무거운 마음을 덜어내도록 돕고, 필요와 문제를 알아내는 통찰력을 얻는 것을 목표로 해야 한다. 더 나아가 당신이 비언어적 단서로 기꺼이 반응하는 자세를 취함으로써 도와줄 준비가 되었음을 상대방이 알 수 있다. 부드러운 눈빛으로 몸을 살짝 앞으로 기울여 시선을 맞춘다(이와 반대로 당신이 시선을 돌리거나 메모를 읽고 쓰거나 스마트폰을 들여다보거나 지루한 표정을 짓는 식으로 무관심을 드러내면 상대방의 말하고자 하는 의욕을 꺾을 수 있다). 말을 단순히 들어주는 '행동'이 아니라 마음을 기울여 듣는 것이 중요하다.

의료를 뜻하는 'medicine'과 명상을 뜻하는 'meditate'의 어근은 'med'로 똑같다. 'med'는 질서를 만들어내는 사려 깊고 식견 있는 행동을 의미한다. 마음을 기울이며 사색적인 듣기를 할 때 현재 상황을 제대로 파악하게 된다. 잠시 멈추고 연민의 마음으로 진지하게 상대방의 말을 듣는다. 그리고 숭고한 목적인 치유 효과를 촉진하는 데 도움을 주기 위해 필요한 정보를 얻는다.

그러나 먼저 선입견을 버려야 한다는 점이 중요하다. 반드시 뭔가를 말해야 한다거나 상대방이 표현한 감정에 사실로 대답할 필요는 없다. 그저 열린 자세로 앉아 상대방에게 편안함을 준다면 그는 진실을 말할 것이다. 현재에 온전히 집중하면 상대방은 마음 깊은 곳의 생각과 진의를 표현하기 마련이다.

자연의 신비 가운데 하나는 가까이 다가갈수록 그것이 더 아름답게 보인다는 점이다. 우리가 꽃, 화강암 조각, 세포를 더 자세히 들여다볼수록 새로운 아름다움이 드러난다. 깊은 듣기를 할 때도 이 미스터리를 밝혀낼 수 있다. 당신이 듣는 게 진짜 정보라면 아름다움이 펼쳐지기 시작한다……진실의 아름다움이 말이다. 하지만 당신이 상대방의 괴로움에 마음을 기울이지 않는다면 아름다움은 드러나지 않는다.

고통스러운 기억을 품고 있는 사람은 일부러 신경을 다른 데 쓰려고 애쓴다. 이는 정상적이고 유용한 방어기제다. 하지만 잠시 멈추는 시간을 보내고 자신의 내면에 귀 기울여야 문제의 진짜 원인이나 치유의 필요성을 깨닫는다. 상대방의 괴로움에 귀 기울인다는 것은 그가 마음을 비우는 과정에 있을 때 당신이 목격자가 되는 셈이기도 하다. 다른 사람의 고통에 귀 기울이려면 그 순간에 집중하려는 의지와 용기가 필요하다. 이는 당신의 불편함, 두려움, 화, 좌절에 구애받지 않는 것을 의미한다.

침묵의 미학

아무 말도 하지 않는 것이 더 나을 때도 있다. 전쟁 영웅이자 전직 대통령인 샤를 드골Charles de Gaulle 장군은 침묵이 근본적으로 영향력 있는 도구인 듯 행동했다. 그는 청중을 바라보며 입을 다문 채 청중을 통제했다. 법정 변호사들도 증인에게 반대 신문을 할 때 침묵의 방법을 쓴다. 그들의 침묵에는 증언대에 있는 사람이 처음에 생각한 것보다 더 많은 정보나 세부 사항을 말하게 만드는 힘이 있다. 변호사들은 증인이 해야 할 말이 더 있음을 암시하기 위해 말을 멈추고 기다린다. 증인은 전략에 넘어가 일부 비밀을 누설하기도 한다.

침묵은 치료적 효과도 있는데, 특히 상대방이 마음을 털어놓을 수 있도록 기회를 줄 때 더 그렇다. ≪What to Do When Someone You Love Is Depressed사랑하는 사람이 우울증일 때 어떻게 해야 하는가≫의 저자인 심리학자 미치 골란트Mitch Golant는 누군가 상처받았을 때 침묵하는 것의 가치에 대해 이렇게 썼다. "당신의 역할은 아무 말 없이 해변 근처를 비추는 등대의 불빛이 되는 것이다. 등대의 불빛은 해가 되지 않는다. 그것은 그저 '내가 여기에서 귀 기울이고 관심을 기울이고 있어'라는 뜻을 전한다. 그것은 안전한 길을 보여주며 마치 교감과 비슷한 역할을 한다."[35]

침묵과 관련된 격언이 많은데 대개 의료진은 이것에 관심을 기울이지 않는다. 의사와 환자 사이의 대화를 분석해보면 대부분 의사가 말한다는 사실이 분명하게 드러난다. 하지만 의사는 일반적으로 반대라고 믿고 있다.[36] 대화는 섬세하게 상호작용하는 춤과 같다. 의사가 말을 적게 할수록 환자는 공백을 채우기 위해 말을 더 할 것이다. 의료진의 침묵은 직접적인 질문만큼 효과적이다.

하지만 타이밍을 잘 포착해야 한다. 환자가 할 말이 더 많다고 확신한다면 침묵을 유지할 수 있다. 그리고 환자가 공백을 채우려는 성향이 의료진보다 더 강하다면 의료진의 침묵은 유용하다. 환자가 두 손으로 첨탑 모양을 만들거나 앞 장에서 설명한 다른 제스처를 취하며 비언어적으로 나타낼 수도 있다. 의료진이 침묵하는 동시에 "계속 하세요……"라는 말 대신 앉은 자리에서 방향을 살짝 바꾸거나 고개를 끄덕이거나 미소를 지으면 실제로 그 말을 할 때보다 더 효과적으로 정보를 얻을 수 있다. "계속 하세요" 같은 격려의 말을 직접 내뱉는 것은 주의를 흩어지게 할 수 있고 상대방이 더 말하려는 의지를 방해할 수 있다.

의대생들이 참여하는 소규모 토론 과정인 '치료자의 기술'에는 다소 긴 침묵 시간이 포함된다. 하지만 이때 의대생들은 몸을 가만히 두지 못한다. 사람들은 왜 침묵에 불편함을 느낄까? 왜 그 공백을 말로 채워야 한다고 느낄까?

문화 차이는 허상일 뿐

그동안 의료진의 문화적 역량을 키우는 일과 관련한 글이 많았다. 과학에 기초한 치료법을 환자의 신념, 문화와 연결시킬 때 가장 효과적으로 개입할 수 있기 때문이다. 하지만 세상에는 너무 많은 문화가 존재하기 때문에 한 사람이 모든 문화의 전문가가 될 수 없다. 심지어 미국 사회에서도 많은 하위문화가 존재한다. 미국의 다른 지역에서 자란 사람들, LGBTQ(성소수자) 구성원들, 종교적 신념과 관습이 다른 사람들, 이민자나 그 외 소수 집단이 그렇다. 사람들은 편견 없는 관점에 대해 제대로 알지 못하면서 자신에게 문화적 역량이 있기를 바란다. 또한 만나는 모든 사람의 기분이 상하지 않도록 애쓴다. 이것은 아무리 낙관적으로 생각해도 어려운 일이다.

하지만 깊은 듣기를 할 때는 문화 차이로 발생된 장벽을 뛰어넘을 수 있다고 생각한다. 깊은 듣기를 하면 환자가 속한 문화와 그것이 배어 있는 내적 자아를 파악할 수 있다. 어쨌든 인간 대 인간으로 소통하기 때문이다. 의료진이 잠시 멈춤의 시간을 보내며 생각을 비운다고 치자. 그러면 환자에게 공감하고 귀 기울일 때 환자의 렌즈로 그의 삶을 들여다볼 수 있다. 문화적 역량이 생기는 것이다. 의료진은 환자의 피부색, 태어난 나라의 역사와 전통, 걱정이나 주관적 판단을 일으킬 만한 환자의 행동 등, 이른바 문화적 외투cultural overcoats와 상관없이 소통할 수 있다.

환자에게 필요한 것을 파악하려면 우선 환자가 세상을 보는 관점을 인지해야 한다. 자신이 '아는' 것을 환자에게 너무 성급하게 투영하지 않기 때문이다. 자기인식, 공감, 깊은 듣기를 해야만 환자가 세상을 보는 관점을 이해한다. 그렇게 해야 진정한 도움을 주기 위해 전문 지식을 활용할 수 있다. 그리고 환자와 함께 건강 증진을 위한 행동 방안을 마련할 것이다.

최근 사우디아라비아에서 위스콘신으로 온 부부와 교감의 경험을 했다. 그들은 미국에 온지 5주밖에 안 되었고 아내는 둘째 아이 출산을 앞두고 있었다. 남편은 영어를 썼지만 아내는 쓰지 못했다. 그 지역 사람들이 여성의 체면과 프라이버시를 존중한다는 사실을 알았기에 아이를 받아내는 일이 다소 걱정되었지만 그건 괜한 걱정이었다.

분만을 도왔던 그 순간은 내가 마음을 기울여 집중했던 소중한 시간이었다. 아기는 산모가 크게 한 번 밀어내자 재빨리 세상 속으로 나왔다. 아기의 목 주위로 탯줄이 감겨 있었기에 그것을 자르고 아기를 엄마 품에 안겨주었다. 산모는 그 즉시 아랍어로 뭔가를 크게 읊조렸다. 의도는

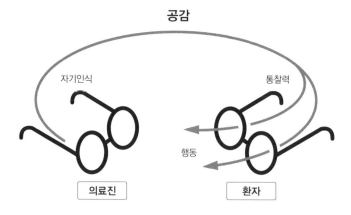

공감

자기인식

통찰력

행동

의료진

환자

이해했지만 말을 이해할 수는 없었다. 산모는 갓 태어난 아기에게 기도한 것 같았다. 아기 아버지가 울었고 간호사와 나는 잠시 멈추었다. 우리는 부부의 기쁨을 함께 느끼고 아름다운 순감임을 깨달으며 교감했다. 언어와 문화가 다르지만 내가 진정으로 교감한다는 사실을 산모 또한 느끼는 것 같았다. 그때 문화는 누구에게도 중요하지 않았다. 산모가 아기에게 모유를 먹일 수 있게 해주자 아기의 눈을 바라보는 산모의 얼굴에 환희가 가득 퍼졌다.

우리에겐 우리가 아는 것보다 더 큰 힘이 있다는 사실을 다시 깨달았다. 단순히 다른 사람과 공감하고 깊이 교감하는 것만으로도 '문화적 역량'을 발휘한다.

10장

가까이 보아야 예쁘나

장미는 어떻게 그 심장을 열어

이 세상에 자신의 모든 아름다움을
선사했을까요?

장미는 느낀 것입니다
자신에게 비추인 빛의 격려를

그렇지 않았다면
우리는 몹시 겁을 먹었겠죠.

하피즈Hafiz의 〈사랑의 느낌〉 중에서[1]

진료 시간에 환자와 가족 간병인이 함께 오는 경우가 많다. 가족 간병인은 흔히 아픈 가족의 신체적, 정서적 안녕을 책임진다. 고단한 일이다. 간병인이 환자는 아니지만 그들이 더 나은 상태에서 환자를 돕게끔 그들도 진료를 받게 할 방법을 찾고 있다. 린다는 항상 90세 노모인 밀리와 함께 진료실에 왔다. 밀리는 심혈관계 질환, 울혈성 심부전, 대동맥 판막 역류증, 높은 콜레스테롤과 혈압, 경미한 뇌졸중, 골다공증, 당뇨병, 발쪽의 심각한 신경 장애(당뇨 합병증), 알츠하이머병만큼 기억력 손상을 일으키지 않는 혈관성 치매까지 노화와 관련된 광범위한 질병을 앓았다. 그러나 밀리는 살면서 겪었던 모든 역경을 아주 세세하게 기억했다. 눈물이 고인 채로 혼잣말을 하거나 만나는 모든 사람에게 고통스러웠던 일을 끝없이 늘어놓았다.

밀리는 80대 중반까지 쾌활하고 지적이고 아름다운 여성이었기에 린다는 지난 몇 년 동안 어머니에게 일어난 일로 비탄에 빠졌다. 밀리의 상태가 악화되자 린다는 갈수록 초췌해지고 괴로워했다. 린다는 내 '환자'가 아니었지만 적어도 밀리에게 쏟는 것만큼의 관심이 린다에게도 필요했다. 영성 작가인 L. 토마스 홀드크로프트 L. Thomas Holdcroft는 이렇게 썼다. "인생은 숫돌과 같다. 이것이 우리를 허물어버릴지 반짝이게 다듬어줄지는 우리에게 달렸다." 밀리를 간병하는 일이 린다에게 타격을 주고 있었다. 린다는 금방이라도 소진 상태가 될 것 같았다.

미국에서, 특히 가족 간병인의 소진 상태는 비극적이고 광범위한 영향을 끼칠 가능성이 있다. 보살핌이 필요한 환자들 가운데 요양원 같은 시설에서 도움을 받는 환자들은 4퍼센트에서 5퍼센트에 지나지 않는다.[2] 결과적으로 대부분의 환자는 가족이나 친구의 도움에 의존한다. 성인 자녀가 부모의 병간호를 하거나 재정적 도움을 주는 비율은 1990년대 이후 세 배 이상 증가했다. 현재, 성인 자녀의 25퍼센트가(주로 베이비 붐 세대다) 부모의 병간호를 한다.[3] 2009년에 미국 은퇴자 협회AARP의 공공 정책 연구소는 미국에서 6,100만 이상의 가구에 가족 간병인이 있는 것으로 추산했다.[4] 인구 노령화를 고려할 때 수치는 계속 증가할 것이다.

가족의 간병은 재정적으로 심각한 영향을 끼쳐 심리사회적인 문제도 발생할 수 있다. 가족 구성원은 환자를 돌봐야 하는 책임 때문에 직장을 그만 두거나 파트타임 일을 해야 한다. 2011년에 메트라이프 보험 회사 MetLife Insurance Company는 가족 간병이라는 책임 때문에 발생하는 생애 소득 손실이 얼마나 엄청난지 보여주는 조사 결과를 발표했다. 간병으로 인해 생애 동안 임금 총액, 사회보장 연금, 개인연금에서 발생되는 손실액이 일반적으로 남성의 경우 28만 3,716달러, 여성의 경우 30만 4,044달러, 평균적으로 30만 3,880달러에 이른 것으로 나타났다. 배우자를 간병하는 50세 이상 인구 970만 명을 더 감안할 때 수치는 약 3조 달러로 급증한다. 재정적 곤란은 상당한 스트레스 요인이지만 간병인 역할을 하면서 일을 하기는 어렵다. 메트라이프는 부모를 간병하며 계속 일하는 50세 이상의 성인 자녀들은 간병을 하지 않는 또래와 비교할 때 건강이 보통 수준이거나 나쁜 것으로 발표했다.[5]

소진 상태는 가족 간병인에서만 나타나는 것이 아니다. 의사 역시 이러한 증상을 겪는다. 실제로 메이오 클리닉에서 3만 5,922명의 의사들을 조사한 결과 소진 증후군이 2011년에 45퍼센트에서 2014년에 54.4퍼센트로 증가했다. 50퍼센트 이상의 의사들이 소진 증후군을 겪는 것이다.[6] 이는 심각한 영향을 끼칠 가능성이 있다. 물론 의사가 이러한 상태가 되었다고 약을 처방하거나 수술하는 능력에 문제가 생기지는 않는다. 그러나 환자에게 공감하고 환자의 말에 귀 기울이고 인내심을 발휘하는 능력에 문제가 생긴다. 의사가 치유를 위한 소통 관계를 형성할 때 가장 중요한 요소들인데도 말이다.[7] 즉, 소진 증후군의 초기 증상은 환자를 인간적으로 대하지 못한다는 점이다. 환자를 인생 스토리가 있는 한 인간이 아닌 처리 대상이나 진단 코드로 보게 된다. 심지어 한 조사 결과 감정적 소진을 더 많이 겪은 의대생일수록 시험에서 부정행위를 하거나 정직하지 못한 행동을 할 가능성이 더 컸다.[8]

그렇다면 의료진이나 간병인은 어떻게 소진상태를 겪지 않으면서 환자를 도울 수 있을까? 균형을 유지하는 것이 가능할까? 의료진이나 간병인은 온전한 상태를 유지하면서도 자신의 역할에 즐거움, 의미, 지혜를 찾을 수 있다. 하지만 우선 소진 상태를 인정하고 해결해야 한다.

공감에 따른 피로

신경 영상 연구 결과 사람이 직접 고통스러운 자극을 받을 때나 타인의 그러한 모습을 목격할 때나 똑같은 부위의 뇌 신경망이 활성화되었다. 여기서도 거울 신경세포가 작용하는 것이다.[9] 실제로도 공감 훈련을 하면 고통과 관련된 뇌 부위가(전측섬과 중대상 피질) 활성화된다.[10] 이럴 때 의료진이나 간병인은 상대방과 함께 느낀다(공감을 뜻하는 'empathy'는 '함께 괴로워하다'를 뜻하는 그리스어 'empatheia'에서 유래되었고 '안으로 들어가 느끼다'를 뜻하는 독일어 'Einfuhlung'의 영향을 받았다). 따라서 그들은 상대방이 행복할 때 즐겁고 상대방이 불행할 때 슬프며 상대방이 고통스러워할 때 괴롭다.

성공적인 사회적 상호작용에서 공감은 중요하지만(공감 능력이 없는 사람을 반사회적 인격 장애자로 부른다) 연구원은 타인의 부정적 감정을 과도하게 공유하는 것 또한 사회생활에 적응하기 쉽지 않고 소진 상태의 원인이 될 수 있다는 점을 발견했다.[11] 공감하는 사람은 말 그대로 타인의 고통을 느낀다. '당신 마음이 아프면 내 마음도 아프다'는 식이다. 이는 '공감에 따른 피로', 즉 의료진이나 간병인이 환자의 감정과 자신의 감정을 구별하지 못하고 괴로움을 과도하게 공유하는 상태에 이를 수 있다. 도와주는 사람이 상대방의 괴로움을 해결해줘야 한다고 느낀다면 이러한 감정은 한 사람에서 다른 사람으로 전염된다. 하지만 이는 실패할 수밖에 없다. 괴로움은 '해결하는' 것이 아니기 때문이다.

유감스럽게도 공감에 따른 피로는 사람이나 상황에 대한 혐오로 이어질 가능성이 있다. 의료진이나 간병인이 자신을 보호하기 위해 한 발짝 뒤로 물러설 수도 있고 그러지 못한다면 궁지에 갇힌 기분을 느끼며 분개

할 수 있다. 소진 상태를 경험하는 것이다. 보상이나 변화에 대한 희망도 없이 좌절감과 부담감을 느끼는 상태가 된다. 환경의 요구를 충족시키지 못할 때의 심리적 긴장 상태를 뜻하는 전형적인 스트레스의 정의와 비슷하다.[12]

의료진 또한 하루에 자신이 관리할 수 있는 환자 수를 넘겨서 진료할 때면 이런 피로 상태를 느낀다. 딱 15분이라는 진료 시간 내에서 환자의 이야기를 듣기 때문에 의미 있는 소통을 할 여유조차 없다. 만족스럽지 못한 과정에선 환자가 겪는 문제의 근원을 알아낼 수 없다. 결국 환자에게 정말 필요한 것을 알지 못하기 때문에 가책과 불만족스러운 기분을 느끼는 것으로 이어진다. 그리하여 소통 능력을 상실한다.

소진 증후군에 면역이 되어 있지 않기 때문에 그런 상태가 된다면 뒤로 물러서게 된다. 그래서 나는 진료를 할 때 반드시 환자의 살아온 이야기를 파악한다. 서로 안다고 느끼면 소통이 강화되고 향후에 필요한 정보를 간파할 수 있다. 하지만 내가 기진맥진하면 제일 먼저 이러한 기술이 증발해버린다. 환자의 상태를 느끼지 못하며 환자는 우는 소리하는 사람, 질병 꼬리표를 붙이고 약을 처방해줘야 하는 사람으로 바뀐다. 이럴 때 양측 모두 거리감을 느낀다. 그 결과 환자들은 자신의 이야기 가운데 일부를 말하지 않고, 나는 효율성이 떨어지며, 우리가 추구하는 회복은 요원한 일이 된다.

도움을 준다거나 변화를 제안했을 때, 변명하고 화내는 환자들을 상대하는 경우에도 의사들은 소진 증상을 겪는다. 이는 좌절감까지 느끼게 한다. 그러나 나는 치유 과정의 일환으로 환자의 방어적인 태도를 다른 시각으로 보는 것이 더 효과적이라는 사실을 발견했다. 그래서 나는 의대 생들에게 이런 상황에서는 "환자보다 더 노력하지 말라"고 가르친다. 만만치 않은 환자를 돕는 일에서 한 발짝 물러서야 한다. 하지만 포기하면 안 된다. 그들이 이른바 '숙고 전 단계'라고 불리는 상태에 놓여 있다고 생각하는 것도 한 방법이다. 학생들에게 이러한 환자는 치유 과정에서 아직 초기(어쩌면 부정하는) 단계에 있다고 말한다. 환자가 자신의 상황을 되돌아보거나 조치를 취할 준비가 되지 않은 것이다. 환자를 너무 일찍 혹은 너무 심하게 밀어붙이지 말고 자기 성찰하도록 격려하면서 변화의 과정을 끌어가야 한다.

괴로운 사람은 괴로운 사람을 돌볼 수 없다

가족 간병인은 사랑하는 환자를 위해 하루에 열여덟 시간 이상 헌신한다. 직장에서 일하는 시간보다 훨씬 많은 시간이다. 휴가를 가거나 휴식을 취할 기회도 없이 밤낮으로 대기해야 하는 상황에 놓였을 수도 있다. 이렇게 되면 소진 상태가 될 위험성은 높아진다. 사람은 자신의 몸이 괴로우면, 괴로워하는 상대방을 보조해줄 수 없다. 소진 상태는 양쪽 모두에게 위험하다. 소진 증후군의 일반적인 신체, 정서적 증상들은 두통, 요통, 불면증, 위장 장애, 심신의 피로, 발진, 계속되는 감기, 심장 떨림과 가슴 통증, 좌절감, 성급함, 화, 슬픔과 절망감, 집중하지 못함, 분개, 낮은 자존감, 우울증 등이다.[13]

225 　소진 상태가 될 가능성은 사람마다 다르다. 하지만 경험으로 비추어

볼 때 사람이 자신의 균형을 유지하지 못할 때 특히 그렇게 될 가능성이 커진다. 균형을 유지한다는 것은 좋은 사회적 유대를 유지하고, 자신을 충전하고, 자신의 삶에 의미, 가치, 목적을 부여하는 상태를 말한다. 올바른 균형이라는 것은 없지만(그저 개인에게 가장 적합한 것이 가장 바람직하다) 이를 찾고 유지하는 방법은 있다.

연민이 열쇠다

공감을 지나치게 할 경우 피로해질 수 있지만 긍정적 감정인 연민도 일으킨다는 사실을 알아야 한다. 연민은 괴로워하는 사람에게 느끼는 따뜻한 염려이자 그의 상태가 좋아지길 강력하게 바라는 마음이다. 어린 아들이 아파 병원에 누워있어 속상하고 초조한 엄마를 상상해보자. 엄마는 아픈 아들 곁에 갈 생각을 미처 하지 못하고 그저 의사가 무슨 말을 할지 기다리며 복도를 이리저리 서성인다.[14] 반대로 침상 옆에 앉아 아들 손을 잡고 부드럽고 애정 어린 말로 아들을 달래는 엄마를 상상해보자. 어떤 상황이 '아이'에게 더 위로와 도움이 되는지 쉽게 알 수 있다. 두 상황은 각각 공감에 따른 피로와 연민을 보여준다.

연민은 공감에 따른 피로를 완화할 수 있다. 연민은 "내가 너의 고통을 해결해주진 못하지만 네 곁에 있으면서 함께 그 원인을 찾고 함께 더 나은 결과를 향해 걸어갈게"라는 의미를 내포한다. 두 사람이 똑같은 과정에 참여한다는, 상호 교감의 감정이고 도움을 줄 수 있는 효과적인 방법이다. 실제로 조사 결과 연민을 느끼고 표현하는 사람은 단순히 공감만

226

하는 사람보다 상대에게 더 큰 도움이 되었다.[15]

좋은 소식이 있다. 과학자들 역시 연민이 환자에게 도움될 뿐만 아니라 의료진이나 간병인의 심신에도 유익하다는 점을 증명했다.[16] 면역력을 저하시키는 화와 달리 연민의 긍정적 감정은 면역력을 높인다. 사회적 관계, 모성애, 낭만적 사랑에 의해서도 자극받는 전전두엽 피질과 복측 선조체를 활성화해서 뇌의 신경가소성을 작동하게 한다. 이러한 두뇌 활동은 회복탄력성을 강화해준다.[17]

실제로 최근 버펄로 대학교의 연구진은 다른 사람을 보살피는 행위가 건강에 이롭다는 사실을 입증했다. 자원 봉사를 하면 스트레스로부터 마음을 보호할 수 있다. 흥미로운 사실은 스트레스 완충 효과가 타인을 냉소적인 시각이 아닌 긍정적인 시각으로 보는 사람에게만 나타난다는 점이다.[18] 이렇듯 자원 봉사자의 장수에 옥시토신이 한몫 한다고 믿는다. 옥시토신은 타인과 교감할 때 분비량이 증가하며 사회적 관계를 형성하도록 끌어주는 한편 염증을 낮추고 심장을 보호하는 역할도 한다.

2014년, 아주 흥미로운 실험 결과가 발표되었다. 사랑하는 이를 지지할 때 뇌에서 어떤 효과가 발생하는지 알아본 실험이었다. 20쌍의 연인을 대상으로 한 실험에서 여성들은 기능성 MRI 스캔을 받았고 남성들은 장치 옆에 서서 불쾌한 전기 충격을 받았다. 여성들은 두 가지 대응기제 가운데 하나를 쓸 수 있었다. 사랑하는 사람에게 전기 충격이 가해질 때 스트레스 볼(stress ball, 스트레스를 완화하기 위해 만들어진, 손으로 꽉 주무를 수 있는 말랑한 장난감 - 옮긴이)을 꽉 쥐거나, 사랑하는 사람의 손을 붙잡고 사랑과 지지를 보내는 것이다. 그 결과 스트레스 볼을 꽉 쥔 여성들의 뇌는 전

혀 변하지 않았다. 반면 사랑과 지지의 마음을 보낸 여성들은 연민과 모
성에 의해 활성화되는 복측 선조체가 반짝였다. 이뿐만 아니라 두려움에
반응하는 편도체의 활동이 별로 없었다.[19]

고통받는 사람에게 마음을 열면 용기, 희망, 회복탄력성을 형성하는
생물학적 작용이 만들어져 교감의 촉매 역할을 한다. 상대방에게 사랑과
지지를 보내는 것은 자기 치유의 한 형태가 될 수 있다. 감정이 자기 자신
에게도 향하기 때문이다. 앞에 나온 조사 결과들을 보면 연민을 느끼는
것은 자신의 스트레스 또한 낮추는 가장 좋은 방법이기도 하다.

또 다른 연구에서는 실험 대상자들을 세 그룹으로 나누어 연민에 따
른 면역 반응을 비교했다. 첫째 그룹은 타인에 대한 관심과 연민을 느끼
게 했다. 한 방법은 아프거나 죽어가는 사람을 테레사 수녀가 보살피는
모습이 담긴 비디오를 시청하는 것이고, 다른 방법은 자신의 마음으로 주
의를 돌려 사랑과 연민을 주제로 명상하는 것이었다. 둘째 그룹은 자신의
삶에서 일어났던 힘든 일을 떠올리거나 특별히 편집된 충격적인 전쟁 장
면을 시청하면서 분노와 좌절감을 느끼게 했다. 셋째 그룹은 대조군 역할
을 했다. 연구원들은 연민을 유발하는 영상을 보거나 명상을 한 그룹이,
분노와 좌절감에 초점을 둔 그룹이나 대조군에 비해 더 강력하고 지속적
인 면역 반응을 보인다는(침에서 IgA라 불리는, 감염과 싸우는 항체를 측정하여 알 수 있
다) 사실을 발견했다.[20]

'치료'는 선형적 접근법이고 의료진에서 환자로, 한 방향으로만 흐르
는 방법이다. 하지만 '치유'는 순환적 접근법이다. 사람이 다른 사람을 치
유하는 과정에서 자기 자신도 치유한다. 타인에게 연민을 느끼며 손을 뻗

을 때 단순히 타인에게만 도움을 주는 게 아니다. 자신을 포함한 상호연결된 과정 속에 있다. 타인에게 도움을 주려면 우선 자신에게 연민의 감정을 품는 것에서 시작해야 한다는 사실은 갈수록 분명해지고 있다.

가장 좋은 방법은 연민에 초점을 둔 마음 챙김 명상을 하는 것이다. 이것은 불교의 명상에서 유래했다. 명상을 하며 내면의 평화, 강인한 마음, 고통받는 타인을 돕겠다는 용단이 강화한다.[21] 다행히 명상은 배울 수 있는 것이며 의료진이 갖추어야 할 요소 가운데 중요한 부분을 차지한다. 명상을 하면 염증이 감소하는 등 여러 가지 건강상 이점도 있다. 또한 염증과 관련 있는 만성병[22](당뇨[23], 암, 알츠하이머병 등)의 발생 위험을 낮출 수 있다. 조사 결과 연민에 초점을 두고 명상을 했던 사람은 혈액에서 인터루킨-6(염증 지표)이 덜 순환하기 때문에 몸에서 염증을 촉진하는 유전자가 억제되었다.[24]

연민의 마음을 확장하는 다른 좋은 방법은 자애 명상이다. 이 부분은 부록 A에 나와 있다. 명상을 하면 연민, 친절함, 자신과 타인을 수용하는 마음이 생긴다. 자애의 감정을 우선 자신부터 시작하여 가까운 사람에게 그리고 먼 사람에게 확장한다. 공감과 연민을 비교한 연구 결과를 보면 심지어 연민이 긍정적인 효과를 더 많이 냈다.[25] 사랑과 기쁨을 담당하는 뇌 부위가 활성화되고 옥시토신이 더 많이 분비되기 때문이다. 사람은 사랑을 느끼고 표현할 때 소진 상태를 덜 경험한다. 사랑으로 타인과 연결되어 있을 때 짜증과 초조함을 느끼기는 어렵다.

내 정신적인 닻은 작은 돌멩이다

'정신적 닻'은 자신의 삶에 의미와 목적을 부여해주는 것이 무엇인지, 그에 따라 자신의 행동을 바꾸고 싶은 이유가 무엇인지 상기할 수 있도록 하는 물건을 말한다. 가장 강력한 신경망을 자극하여 행동에 영향을 주는 부적과도 같다. 삶의 의미와 목적은 건강한 선택을 하도록 만드는 감정과 강하게 연결되기 때문이다. 그래서 건강한 선택은 자신에게 가장 중요한 것과 관련된다.

내 정신적 닻은 작은 돌멩이다. 이따금 이것을 책상에 두기도 하지만 대개 주머니에 넣고 다닌다. 이 돌멩이는 내게 왜 그렇게 중요할까? 오래전 가족과 작은 돌멩이들로 가득 찬 해변에 간 적이 있다. 막내아들은 돌멩이 더미를 자그마치 20분 동안 들여다보았다. 마침내 아들은 내가 앉은 곳으로 오더니 검은색 돌멩이 하나를 건넸다. 돌멩이는 둥글고 부드러웠고 흙이 묻어있었다. "아빠 주려고 찾은 거예요." 아들은 자랑스럽게 말했다. 심장이 두근거렸다. 정말 아름다운 순간이었다. 아들이 아버지를 위해 완벽한 돌멩이를 찾았다니. 사랑이 충만한 행동에 깊은 감동을 받았다.

일진이 안 좋거나 오랫동안 준비한 프로젝트가 승인을 받지 못하거나 아내와 다툴 때면 주머니에 손을 넣어 내게 삶의 의미와 목적을 알려주는 물건을 만진다. 이 돌멩이는 전진하고 싶고, 좋은 사람이 되고 싶고, 긍정 에너지를 전파하고 싶은 이유를 상기시킨다. 아무리 절망적일 때에도 이 돌멩이는 인생의 좋은 점들을 떠올리는 데 도움이 된다. 이것은 영적인 역할, 즉 삶에 의미와 목적을 부여하는 역할을 한다(자녀가 성장해 결혼하는 모습을 보는 일, 살아서 손주를 보는 것, 여행, 직장에서 중요한 기여를 하는 것 등 이러한 영역은 광범위하다). 유감스럽게도 우리는 끊임없이 바쁘기 때문에 기본으로 돌아가야 한다는 점을 상기할 필요가 있다. 나에겐 이것이 작은 돌멩이다.

환자들과의 진료 시간에도 이 주제를 활용한다. 환자들에게 자신의 정신적인 닻이 무엇인지 말해달라고 요청한다. 치유와 회복의 과정을 순조롭게 거치는 데 도움이 되도록 말이다. 환자 제프는 금주라는 힘든 일을 해내었다. 어떻게 그 일을 해냈느냐고 묻자 그는 말했다. "전 정원사가 되어 제 아이들이 무럭무럭 자랄 수 있는 건강한 땅을 가꾸고 싶었어요." 그는 자신의 음주가 아이들에게 나쁜 본보기라는 점을 알았고 술을 끊었다.

하지만 금주를 한 알코올중독자들에게 흔히 발생하듯 제프는 다른 것에 중독되었다. 이번에는 음식이었다. 그는 식욕을 통제하지 못해 비만이 되었고 당뇨병까지 얻었다. 나는 그에게 이런 말을 해주었다. "과거에 술이 그랬듯 이제 음식이 제프 씨의 건강을 해치고 있어요. 2주 후엔 먹는 것을 조심하고 살을 빼야 하는 이유를 상기시켜주는 물건을 하나 가져오세요. 그래서 앞으로 필요할 때마다, 특히 냉장고를 열기 전에 만질 수 있도록 그것을 몸에 지니고 다녀보세요."

2주 후 제프는 빈손으로 진료실에 나타났다. 나는 "정신적인 닻을 찾아서 가져오셨나요?"라고 물었다. 제프는 말없이 하지만 눈을 빛내며 오른쪽 바지 밑단을 접어 올리더니 양말을 벗었다. 다리 안쪽에 정원에서 괭이질을 하는 정원사 문신이 새롭게 새겨져 있었다. 그는 의기양양하게 말했다. "후식을 먹고 싶을 땐 이 타투를 봐요. 이걸 보면 아이들과 아이들의 행복이 상기돼요. 이게 체중을 줄이는 데 도움이 될 것 같습니다."

현재 제프는 여전히 당뇨가 있지만 살을 빼는 데 성공했기 때문에 예전보다 관리를 훨씬 잘한다!

사람은 통제력이 있을 때 집중력이 생기며 현재의 역경을 극복할 수 있다는 자신감과 믿음이 생긴다. 마찬가지로 의료진에게 통제력은 그 상황의 두려움을 파악한 후 이를 바탕으로 고통을 극복하기 위한 실용적인 조치를 생각해내는 것이다. 정신적 닻은 유용한 도구가 된다. 건강해지고 싶은 이유를 아는 것은 분명 중요하다. 이것은 변화의 지주 역할을 한다. 건강의 중요성을 인지하면 감정이 자극받고, 건강에 좀 더 유익한 새로운 행동에 동기부여가 된다. 의료진이나 간병인은 돕고 싶은 사람에게 가장 중요한 것이 무엇인지 알아야 한다. 그렇지 못하면 변하지 못한다. 삶에 변화가 왜 필요한지 상대방 스스로 이해하도록 도움을 주어야 한다.

사랑하는 사람에게 자기 성찰을 고무할 때 그들은 현재 자신의 상태와 삶에서 정말 이루고 싶은 것 사이의 부조화를 인지할 수 있다. 그러나 부조화를 인식하는 것은 해로운 행동을 멈추는 데 도움이 된다. 당신은 먹는 것을 좋아하는 사람에게 이렇게 물어볼 수 있다. "현재 삶의 방식에서 어떤 부분이 좋아요? 앞으로도 계속 지인들과 멋진 식사를 즐기고 싶은가요?" 자신의 행동이 삶의 의미와 상반된다는 사실을 깨달으면 스스로 변화를 결심하게 된다.

정신적인 닻은 사람들이 더 나은 인생을 살고 싶어 하는 이유를 상징한다. 하지만 이유는 각자 자신이 찾아야 한다. 누군가가 이를 찾도록 도울 수도 있다. 내겐 나의 돌멩이가 있다.

아름다움을 발견한 석공

아이다호주 드릭스의 작은 병원에서 근무했을 때의 일이다. 새벽 두시, 간호사가 걸어온 응급 전화에 잠이 깬 적이 있다. 간호사는 극심한 두통을 호소하는 환자를 봐달라며 응급실로 나를 호출했다. 마지못해 침대에서 빠져나와 병원으로 향했다. 응급실로 들어가자 환자 베키가 들것 위에서 옆으로 쪼그리고 누워 몸을 이리저리 뒤틀고 있었다. 금발 머리칼이 헝클어진 채 창백한 얼굴로 손을 벌벌 떠는 베키는 정말 고통스러워 보였다. 실은 그 모습을 보면서도 마음 한구석에서 이런 생각이 들었다. 집에 가서 다시 자고 싶은데, 저 환자를 어떻게 응급실에서 최대한 빨리 나가게 해주지? 나도 어쩔 수 없는 사람인 것이다. 하지만 소도시의 의사로서 그녀를 돕기 위해 내가 할 수 있는 것은 모두 하고 싶었다. 내가 안하면 누가 하겠는가? 그래서 문제의 근본 원인을 알아야 했다. 그녀와 이야기를 하려고 의자에 앉았다.

꼭두새벽에 그녀는 내게 그동안 끔찍하게 학대받은 이야기를 해주었다. 베키의 상황에 큰 관심이 쏠렸고 다음 진료 시간에 계속해서 베키에 대해 알아보았다. 우리는 곧 좋은 친구가 되었다. 나는 연민이 담긴 대화를 베키와 여러 번 나누었다. 그 이후 베키는 두통에 덜 시달렸다. 베키는 상당히 고마워했고 나 역시 그녀에게 고마움을 전했다. 내가 드릭스를 떠나게 되자 베키는 우정의 징표로 파란색 유리로 만든 울새 모형을 내게 주었다. 고통으로 아름다움이 빛날 수 있음을 상기하기 위해 그것을 내 책상에 지금까지도 올려두고 있다.

만일 베키와 깊은 대화를 나누지 못한 채 진통제 주사만 맞춰서 보냈다면 나는 더 성장하지 못했을 테고 베키는 호전되지 못했을 것이다. 베키 덕에 사랑과 열린 마음을 가지고 진료에 접근할 때 얻을 수 있는 이점과 사랑스러운 닻을 얻었다. 그러한 순간들을 경험할 때면 환자가 내게 돈을 지불하는 게 아니라 내가 환자에게 돈을 지불해야 한다는 생각이 든다.

그날 이후에도 가장 깊은 절망 후에 비로소 삶의 아름다움을 느낄 수 있다는 사실을 종종 경험했다. 이는 비단 의료에만 적용되는 것이 아니다. 훌륭한 음악, 문학, 미술 작품은 고통의 산물로 만들어졌다. 싱어송라이터 트레이시 채프먼Tracy Chapman은 학대받고 가난하고 힘든 환경에서 자랐지만 고통스러운 시간을 보낸 후 깊은 의미가 담긴 음악을 만들었다. 엄청난 사랑을 받은 ≪해리포터≫ 시리즈의 작가 J. K. 롤링은 한동안 집이 없어 딸과 함께 자신의 차에서 지냈다. 역사적으로 보면 빈센트 반고흐, 에드거 앨런 포, 베토벤은 어려운 상황 속에서 상당히 아름다운 작품이 탄생될 수 있음을 보여주는 좋은 본보기다.

환자를 돌보는 것은 진이 빠지는 일이라고 믿는 사람도 있다. 그들은 이것이 정신적, 육체적으로 소진되는 일이기 때문에 좀 더 '성자' 같고 희생적 성향이 있는 사람에게 맡겨야 한다고 말한다. 그러나 연민의 마음으로 온전히 소통하면 의료 과정에서 활력을 잃는 것이 아니라 오히려 힘이 생기고 건강도 좋아지며 사기도 높아진다.

심리학자 미치 골란트 박사는 암 환자와 환자의 가족을 심리사회적으로 돕는 일을 주제로 수년 동안 조사했다. 그는 이러한 작업을 하기 전에 서포트 그룹을 이끌었고 이후에 이 그룹을 조사했다. 그의 계산에 의하면 그는 약 1만 5,000명이 포함된 서포트 그룹들을 활성화했다. 그러나 그가 환자와 가족들을 돕고 있다고 사람들에게 설명할 때마다 그들이 놀란 표정을 짓는다고 내게 털어놓았다. 사람들은 애석해하며 이렇게 말했다고 한다. "그거 굉장히 스트레스 받겠어요. 전 그런 일을 한다는 게 상상도 안 돼요. 정말 어려운 일이겠어요." 그는 사람들이 뒷걸음질 치는 듯한 기분을 느꼈다고 한다.

미치 박사는 이렇게 말했다. "생각과 달리 이건 무엇보다 행복감을 주는 일입니다. 환자와 가족들이 삶에서 긍정적인 변화를 이루겠다는 자극을 받거든요. 그들이 서포트 그룹에 참가하여 활력과 회복탄력성을 보일 때면 얼마나 고무적인지 몰라요. 그건 제가 한 어떤 일보다 흥미로운 일입니다."

환자에게 도움을 주는 것을 힘들고 스트레스 받는, 진을 빼는 경험으로 인식하는 사람도 있다. 아니면 똑같은 일도 미치 박사처럼 사랑과 연민의 마음으로 행하는 새롭고 긍정적인 일로 볼 수도 있다. 누군가는 삶을 대하는 태도는 타고나는 것이라고 말하겠지만 나는 훈련에 의해 누구나 태도가 바뀔 수 있다고 믿는다. 레이첼 나오미 레멘이 이야기해준, 14세기에 대성당을 지었던 세 명의 석공에 대한 우화가 생각난다. 우화의 내용은 간단히 다음과 같다.

작업의 감독을 맡은 한 수도사는 석공들의 태도를 평가하고 싶어서 커다란 돌을 자르던 세 명의 석공에게 다가갔다. 수도사는 첫째 석공에게 이렇게 요청했다. "지금 하는 일이 어떤지 얘기 좀 해주실 수 있나요?"

"끔찍하죠. 허리를 다쳤는데 어쩌자고 이렇게 오래 일할까요? 전 성당이 완성되는 걸 아마 못 볼 걸요. 돈도 많이 못 받고 여기 책임자는 멍

청이에요. 그래서 다른 일을 하고 싶다니까요."

수도사는 둘째 석공에게 다가가 똑같은 질문을 했다. "아, 그렇게 나쁘진 않아요. 밥 먹고, 살 곳 마련하고, 애들에게 옷을 사줄 수 있을 정도의 돈은 벌어요. 애들이 저보단 더 나은 인생을 살았으면 해서 계속 학비도 대고 있어요." 그가 대답했다.

셋째 석공은 완전히 다른 대답을 했다. "이렇게 아름다운 성당을 지을수 있다는 게 얼마나 큰 영광인지 몰라요. 다른 사람들을 위해 제 기술을 사용하고 있는 거니까요. 몇 세기가 지난 후에도 전국 각지에서 사람들이 이곳에 와 기도하고 하나님을 만나겠죠." 그가 눈빛을 빛내며 말했다.

이 석공은 자신의 일에서 아름다움을 발견한 사람이었다.

그저 마음을 열면 된다

몇 년 전에 뉴욕주 북부에 소재한, 나무로 우거진 캐츠킬Catskills에서 존 카밧 진과 함께 5일 간의 침묵 수행에 참여했다. 카밧 진은 마음 챙김 명상 운동을 이끈 현대 선구자 가운데 한 명이다. 나는 그의 지혜와 지식을 배우고 싶었기에 수행에 참여하고 싶은 마음이 간절했다. 그가 수많은 지혜의 말을 내게 전해주기를 바랐다.

그곳에 도착해 짐을 풀고 그룹에 합류했다. 우리는 처음에 자기소개를 한 후 바닥에 누워 보디스캔을 했다. 이때 여러 사람이 스르르 잠들었다. 코고는 소리가 동시에 들리자 방 여기저기서 킥킥거리며 웃는 소리가들렸다. 그때 카밧 진이 우리에게 정좌 명상을 할 테니 누구와도 말하지 말고 방석에 앉으라고 요청했다. 정좌 명상은 약 한 시간 동안 진행되었다. 뒤이어 자리에서 일어나 말없이 걷기 명상을 했다. 아무도 쳐다보지 않고 자신이 내딛는 한걸음 한걸음에 집중했다. 30분이 정말 더디게 흘러갔다. 이어서 또다시 정좌 명상과 걷기 명상을 했다. 말없이 하는 식사 시간 외에 아침부터 밤까지 지속되었다. 중간중간 말씀 듣기 시간이 있었지만 그 횟수가 많지 않았다.

사람들은 일상생활에서 끊임없는 생각에 익숙해져 있다. 하지만 마음이 분주할 때 침묵하면 인생의 혼란에서 뒤로 물러서는 경험을 할 수 있다. 그러나 둘째 날이 되자 나는 오히려 실망했다. 그곳에서 얻으려고 했던 것을 얻지 못했기 때문이다. 그러니까 많은 정보를 전수받지 못했다. 멘토와 오랫동안 함께 시간을 보내며 그의 생각을 전수받고 싶었지만 그는 말을 별로 하지 않았다! 화가 났지만 일정에 아무 변화 없이 둘째, 셋째, 넷째 날을 보냈다. 그저 앉고 걷고 먹는 일을 반복했다.

그러다 넷째 날 밤 10시에 그 일이 일어났다. 나는 걷기 명상을 하다가 사시나무 사이로 불어오는 부드러운 미풍을 느꼈다. 나뭇잎들이 샹들리에에 달린 수정처럼 흔들렸다. 보름달이 주위를 밝게 비추었다. 갑자기 모든 것이 활기를 띠었다. 영화 〈아바타〉에 나오는 한 장면처럼 숲이 생명으로 고동쳤다. 주변 환경을 속속들이 느꼈다. 나는 내 머릿속 밖으로 걸어 나왔다. 너무 감동적이고 아름다웠다. 빛나는 달, 나뭇잎, 숲의 리듬이 모두 뚜렷하게 느껴졌다.

다섯째 날 집에 갈 준비를 할 때 침묵 명상은 종료되었다. 서로 눈도 마주치지 않고 말도 하지 못했던 사나흘이 지난 후에야 우리는 이제 그

렇게 해도 된다는 말을 들었다. 나는 중서부 지방에서 온 한 사업가 앞에
앉았다. 우리는 서로의 눈을 쳐다보았고 둘 다 눈물을 흘리기 시작했다.
슬픈 것이 아니었다. 마음의 소음에서 벗어나니 아름다움이 보였다. 느
낄 수 있었다. 거기엔 서로를 바라보며 눈물 흘리는 두 남자가 있을 뿐이
었다. 하지만 우리가 말을 시작하자 아름다움이 사라지기 시작했다. 다시
각자의 머릿속으로 걸어 들어가자 자신이 아는 것을 상대방에게 말해주
고 싶어 했다. 꼭 그래야만 할 것 같은 기분이 들었다. 그렇게 천천히 예
전의 습관으로 다시 돌아갔다.

임종하는 사람 옆에 가만히 앉아 있곤 한다. 죽음에 임해서야 삶의
아름다움을 보는 사람들이 많다. 어떤 사람은 죽기 전에 빛을 발하는 것
같다. 그들은 자녀를 용서한다. 삶에서 가장 중요한 것에 마음을 기울인
다. 그리고 초월적인 순간에 대해 감사를 표한다.

환자의 고통을 용기 있게 들여다보지 못하면 가장 중요한 지점에 이
를 수 없다. 이 일을 하면서 학대, 트라우마, 알코올 중독, 마약 사용, 노숙
생활, 불공평과 관련된 이야기를 많이 들었다. 고통과 피해를 야기한 경
험은 아름답지 못한 것이지만 경험을 들여다본 과정은 치유의 길을 찾는
데 도움이 되었다. 트라우마가 한 사람의 삶에 끼친 영향을 열린 마음으
로 들여다본다면 그 안에 담긴 진실을 느낄 수 있다. 고통의 원인을 알아
내어 치유가 이루어진다면 이는 아름다운 과정이다. 삶의 활기가 늘어나
고 음울한 면이 줄어든다. 힘이 생기고 즐거워지며 새로운 통찰력과 창의
적 에너지가 생겨난다. 두 사람이 더 나은 곳으로 갈 수 있도록 공동의 길
을 발견한다.

아름다움을 느끼는 잠재력은 우리 모두에게 내재되어 있다. 우리는 그저 마음을 열면 된다.

부록
A

연민 훈련

나는 우리가 돕고 싶은 사람과 어떻게 상호작용을 하는지에 대해 이 책에 썼다. 더불어 마음 챙김 명상도 권한다. 이 명상은 지금 하는 일에 단순히 '마음을 쓰고' 그것을 의식하는 일과는 다르다. 마음 챙김 명상처럼 체계적인 훈련을 하려면 잠재력과 연민을 위한 내면의 힘을 끌어내야 한다. 일주일에 몇 번씩 5분에서 10분 정도의 시간이 필요하며 결과적으로 타인과 긍정적으로 소통하는 능력을 크게 증가시킬 수 있다.

마음 챙김 명상을 시작하기 전에는 마음의 소음, 그러니까 편견, 분주함, 심란함에서 온전히 벗어나지 못했다. 하지만 마음 챙김 명상을 하면서 잠시 멈추고 현재 일어나는 일에 집중하는 연습을 반복하다 보니 내 거울 신경세포가 타인의 감정에 더 민감해졌다.

'연습'은 효과로 이어진다. 헬스클럽에서 팔 운동을 많이 하면 팔 근육이 만들어진다. 의식적인 통찰력도 이렇게 만들어질 수 있다. 마음을 기울여 연민 훈련을 하면, 뇌에 확고히 자리한 두 시냅스가 서로 신호를 연결하는 놀라운 순간이 일어난다.

부처의 말씀이 담긴 《담마빠다Dhammapada》에는 이렇게 쓰여 있다.

'생각은 말로 나타나고
말은 행동으로 나타나고
행동은 습관으로 발전하고
습관이 굳어지면 성격이 된다
따라서 생각을 신중히 해야 하며
중생을 생각하는 사랑의 마음으로
생각을 해야 하니……'

* * *

시작하기 전 실용적인 조언: 명상 내용을 읽으며 명상을 한다. 읽기와 명상을 동시에 제대로 하기란 어려우므로 자신에게 말을 한다고 상상하며 내용을 녹음한다. 문장 사이를 천천히 끊어 읽으며 각 단어를 충분히 이해한다. 앞에서도 언급했지만 자연스럽게 멈추고 잠시 침묵하는 방법을 쓰면 좋다. 녹음했으면 편안한 장소를 찾고(자리에 앉거나 비스듬히 기댄다) 방해 요소가 없는지 확인하고 눈을 감는다.

호흡에 초점을 맞춘다. 한 손은 가슴에, 다른 손은 배에 올려둔다. 배에 얹은

손이 가슴에 얹은 손보다 더 앞으로 나오게끔 숨을 크게 들이쉰다. 이때 횡격
막이 내려가며 공기가 폐저까지 들어온다. 방 안에 있는 모든 공기를 흡수한
다고 상상한다. 코로 숨을 깊게 들이쉬며 그 상태를 3초에서 4초간 유지한다.
그런 후에 입으로 6에서 8초간 천천히 숨을 내쉰다. 내쉬는 시간이 들이쉬는
시간보다 두 배 더 길어야 한다. 이 과정을 네 번 더 반복하여 총 다섯 번의 심
호흡을 한다. 이제 호흡을 1분에 여섯 번(한 번의 호흡을 10초씩) 하도록 노력해
본다. 자율신경계의 휴식을 자극하는 최적의 비율이다.

자애 마음 챙긴 명상

자애 명상은 불교 철학에서 발생되었다. 2500년 된 이 명상은 모든 사람에게
상호 연결망이 존재한다는 인식을 형성하고 강화하는 수행법이다. 세상에서
모든 사람과의 유대감은 영적이고 감정적이다. 레이첼 나오미 레멘은 "자신
이 다른 모든 사람과 연결되어 있음을 알게 되면 연민의 행동을 하는 것은 자
연스러운 일이 된다"라고 썼다. 모두 하나로 연결된 우주의 일원이라는 사실
을 깨달을 때 네가 힘들면 내가 힘들고, 내가 힘들면 네가 힘들다는 점을 이해
할 수 있다. 자애 명상은 무조건적인 사랑을 강화하고 마음의 문을 열기 위해
활용될 수 있다. 자애 명상은 누군가를 돌보는 역할을 맡게 되었을 때 성장하
고 즐거움을 찾을 수 있는 또 다른 방법이다.

캘리포니아 대학교 로스앤젤레스 캠퍼스UCLA의 마음 챙김 주의 집중 연구 센
터MARC, Mindfulness Awareness Research Center는 온라인에서 무료로 들을 수 있는

242

자애 명상 수업을 제공한다. 주소는 http://marc.ucla.edu/mpeg/05_Loving_Kindness_Meditation.mp3이다. 위스콘신 대학교도 홈페이지에서 들을 수 있는 여러 가지 명상 수업을 제공한다. http://www.fammed.wisc.edu/our-department/media/968/guided-loving-kindness로 들어가면 된다. 스스로 명상을 하고 싶은 독자라면 밑에서 제시된 방법을 따라하자. 이 방법은 위스콘신 대학교에서 제공하는 방식을 기반으로 한다.

시작하기 전에 앞서 제안한 호흡과 녹음을 따라 하길 바란다.

자애 마음 챙김 명상

〔녹음 시작〕

자애 마음 챙김 명상은 당신과 타인에 대한 자애, 친절, 수용의 마음을 일으킵니다. 이 명상은 내면에 자리한 부드러운 마음과 당신을 다시 연결해줄 것입니다. 이것은 당신의 삶을 이해하고 소중히 여기는 현명한 존재와 만나는 것과 같습니다. 엄청난 고통을 겪더라도 이러한 마음을 유지하는 일은 가능합니다.

배, 팔, 어깨, 얼굴, 턱 등 신체에 약간의 긴장감이라도 머물고 있다면 이를 풀어야 합니다.

이제 연민, 친절, 애정을 느낄 수 있는 신체 부위를 감지해봅니다. 아마 심장 주변일 것입니다. 호흡으로 그 부위를 부드럽게 합니다. 의식을 이 부위에 집중하는 동안 떠오르는 생각에 주의를 기울입니다.

스스로 이렇게 물어봅니다. 내가 삶에서 가장 바라는 것은 무엇인가?

- 나는 안전하고 보호받기를 바랍니다.

- 나는 평화롭고 편안하기를 바랍니다.

- 나는 즐거움을 느끼기를 바랍니다.

- 나는 건강하고 강인하기를 바랍니다.

- 나는 두려움과 불안에서 벗어나기를 바랍니다.

- 나는 자애로 가득 차기를 바랍니다.

- 나는 나를 있는 그대로 받아들이기를 바랍니다.

이제 사랑과 애정이 잘 느껴지는 사람을 떠올려봅니다. 당신의 배우자, 자녀, 친척, 친구, 심지어 반려동물일 수 있습니다. 이러한 존재는 따뜻한 마음과 친근감을 불러일으킵니다. 당신의 자애심을 그곳에 집중해봅니다.

- 당신이 안전하고 보호받기를 바랍니다.

- 당신이 평화롭고 편안하기를 바랍니다.

- 당신이 즐거움을 느끼기를 바랍니다.

- 당신이 건강하고 강인하기를 바랍니다.

- 당신이 두려움과 불안에서 벗어나기를 바랍니다.

- 당신이 자애로 가득 차기를 바랍니다.

이제 은행 직원, 우편집배원, 거리의 모르는 사람 등 당신이 이렇다 할 감정을 느끼지 않는 사람을 생각해봅니다. 그리고 자애심을 그 사람에게 기울입니다.

- 당신이 안전하고 보호받기를 바랍니다.

- 당신이 평화롭고 편안하기를 바랍니다.

- 당신이 행복하기를 바랍니다.

- 당신이 자애로 가득 차기를 바랍니다.

이제 당신에게 불편한 기분이나 부정적인 감정을 일으키는 사람을 생각해보고 자애 마음 챙김 명상을 반복합니다. 그 사람이 변하는 모습을 상상해봅니다.

- 당신이 안전하고 보호받기를 바랍니다.

- 당신이 평화롭고 편안하기를 바랍니다.

- 당신이 행복하기를 바랍니다.

- 당신이 자애로 가득 차기를 바랍니다.

당신의 자애심이 당신이 아는 사람과 모르는 사람 모두에게 닿아 사방에서 자라나게 해봅니다. 당신의 자애심을 모든 인간에게 보내봅니다.

- 당신이 안전하고 보호받기를 바랍니다.

- 당신이 평화롭고 편안하기를 바랍니다.

- 당신이 행복하기를 바랍니다.

- 당신이 자애로 가득 차기를 바랍니다.

다섯 번의 깊은 복식 호흡과 함께 이 명상을 마칩니다.

건강에 도움이 되는 감정 표현

〈감정 표현 글쓰기를 위한 자료〉

제임스 팬베이커 James W. Pennebaker

http://homepage.psy.utexas.edu/homepage/Faculty/Pennebaker/Home2000/

JWPhome.htm

이 분야의 핵심 연구원 가운데 한 사람이 만든 웹사이트에는 관련 출판물, 검

색 툴, 링크를 포함한다.

하워드 슈비너 Howard Schubiner**의 마인드 보디 프로그램**Mind Body Program

http://www.unlearnyourpain.com/index.php

이 프로그램은 고통과 긴장을 완화하고, 감정을 건강하게 표현하도록 돕는 감

정 표현 글쓰기를 활용한다.

센터 포 저널 테라피 Center for Journal Therapy

www.journaltherapy.com/

센터 포 저널 테라피는 건강을 위한 일기 쓰기와 관련한 강의를 제공한다.

마이 테라피 저널 My Therapy Journal

http://www.mytherapyjournal.com/

보안 입력이 적용되는 이 온라인 일기는 자신을 표현하는 다양한 방법을 제

공하며 유료다.

글 쓰는 방법[1]

스트레스를 받는 상황에서 일할 때;

1. 방해받지 않는 조용한 장소를 찾는다.

2. 속상하거나, 괴롭거나, 자신에게 큰 영향을 주었거나, 다른 사람에게 상세
   히 말하지 않은 경험을 쓴다.

3. 우선 그 사건을 자세히 기술한다. 발생된 상황, 환경, 기억나는 감정을 쓴다.

4. 마음 깊은 곳의 감정을 쓴다. 글 속에 자신의 여러 감정을 자유롭게 담아낸
   다. 당시에 어떻게 느꼈고 지금은 어떤 느낌인지 쓴다.

5. 중간에 끊지 말고 연이어 쓴다. 문법, 맞춤법, 문장 구조는 신경 쓰지 않는
   다. 만일 글이 막힌다면 방금 쓴 문장을 다시 써본다.

6. 마지막으로 그 사건을 경험하며 무엇을 배웠는지 혹은 어떻게 성장했는지

써본다.

7. 적어도 4일 동안 20분씩 써본다. 각각 다른 사건을 써도 좋고 같은 사건을 매일 반추해도 좋다.

8. 이 과정이 자신에게 도움된다면 글을 주기적으로 쓴다. 혹은 자신이 신뢰하는 사람과 소통으로 감정을 공유하는 것을 고려한다.

서문

1. Dacher Keltner, Born to Be Good: The Science of a Meaningful Life (New York: Norton, 2009), 6.

1장. 행복은, 관계에서 시작한다

1. Michael Balint, The Doctor, His Patient and the Illness: Vol. 1 (New York: International Universities Press, 1957).

2. Frank Moriarty et al., "Trends and Interaction of Polypharmacy and Potentially Inappropriate Prescribing in Primary Care over 15 Years in Ireland: A Repeated Cross-Sectional Study," BMJ Open 5, no. 9 (2015): e008656.

3. Shelly L. Gray et al., "Cumulative Use of Strong Anticholinergics and Incident Dementia: A Prospective Cohort Study," JAMA Internal Medicine 175, no. 3 (2015): 401–7.

4. Martin Makary and Michael Daniel, "Medical Error—The Third Leading Cause of Death in the US," BMJ 353 (2016): i2139.

5. Keltner, Born to Be Good, 53–54.

6. See imconsortium.org.

7. Luana Colloca et al., "Overt versus Covert Treatment for Pain, Anxiety, and Parkinson's Disease," Lancet Neurology 3, no. 11 (2004): 679 – 84.

8. Tetsuo Koyama et al., "The Subjective Experience of Pain: Where Expectations Become Reality," Proceedings of the National Academy of Sciences of the United States of America 102, no. 36 (2005): 12950 – 955.

9. William Osler, The Quotable Osler, ed. Charles S. Bryan and Mark E. Silverman (Philadelphia: American College of Physicians, 2003).

10. Stefano Del Canale et al., "The Relationship between Physician Empathy and Disease Complications: An Empirical Study of Primary Care Physicians and Their Diabetic Patients in Parma, Italy," Academic Medicine 87, no. 9 (2012): 1243 – 49.

11. Bruce Barrett et al., "Echinacea for Treating the Common Cold: A Randomized Trial," Annals of Internal Medicine 153, no. 12 (2010): 769 – 77.

12. Bruce Barrett et al., "Placebo, Meaning, and Health," Perspectives in Biology and Medicine 49, no. 2 (2006): 178 – 98.

13. David P. Rakel, "Number 406, 'Standard'," Family Medicine 41, no. 4 (2009): 289 – 90.

14. David Rakel et al., "Perception of Empathy in the Therapeutic Encounter: Effects on the Common Cold," Patient Education and Counseling 85, no. 3 (2011): 390 – 97; David P. Rakel et al., "Practitioner Empathy and the Duration of the Common Cold," Family Medicine 41, no. 7 (2009): 494 – 501.

2장. 떼려야 뗄 수 없는 마음과 몸

1. Bruno Klopfer, "Psychological Variables in Human Cancer," Journal of Projective Techniques, no. 21 (1957): 331 – 40.

2. John A. Astin et al., "Barriers to the Integration of Psychosocial Factors in Medicine: Results of a National Survey of Physicians," Journal of

the American Board of Family Medicine 19, no. 6 (2006): 557–65; Marianna Virtanen et al., "Psychological Distress and Incidence of Type 2 Diabetes in High-Risk and Low-Risk Populations: The Whitehall II Cohort Study," Diabetes Care 37, no. 8 (2014): 2091–97; Kieran C. Fox et al., "Is Meditation Associated with Altered Brain Structure? A Systematic Review and Meta-Analysis of Morphometric Neuroimaging in Meditation Practitioners," Neuroscience and Biobehavioral Reviews 43 (2014): 48–73.

3. http://vault.sierraclub.org/john_muir_exhibit/writings/misquotes.aspx.

4. David L. Sackett et al., "Evidence Based Medicine: What It Is and What It Isn't," BMJ 312, no. 7023 (1996): 71–72.

5. David Spiegel et al., "Effect of Psychosocial Treatment on Survival of Patients with Metastatic Breast Cancer," Lancet 2, no. 8668 (1989): 888–91.

6. Barbara L. Andersen et al., "Biobehavioral, Immune, and Health Benefits Following Recurrence for Psychological Intervention Participants," Clinical Cancer Research 16, no. 12 (2010): 3270–78.

7. 2016년에 이 이름은 국립 학회 보건 의학부Health and Medicine Division of the National Academies로 바뀌었다. http://www.nationalacademies.org/hmd/

8. Institute of Medicine, Cancer Care for the Whole Patient: Meeting Psychosocial Health Needs, ed. Nancy E. Adler and Ann E. K. Page (Washington, DC: National Academies Press, 2008).

9. '적극적 환자'의 개념을 더 알아보고 싶다면 www.cancersupportcommunity.org를 검색해보면 된다.

10. Gray et al., "Use of Strong Anticholinergics."

11. Paul W. Andrews et al., "Blue Again: Perturbational Effects of Antidepressants Suggest Monoaminergic Homeostasis in Major Depression," Frontiers in Psychology 2 (2011): 159.

12. Michal Granot and Irit Weissman-Fogel, "The Effect of Post-Surgical Neuroplasticity on the Stability of Systemic Pain Perception: A Psychophysical Study," European Journal of Pain 16, no. 2 (2012): 247–55; Lucy Chen et al., "Altered Quantitative Sensory Testing Outcome in

Subjects with Opioid Therapy," Pain 143, no. 1 – 2 (2009): 65 – 70.

13. Anna Niklasson et al., "Dyspeptic Symptom Development after Discontinuation of a Proton Pump Inhibitor: A Double-Blind Placebo-Controlled Trial," American Journal of Gastroenterology 105, no. 7 (2010): 1531 – 37.

14. Benjamin Lazarus et al., "Proton Pump Inhibitor Use and the Risk of Chronic Kidney Disease," JAMA Internal Medicine 176, no. 2 (2016): 238 – 46; Willy Gomm et al., "Association of Proton Pump Inhibitors with Risk of Dementia: A Pharmacoepidemiological Claims Data Analysis," JAMA Neurology 73, no. 4 (2016): 410 – 16; Nigam H. Shah et al., "Proton Pump Inhibitor Usage and the Risk of Myocardial Infarction in the General Population," PLoS One 10, no. 6 (2015): e0124653.

15. Inbal Golomb et al., "Long-Term Metabolic Effects of Laparoscopic Sleeve Gastrectomy," JAMA Surgery 150, no. 11 (2015): 1051 – 57.

16. Nicola Wiles et al., "Cognitive Behavioural Therapy as an Adjunct to Pharmacotherapy for Primary Care Based Patients with Treatment Resistant Depression: Results of the CoBalT Randomised Controlled Trial, Lancet 381, no. 9864 (2013): 375 – 84; Keith S. Dobson et al., "Randomized Trial of Behavioral Activation, Cognitive Therapy, and Antidepressant Medication in the Prevention of Relapse and Recurrence in Major Depression," Journal of Consulting and Clinical Psychology 76, no. 3 (2008): 468 – 77.

17. Jacob Piet and Esben Hougaard, "The Effect of Mindfulness-Based Cognitive Therapy for Prevention of Relapse in Recurrent Major Depressive Disorder: A Systematic Review and Meta-Analysis," Clinical Psychology Review 31, no. 6 (2011): 1032 – 40.

18. Marcelo M. Demarzo et al., "The Efficacy of Mindfulness-Based Interventions in Primary Care: A Meta-Analytic Review," Annals of Family Medicine 13, no. 6 (2015): 573 – 82; Rinske A. Gotink et al., "Standardised Mindfulness-Based Interventions in Healthcare: An Overview of Systematic Reviews and Meta-Analyses of RCTs," PLoS One 10, no. 4 (2015):

e0124344.

19. Jon Kabat-Zinn et al., "Influence of a Mindfulness Meditation-Based Stress Reduction Intervention on Rates of Skin Clearing in Patients with Moderate to Severe Psoriasis Undergoing Phototherapy (UVB) and Photochemotherapy (PUVA)," Psychosomatic Medicine 60, no. 5 (1998): 625 – 32.

20. Thomas Jefferson, The Writings of Thomas Jefferson, ed. Paul Leicester Ford, vol. 9, 1799 – 1803 (New York: G. P. Putnam's Sons, 1898).

21. Brian Olshansky, "Placebo and Nocebo in Cardiovascular Health: Implications for Healthcare, Research, and the Doctor-Patient Relationship," Journal of the American College of Cardiology 49, no. 4 (2007): 415 – 21.

22. Raveendhara R. Bannuru et al., "Effectiveness and Implications of Alternative Placebo Treatments: A Systematic Review and Network Meta-Analysis of Osteoarthritis Trials," Annals of Internal Medicine 163, no. 5 (2015): 365 – 72, doi:10.7326/M15-0623.

23. Larry Dossey, "Telecebo: Beyond Placebo to an Expanded Concept of Healing," Explore, 12, no. 1 (2016): 1 – 12.

24. Kevin M. McKay, Zac E. Imel, and Bruce E. Wampold, "Psychiatrist Effects in the Psychopharmacological Treatment of Depression," Journal of Affective Disorders 92, no. 2 – 3 (2006): 287 – 90.

25. Pepijin D. Roelofs et al., "Nonsteroidal Anti-Inflammatory Drugs for Low Back Pain: An Updated Cochrane Review," Spine 33, no. 16 (2008): 1766 – 74.

26. Jørgen Eriksen et al., "Critical Issues on Opioids in Chronic Non-Cancer Pain: An Epidemiological Study," Pain 125, no. 1 – 2 (2006): 172 – 79.

27. Claudia Carvalho et al., "Open-Label Placebo Treatment in Chronic Low Back Pain: A Randomized Controlled Trial," Pain 157, no. 12 (2016): 2766 – 72.

28. Fabrizio Benedetti, Elisa Carlino, and Antonella Pollo, "How Placebos Change the Patient's Brain," Neuropsychopharmacology 36, no. 1 (2011):

339 – 54.

29. Tetsuo Koyama et al., "The Subjective Experience of Pain: Where Expectations Become Reality," Proceedings of the National Academy of Sciences of the United States of America 102, no. 36 (2005): 12950 – 55.

3장. 우리는 보이지 않는 실로 연결된다

1. Jacobo Grinberg-Zylberbaum et al., "The Einstein-Podolsky-Rosen Paradox in the Brain: The Transferred Potential," Physics Essays 7, no. 4 (1994): 422 – 28; Jacobo Grinberg-Zylberbaum et al., "Human Shared Potential and Activity of the Brain," Subtle Energies 3, no. 3 (1993): 25 – 43.

2. Jeanne Achterberg et al., "Evidence for Correlations between Distant Intentionality and Brain Function in Recipients: A Functional Magnetic Resonance Imaging Analysis," Journal of Alternative and Complementary Medicine 11, no. 6 (2005): 965 – 71.

3. Rita Pizzi et al., Non-Local Correlation between Separated Neural Networks, ed. E. Donkor, A. R. Pirick, and H. E. Brandt (Orlando, FL: Quantum Information and Computation II, 2004), 107 – 17.

4. Ashkan Farhadi et al., "Evidence for Non-Chemical, Non-Electrical Intercellular Signaling in Intestinal Epithelial Cells," Bioelectrochemistry 71, no. 2 (2007): 142 – 48.

5. Rollin McCraty et al., "The Electricity of Touch: Detection and Measurement of Cardiac Energy Exchange between People," in Brain and Values: Is a Biological Science of Values Possible? ed. Karl H. Pribram (Mahwah, NJ: Lawrence Erlbaum Associates, 1998), 359 – 79.

6. Tiffany Field, "Relationships as Regulators," Psychology 3, no. 6 (2012): 467 – 79.

7. David C. McClelland and Carol Kirshnit, "The Effect of Motivational Arousal through Films on Salivary Immunoglobulin A," Psychology & Health 2, no.

   1 (1988): 31 – 52.

8. Ella A. Cooper et al., "You Turn Me Cold: Evidence for Temperature Contagion," PLoS One 9, no. 12 (2014): e116126.

9. Vittorio Gallese, Morris N. Eagle, and Paolo Migone, "Intentional Attunement: Mirror Neurons and the Neural Underpinnings of Interpersonal Relations," Journal of the American Psychoanalytic Association 55, no. 1 (2007): 131 – 75.

10. Giacomo Rizzolati and Laila Craighero, "The Mirror-Neuron System," Annual Review of Neuroscience 27 (2004): 169 – 92; Marco Iacoboni et al., "Cortical Mechanisms of Human Imitation," Science 286, no. 5449 (1999): 2526 – 28.

11. Guillaume Dumas et al., "Inter-Brain Synchronization during Social Interaction," PLoS ONE 5, no. 8 (2010): e12166, doi:10.1371/journal.pone.0012166.

12. Pier Francesco Ferrari and Giacomo Rizzolatti, "Mirror Neuron Research: The Past and the Future," Philosophical Transactions of the Royal Society B 369, no. 1644 (2014): 20130169, doi:10.1098/rstb.2013.0169.

13. Pier Francesco Ferrari, "The Neuroscience of Social Relations: A Comparative-Based Approach to Empathy and to the Capacity of Evaluating Others' Action Value," Behaviour 151, no. 2 – 3 (2014): 297 – 313, doi:10.1163/1568539X-00003152.

14. Paula M. Niedenthal et al., "Embodiment in Attitudes, Social Perception, and Emotion," Personality and Social Psychology Review 9, no. 3 (2005): 184 – 211.

15. Nicholas A. Christakis and James H. Fowler, Connected: The Surprising Power of Our Social Networks and How They Shape Our Lives (New York: Back Bay Books, 2011).

16. Maria Blackburn, "Shockney Therapy," Johns Hopkins Magazine 60, no.2 (2008), http://pages.jh.edu/jhumag/0408web/shockney.html.

17. Dana R. Carney, Amy J. C. Cuddy, and Andy J. Yap, "Power Posing: Brief Nonverbal Displays Affect Neuroendocrine Levels and Risk

Tolerance," Psychological Science 21, no. 10 (2010): 1363–68, doi:10.1177/0956797610383437.

18. Sarah Blaffer Hrdy and C. Sue Carter, "Hormonal Cocktails for Two," Natural History 104, no. 12 (1995): 34.

19. Izelle Labuschangne et al., "Oxytocin Attenuates Amygdala Reactivity to Fear in Generalized Social Anxiety Disorder," Neuropsychopharmacology 35, no. 12 (2010): 2403–13; Deborah Brauser, "Intranasal Oxytocin: The End of Fear?" Medscape, November 7, 2014, http://www.medscape.com/viewarticle/834585.

20. Kathleen C. Light, Karen M. Grewen, and Janet A. Amico, "More Frequent Partner Hugs and Higher Oxytocin Levels Are Linked to Lower Blood Pressure and Heart Rate in Premenopausal Women," Biological Psychology 69, no. 1 (2005): 5–21, Epub December 29, 2004.

21. James McIntosh, " 'Love Hormone' Nasal Spray Could Reduce Calorie Intake in Men," Medical News Today, March 9, 2015.

22. Shelley E. Taylor, "Tend and Befriend: Biobehavioral Bases of Affiliation under Stress," Current Directions in Psychological Science 15, no. 6 (2006): 273–77.

23. Simon Kessner et al., "Effect of Oxytocin on Placebo Analgesia: A Randomized Study," JAMA 310, no. 16 (2013): 1733–34.

24. Sheldon Cohen et al., "Sociability and Susceptibility to the Common Cold," Psychological Science 14, no. 5 (2003): 389–95.

25. Sheldon Cohen et al., "Does Hugging Provide Stress-Buffering Social Support? A Study of Susceptibility to Upper Respiratory Infection and Illness," Psychological Science 26, no. 2 (2015): 135–47, doi:10.1177/0956797614559284.

26. Richard J. Davidson and Sharon Begley, The Emotional Life of Your Brain: How Its Unique Patterns Affect the Way You Think, Feel, and Live— and How You Can Change Them (New York: Plume, 2012), 167.

27. Edward Taub et al., "A Placebo-Controlled Trail of Constraint-Induced Movement Therapy for Upper Extremity after Stroke," Stroke 37, no. 4

참고자료

(2007): 1045 – 49.

28. http://www.ncbi.nlm.nih.gov/pmc/articles/PMC1738559/, http://www.cogneurosociety.org/brain-rewire-after-surgery/, and http://www.scientificamerican.com/article/strange-but-true-when-half-brain-betterthan-whole/.

29. Alvaro Pascual-Leone et al., "The Plastic Human Brain Cortex," Annual Review of Neuroscience 28 (2005): 377 – 401.

30. A. Vania Apkarian et al., "Chronic Back Pain Is Associated with Decreased Prefrontal and Thalamic Gray Matter Density," Journal of Neuroscience 24, no. 46 (2004): 10410 – 15.

31. Floris P. de Lange et al., "Increase in Prefrontal Cortical Volume Following Cognitive Behavioural Therapy in Patients with Chronic Fatigue Syndrome," Brain 131, pt. 8 (2008): 2172 – 80.

32. Davidson and Begley, Life of Your Brain, 172.

33. Richard J. Davidson et al., "Alterations in Brain and Immune Function Produced by Mindfulness Meditation," Psychosomatic Medicine 65, no. 4 (2003): 564 – 70.

34. Tait D. Shanafelt et al., "Changes in Burnout and Satisfaction with Work-Life Balance in Physicians and the General US Working Popula-tion between 2011 and 2014," Mayo Clinic Proceedings 90, no. 12 (2015): 1600 – 1613.

35. "Epigenetics: What Makes a Queen Bee?" Nature 468, no. 348 (November 18, 2010): 348, doi:10.1038/468348a.

36. Danielle L. Champagne et al., "Maternal Care and Hippocampal Plasticity: Evidence for Experience-Dependent Structural Plasticity, Altered Synaptic Functioning, and Differential Responsiveness to Glucocorticoids and Stress," Journal of Neuroscience 28, no. 23 (2008): 6037 – 45.

37. Tie-Yuan Zhang and Michael J. Meany, "Epigenetics and the Environmental Regulation of the Genome and Its Function," Annual Review of Psychology 61 (2010): 439 – 66.

38. Dean Ornish et al., "Intensive Lifestyle Changes May Affect the Progression

of Prostate Cancer," Journal of Urology 174, no. 3 (2005): 1065 – 70, doi:10.1097/01.ju.0000169487.49018.73.

39. Evadnie Rampersaud et al., "Physical Activity and the Association of Common FTO Gene Variants with Body Mass Index and Obesity," Archives of Internal Medicine 168, no. 16 (2008): 1791 – 97.

40. James Niels Rosenquist et al., "Cohort of Birth Modifies the Association between FTO Genotype and BMI," Proceedings of the National Academy of Sciences of the United States of America 112, no. 2 (2014): 354 – 59.

41. Keltner, Born to Be Good, 228.

42. J. Kiley Hamlin, Karen Wynn, and Paul Bloom, "Three-Month-Olds Show a Negativity Bias in Their Social Evaluations," Developmental Science 13, no. 6 (2010): 923 – 29.

43. Rilling, "Basis for Social Cooperation," 395 – 405.

44. Stephen W. Porges, "Orienting in a Defensive World: Mammalian Modifications of Our Evolutionary Heritage. A Polyvagal Theory," Psychophysiology 32, no. 4 (1995): 301 – 18.

45. Jennifer E. Stellar et al., "Affective and Physiological Responses to the Suffering of Others: Compassion and Vagal Activity," Journal of Personality and Social Psychology 108, no. 4 (2015): 572 – 85.

46. Keltner, Born to Be Good, 239 – 40.

4장. 사는 것과 살아남는 것은 다르다

1. Viktor Frankl, Man's Search for Meaning (Boston: Beacon Press, 2006).

2. Aaron Antonovsky et al., "Twenty-Five Years Later: A Limited Study of the Sequelae of the Concentration Camp Experience," Social Psychiatry 6, no. 4 (1971): 186 – 93.

3. Philip Brickman, Dan Coates, and Ronnie Janoff-Bulman, "Lottery Winners and Accident Victims: Is Happiness Relative? Journal of Personality and Social Psychology 36, no. 8 (1978): 917 – 27.

4. Rehab medicine/strong spiritual beliefs.

5. Vincent J. Felitti et al., "Relationship of Childhood Abuse and Household Dysfunction to Many of the Leading Causes of Death in Adults: The Adverse Childhood Experiences (ACE) Study," American Journal of Preventive Medicine 14, no. 4 (1998): 245 – 58.

6. Rosalynn Carter, Susan K. Golant, and Kathryn E. Cade, Within Our Reach: Ending the Mental Health Crisis (New York: Rodale, 2010).

7. Karen Rodham, Nicola Rance, and David Blake, "A Qualitative Exploration of Carers' and 'Patients' Experiences of Fibromyalgia: One Illness, Different Perspectives," Musculoskeletal Care 8, no. 2 (2010): 68 – 77.

8. Ibid.

9. Antoine Louveau et al., "Structural and Functional Features of Central Nervous System Lymphatic Vessels," Nature 523, no. 7560 (2015): 337 – 41.

10. Kristen B. Thomas, "General Practice Consultations: Is There Any Point in Being Positive? British Medical Journal (Clinical Research Edition) 294, no. 6581 (1987): 1200 – 1202.

11. Robert Rosenthal and Lenore Jacobson, "Pygmalion in the Classroom," Urban Review 3, no. 1 (1968): 16 – 20.

12. Robert Rosenthal and Donald B. Rubin, "Interpersonal Expectancy Effects: The First 345 Studies," Behavioral and Brain Sciences 1, no. 3 (1978): 377 – 86.

13. Joseph Jastrow, Fact and Fable in Psychology (Boston: Houghton Mifflin, 1900).

5장. 내가 누군가의 죽음을 앞당긴 것이 아닐까

1. Davidson and Begley, Emotional Life of Your Brain, 222.

2. Thomas Luparello et al., "Influences of Suggestion on Airway Reactivity in Asthmatic Subjects," Psychosomatic Medicine 30, no. 6 (1968): 819 – 25.

3. C. Warren Olanow et al., "A Double-Blind Controlled Trial of Bilateral Fetal Nigral Transplantation in Parkinson's Disease," Annals of Neurology 54, no. 3 (2003): 403-14; Curt R. Freed et al., "Transplantation of Embryonic Dopamine Neurons for Severe Parkinson's Disease," New England Journal of Medicine 344, no. 10 (2001): 710-19.

4. Walter B. Cannon, "Voodoo Death," American Anthropologist 44, no. 2 (1942): 169.

5. Ibid., 172.

6. Esther M. Sternberg, "Walter B. Cannon and '"Voodoo" Death': A Perspective from 60 Years On," American Journal of Public Health 92, no. 10 (2002): 1564-66.

7. Rebecca Voelker, "Nocebos Contribute to a Host of Ills," JAMA 275, no. 5 (1996): 345-47.

8. Ilan S. Wittstein et al., "Neurohumoral Features of Myocardial Stunning Due to Sudden Emotional Stress," New England Journal of Medicine 352, no. 6 (2005): 539-48.

9. Christian Templin et al., "Clinical Features and Outcomes of Takotsubo (Stress) Cardiomyopathy," New England Journal of Medicine 373, no. 10 (2015): 929-38.

10. http://www.nytimes.com/2003/04/26/opinion/the-monk-in-the-lab.html.

6장. 당신의 편견은 안녕하신가요?

1. Anais Nin, The Diary of Anais Nin, 1939-1944 (New York: Harcourt Brace & World, 1969).

2. Trafton Drew, Melissa L.-H. Vo, and Jeremy M. Wolfe, "The Invisible Gorilla Strikes Again: Sustained Inattentional Blindness in Expert Observers," Psychological Science 24, no. 9 (2013): 1848-53.

3. Deborah Dang et al., "Do Clinician Disruptive Behaviors Make an Unsafe

Environment for Patients?" Journal of Nursing Care Quality 31, no. 2 (2016): 115 – 23.

4. David S. Rakel and Daniel Shapiro, "Mind-Body Medicine," in Textbook of Family Medicine, 6th ed., ed. Robert E. Rakel (Philadelphia: W. B. Saunders, 2002), 54.

5. Ronald M. Epstein, "Mindful Practice," JAMA 282, no. 9 (1999): 833 – 39.

6. David L. Rosenhan, "On Being Sane in Insane Places," Science 179, no. 70 (1973): 250 – 58.

7장. 현재는 사랑으로 기억될 거예요

1. Anthony L. Suchman et al., "A Model of Empathic Communication in the Medical Interview," JAMA 277, no. 8 (1997): 678 – 82.

2. Ronald M. Epstein, "Mindful Practice," JAMA 282, no. 9 (1999): 833 – 39.

3. Katharine A. Atwood et al., "Impact of a Clinical Educational Effort in Driving Transformation in Healthcare," Family Medicine 48, no. 9 (2016): 711 – 19.

4. Charlene Luchterhand et al., "Creating a Culture of Mindfulness in Medicine," Wisconsin Medical Journal 114, no. 3 (2015): 105 – 9; Mary Catherine Beach et al., "A Multicenter Study of Physician Mindfulness and Health Care Quality," Annals of Family Medicine 11, no. 5 (2013): 421 – 28.

5. Olga M. Klimecki et al., "Differential Pattern of Functional Brain Plasticity after Compassion and Empathy Training," Social Cognitive and Affective Neuroscience 9, no. 6 (2014): 873 – 79.

6. Ricard Matthieu, Antoine Lutz, and Richard J. Davidson, "Mind of the Meditator," Scientific American 311, no. 5 (2014): 38 – 45.

7. Britta K. Holzel et al., "Mindfulness Practice Leads to Increases in Regional Brain Gray Matter Density," Psychiatry Research 191, no. 1 (2011): 36 – 43.

8. Luke Fortney et al., "Abbreviated Mindfulness Intervention for Job

Satisfaction, Quality of Life, and Compassion in Primary Care Clinicians: A Pilot Study," Annals of Family Medicine 11, no. 5 (2013): 412 – 20.

9. 존 마크란스키, ≪Compassion beyond Fatigue: Contemplative Training for People Who Serve Others≫ (출간되지 않은 2015년 원고). 'Compassion beyond Fatigue' 워크숍은 www.johnmakransky.org와 http://foundationforactivecompassion.com/의 '워크숍과 명상원(workshops and retreat)'에 목록으로 나와 있다. 명상에 대한 더 많은 설명과 이것이 티베트 방식에서 어떻게 변형되었는지에 대한 설명을 보려면 마크란스키의 저서 ≪Awakening through Love: Unveiling Your Deepest Goodness≫를 참고하면 된다. 그는 족첸 센터(www.dzogchen.org)가 후원하는 명상원, 베레불교 연구 센터(www.dharma.org/bcbs), 랑중 예셰 곰데 오스트리아(www.gomde.de/eng/)에서 가르침을 전한 9년 동안 이러한 기술을 발전시켰다.

10. Matthew A. Killingsworth and Daniel T. Gilbert, "A Wandering Mind Is an Unhappy Mind," Science 330, no. 6006 (2010): 932.

11. Lorenza S. Colzato, Ayca Ozturk, and Bernhard Hommel, "Meditate to Create: The Impact of Focused-Attention and Open-Monitoring Training on Convergent and Divergent Thinking," Frontiers in Psychology 3 (2012): 116.

12. Philip Goldberg, The Intuitive Edge: Understanding and Developing Intuition (Los Angeles: J. P. Tarcher, 1983).

13. Howard B. Beckman and Richard Frankel, "The Effect of Physician Behavior on the Collection of Data," Annals of Internal Medicine 101, no. 5 (1984): 692 – 96; Wolf Langewitz et al., "Spontaneous Talking Time at Start of Consultation in Outpatient Clinic: Cohort Study," BMJ 325, no. 7366 (2002): 682 – 83.

14. M. Kim Marvel et al., "Soliciting the Patient's Agenda: Have We Improved?" JAMA 281, no. 3 (1999): 283 – 87.

15. Edward Krupat et al., "When Physicians and Patients Think Alike: Patient-Centered Beliefs and Their Impact on Satisfaction and Trust," Journal of Family Practice 50, no. 12 (2001): 1057 – 62.

16. Elizabeth Toll, "A Piece of My Mind. The Cost of Technology," JAMA 307,

no. 23 (2012): 2497 – 98.

17. Christine A. Sinsky and John W. Beasley, "Texting While Doctoring: A Patient Safety Hazard," Annals of Internal Medicine 160, no. 8 (2014): 583 – 84.

8장. 말없이 말하기

1. Ann G. Carmichael and Richard M. Ratzan, eds., Medicine: A Treasury of Art and Literature (New York: Hugh Lauter Levin Associates, 1991). Anonymous admonitions of Hippocrates of learning the history of medicine, 53 – 54.

2. Audrey Nelson and Susan K. Golant, You Don't Say: Navigating Nonverbal Communication between the Sexes (New York: Berkley Publishing Group, 2004), 2 – 3.

3. Alice Mado Proverbio et al., "Comprehending Body Language and Mimics: An ERP and Neuroimaging Study on Italian Actors and Viewers," PLoS One 9, no. 3 (2014): e91294.

4. Kelli J. Swayden et al., "Effect of Sitting vs. Standing on Perception of Provider Time at Bedside: A Pilot Study," Patient Education and Counseling 86, no. 2 (2012): 166 – 71; Graham Jackson, " 'Oh . . . by the Way . . .': Doorknob Syndrome," International Journal of Clinical Practice 59, no. 8 (2005): 869.

5. Florian Strasser et al., "Impact of Physician Sitting versus Standing during Inpatient Oncology Consultations: Patients' Preference and Perception of Compassion and Duration. A Randomized Controlled Trial," Journal of Pain and Symptom Management 29, no. 5 (2005): 489 – 97.

6. Dana R. Carney, Amy J. C. Cuddy, and Andy J. Yap, "Power Posing: Brief Nonverbal Displays Affect Neuroendocrine Levels and Risk Tolerance," Psychological Science 21, no. 10 (2010): 1363 – 68.

7. Bernard Lown, The Lost Art of Healing (Boston: Houghton Mifflin, 1996),

10.

8. Rakel, "Mind-Body Medicine," 54.

9. Paul Ekman, "Darwin, Deception, and Facial Expression," Annals of the New York Academy of Sciences 1000, no. 1 (2003): 205 – 21.

10. Jerry D. Boucher and Paul Ekman, "Facial Areas and Emotional Information," Journal of Communication 25, no. 2 (1975): 21 – 29; Paul Ekman, Darwin and Facial Expression (Cambridge, MA: Malor Books, 2006).

11. Allan Pease and Barbara Pease, The Definitive Book of Body Language (New York: Bantam, 2004).

12. David Lewis, The Secret Languages of Success: Using Body Language to Get What You Want (New York: Galahad, 1989).

13. Larry R. Churchill and David Schenck, "Healing Skills for Medical Practice," Annals of Internal Medicine 149, no. 10 (2008): 720 – 24.

14. Frans de Waal, Peacemaking among Primates (Cambridge, MA: Harvard University Press, 1989).

15. Guillaume-Benjamin Duchenne, The Mechanism of Human Facial Expression (New York: Cambridge University Press, 1862), trans. R. Andrew Cuthbertson (New York: Cambridge University Press, 1990); Marianne LaFrance, Why Smile: The Science Behind Facial Expressions (New York: W. W. Norton, 2011).

16. Paul Ekman and Erika L. Rosenberg, eds., What the Face Reveals: Basic and Applied Studies of Spontaneous Expression Using the Facial Action Coding System (FACS) (New York: Oxford University Press, 2005).

17. Flora Davis, Inside Intuition: What We Know about Nonverbal Communication (New York: New American Library, 1975).

18. Rakel, "Mind-Body Medicine."

19. Albert Mehrabian, Silent Messages: Implicit Communication of Emotions and Attitudes, 2nd ed. (Belmont, CA: Wadsworth, 1981).

20. April H. Crusco and Christopher G. Wetzel, "The Midas Touch: The Effects of Interpersonal Touch on Restaurant Tipping," Personality and

Social Psychology Bulletin 10, no. 4 (1984): 512–17.

21. Nelson and Golant, You Don't Say, 120.

22. Susan M. Ludington-Hoe with Susan K. Golant, Kangaroo Care: The Best You Can Do to Help Your Preterm Infant (New York: Bantam, 1993).

23. Desmond Morris, Manwatching: A Field Guide to Human Behavior (New York: Abrams, 1977).

24. Pease and Pease, Book of Body Language.

9장. 다시 어른에서 아이로

1. Thich Nhat Hanh, Living Buddha, Living Christ (New York: Riverhead Books, 1995).

2. George A. Miller, "Insights and Outlooks," Journal of Applied Behavioral Science 5, no. 2 (1969): 275–78.

3. Michael Stein, "We All Want Our Doctors to Be Kind. But Does Kindness Actually Help Us Get Well?" Washington Post, August 11, 2016, https://www.washingtonpost.com/opinions/we-all-want-our-doctors-to-bekind-but-does-kindness-actually-help-us-get-well/2016/08/11/95306e06-1091-11e6-8967-7ac733c56f12_story.html?utm_term=.13a2b9fce209.

4. CRICO Strategies, Malpractice Risks in Communication Failures: 2015. Annual Benchmarking Report.

5. Melissa Bailey, "Communication Failures Linked to 1,744 Deaths in Five Years, US Malpractice Study Finds," Pulse of Longwood, February 2016.

6. http://www.ny t imes.com/2015/12/03/us/pol it ics/healthspending-in-us-topped-3-trillion-last-year.html?smprod=nytcoreiphone&smid=nytco re-iphone-share&_r=0.

7. Matthias R. Mehl et al., "Eavesdropping on Happiness: Well-Being Is Related to Having Less Small Talk and More Substantive Conversations," Psychological Science 21, no. 4 (2010): 539–41.

8. Diane S. Berry and James W. Pennebaker, "Nonverbal and Verbal Emotional Expression and Health," Psychotherapy and Psychosomatics 59, no. 1 (1993): 11–19.

9. James W. Pennebaker, Opening Up: The Healing Power of Expressing Emotions (New York: Guilford Press, 1997).

10. Janine K. Kiecolt-Glaser et al., "Marital Stress: Immunologic, Neuroendocrine, and Autonomic Correlates," Annals of the New York Academy of Sciences 840 (1998): 656–63.
    Adrienne Hampton and David Rakel, "Journaling for Health," in Integrative Medicine, 4th ed., ed. David Rakel (Philadelphia: Elsevier, 2017).

11. Michael A. Cohn, Matthias R. Mehl, and James W. Pennebaker, "Linguistic Markers of Psychological Change Surrounding September 11, 2001," Psychological Science 15, no. 10 (2004): 687–93.

12. David P. Rakel, "Journaling: The Effects of Disclosure on Health," Alternative Medical Alert 7 (2004): 8–11.

13. Joshua M. Smyth et al., "Effects of Writing about Stressful Experiences on Symptom Reduction in Patients with Asthma or Rheumatoid Arthritis," JAMA 281, no. 14 (1999): 1304–09.

14. Mark A. Lumley et al., "Does Emotional Disclosure about Stress Improve Health in Rheumatoid Arthritis? Randomized, Controlled Trials of Written and Spoken Disclosure," Pain 152, no. 4 (2011): 866–77.

15. Henriet van Middendorp et al., "Health and Physiological Effects of an Emotional Disclosure Intervention Adapted for Application at Home: A Randomized Clinical Trial in Rheumatoid Arthritis," Psychotherapy and Psychosomatics 78, no. 3 (2009): 145–51.

16. Joan E. Broderick, Doerte U. Junghaenel, and Joseph E. Schwartz, "Written Emotional Expression Produces Health Benefits in Fibromyalgia Patients," Psychosomatic Medicine 67, no. 2 (2005): 326–34.

17. Mazy E. Gilli et al., "The Health Effects of At-Home Written Emotional Disclosure in Fibromyalgia: A Randomized Trial," Annals of Behavioral Medicine 32, no. 2 (2006): 135–46.

18. Jessica Walburn et al., "Psychological Stress and Wound Healing in Humans: A Systematic Review and Meta-Analysis," Journal of Psychosomatic Research 67, no. 3 (2009): 253–71.

19. Hannah Maple et al., "Stress Predicts the Trajectory of Wound Healing in Living Kidney Donors as Measured by High-Resolution Ultrasound," Brain, Behavior, and Immunity 43, (2015): 19–26.

20. John Weinman et al., "Enhanced Wound Healing after Emotional Disclosure Intervention," British Journal of Health Psychology 13, no. 1 (2008): 95–102; C. L. Banburey, "Wounds Heal More Quickly If Patients Are Relieved of Stress: A Review of Research by Susanne Scott and Colleagues from King's College, London." Presented at the Annual Conference of the British Psychological Society, BMJ 327 (2003): 522.

21. James W. Pennebaker, Tracy J. Mayne, and Martha E. Francis, "Linguistic Predictors of Adaptive Bereavement," Journal of Personality and Social Psychology 72, no. 4 (1997): 863–71; James W. Pennebaker, "Pain, Language, and Healing" (Presented at the Biofeedback Society of Wisconsin Integrative Health-Care Conference, Green Lake, WI, September 11–13, 2003).

22. Diane Boinon et al., "Changes in Psychological Adjustment over the Course of Treatment for Breast Cancer: The Predictive Role of Social Sharing and Social Support, Psycho-Oncology 23, no. 3 (2014): 291–98.

23. Stephen Covey, The 7 Habits of Highly Successful People (New York: Simon & Schuster, 2004).

24. 이상적으로 말하자면, 의료진은 화제를 바꿔야 할 때, 문제를 설명해야 할 때, 환자가 아직 제대로 말을 안 해서 더 많은 정보를 얻어야할 때, 격려를 해야 할 때, 환자의 불안을 줄여주어야 할 때 중간에 끼어드는 것을 자제해야 한다.

25. Howard B. Beckman and Richard M. Frankel, "The Effect of Physician Behavior on the Collection of Data," Annals of Internal Medicine 101, no. 5 (1984): 692–96.

26. Jackson, "Doorknob Syndrome," 869.

27. http://www.oprah.com/spirit/oprah-talks-to-thich-nhat-

hanh#ixzz4n7gItxNQ.

28. Dimitrius and Mazzarella, 1999. https://www.amazon.com/Reading-People-Understand-Behavior-Anytime-Anyplace/dp/0345504135.

29. Irving Kirsch et al., "Initial Severity and Antidepressant Benefits: A Meta-Analysis of Data Submitted to the Food and Drug Administration," PLoS Medicine 5, no. 2 (2008): e45; Jay C. Fournier et al., "Antidepressant Drug Effects and Depression Severity: A Patient-Level Meta-Analysis," JAMA 303, no. 1 (2010): 47–53.

30. Nigam H. Shah et al., "Proton Pump Inhibitor Usage and the Risk of Myocardial Infarction in the General Population," PLoS One 10, no. 6 (2015): e0124653.

31. Benjamin Lazarus et al., "Proton Pump Inhibitor Use and the Risk of Chronic Kidney Disease," JAMA Internal Medicine 176, no. 2 (2016): 238–46.

32. Willy Gomm et al., "Association of Proton Pump Inhibitors with Risk of Dementia: A Pharmacoepidemiological Claims Data Analysis," JAMA Neurology 73, no. 4 (2016): 410–16.

33. Ronald M. Epstein et al., "Patient-Centered Communication and Diagnostic Testing," Annals of Family Medicine 3, no. 5 (2005): 415–21.

34. Eric B. Larson and Xin Yao, "Clinical Empathy as Emotional Labor in the Patient-Physician Relationship," JAMA 293, no. 9 (2005): 1100–106.

35. Mitch Golant and Susan K. Golant, What to Do When Someone You Love Is Depressed: A Self-Help and Help-Others Guide (New York: Henry Holt, 2007), 88.

36. Wolf Langewitz et al., "Spontaneous Talking Time at Start of Consultation in Outpatient Clinic: Cohort Study," BMJ 325, no. 7366 (2002): 682–83.

10장. 가까이 보아야 예쁘다

1. Hafiz, excerpt from Love Poems from God: Twelve Sacred Voices from

the East and West by Daniel Ladinsky, copyright 2002.

2. Rosalynn Carter with Susan K. Golant, Helping Yourself Help Others: A Book for Caregivers, rev. ed. (New York: Public Affairs, 2013), 3.

3. MetLife Mature Market Institute, MetLife Study of Caregiving Costs to Working Caregivers: Double Jeopardy for Baby Boomers Caring for Their Parents, June 2011, https://www.metlife.com/mmi/research/caregivingcost-working-caregivers.html#keyfindingsJune.

4. Carter with Golant, Helping Yourself Help Others.

5. MetLife Mature Market Institute, Study of Caregiving Costs.

6. Tait D. Shanafelt et al., "Changes in Burnout and Satisfaction with Work-Life Balance in Physicians and the General US Working Population between 2011 and 2014," Mayo Clinic Proceedings 90, no. 12 (2015): 1600 – 13.

7. John M. Kelley et al., "The Influence of the Patient-Clinician Relationship on Healthcare Outcomes: A Systematic Review and Meta-Analysis of Randomized Controlled Trials," PLoS One 9, no. 4 (2014): e94207; Helen Riess et al., "Empathy Training for Resident Physicians: A Randomized Controlled Trial of a Neuroscience-Informed Curriculum," Journal of General Internal Medicine 27, no. 10 (2012): 1280 – 86.

8. Liselotte N. Dyrbye et al., "Relationship between Burnout and Professional Conduct and Attitudes among US Medical Students," JAMA 304, no. 11 (2010): 1173 – 80.

9. Olga M. Klimecki et al., "Differential Pattern of Functional Brain Plasticity after Compassion and Empathy Training," Social Cognitive and Affective Neuroscience 9, no. 6 (2014): 873 – 79.

10. Ibid.

11. Ibid.

12. Tania Singer and Olga M. Klimecki, "Empathy and Compassion," Current Biology 24, no. 18 (2014): R875 – 78.

13. Herbert J. Freudenberger, "Recognizing and Dealing with Burnout," in The Professional and Family Caregiver—Dilemmas, Rewards, and New

Directions, eds. Jack A. Nottingham and Joanne Nottingham (Americus, GA: Rosalynn Carter Institute for Human Development, Georgia Southwest College, 1990).

14. Matthieu Ricard, Antoine Lutz, and Richard J. Davidson, "The Mind of the Meditator," Scientific American 311, no. 5 (2014): 38–45.

15. Singer and Klimecki, "Empathy and Compassion."

16. Glen Rein, Mike Atkinson, and Rollin McCraty, "The Physiological and Psychological Effects of Compassion and Anger," Journal of Advancement in Medicine 8 (1995): 87–105.

17. Klimecki et al., "Pattern of Brain Plasticity."

18. Michael J. Poulin, "Volunteering Predicts Health among Those Who Value Others: Two National Studies," Health Psychology, 33, no. 2 (2014): 120–29, http://dx.doi.org/10.1037/a0031620.

19. Tristen K. Inagaki and Naomi I. Eisenberger, "Neural Correlates of Giving Support to a Loved One," Psychosomatic Medicine 74, no. 1 (2012): 3–7.

20. Rein, Atkinson, and McCraty, "Compassion and Anger," 87–105.

21. Ibid.

22. David P. Rakel and Adam Rindfleisch, "Inflammation: Nutritional, Botanical, and Mind-Body Influences," Southern Medical Journal 98, no. 3 (2005): 303–10.

23. Anna Friis et al., "Kindness Matters: A Randomized Controlled Trial of a Mindful Self-Compassion Intervention Improves Depression, Distress, and HbA1c among Patients with Diabetes," Diabetes Care 39, no. 11 (2016): 1963–71.

24. Thaddeus W. W. Pace et al., "Effect of Compassion Meditation on Neuroendocrine, Innate Immune and Behavioral Responses to Psychosocial Stress," Psychoneuroendocrinology 34, no. 1 (2009): 87–98; Perla Kaliman et al., "Rapid Changes in Histone Deacetylases and Inflammatory Gene Expression in Expert Meditators," Psychoneuroendocrinology 40 (2014): 96–107.

25. Klimecki et al., "Pattern of Brain Plasticity," 873–79.

부록B. 건강에 도움이 되는 감정 표현

1. Adapted from David P. Rakel and Daniel Shapiro, "Mind-Body Medicine,"
in Textbook of Family Medicine, 6th ed., ed. Robert E. Rakel (Philadelphia:
W. B. Saunders, 2002).

우리는 왜 아프고, 왜 치유받아야 하는가

그 많던 상처는 누가 다 먹었을까?

초판 1쇄 발행 2019년 8월 15일

지은이 | 데이비드 라켈
발행인 | 홍경숙
발행처 | 위너스북

경영총괄 | 안경찬
기획편집 | 문예지, 김효단

출판등록 | 2008년 5월 6일 제2008-000221호
주소 | 서울 마포구 토정로 222, 201호
주문전화 | 02-325-8901

디자인 | 최치영
지업사 | 월드페이퍼
인쇄 | 영신문화사

ISBN 979-11-89352-15-8 (03180)

·책값은 뒤표지에 있습니다.
·잘못된 책이나 파손된 책은 구입하신 서점에서 교환해 드립니다.
·위너스북에서는 출판을 원하시는 분, 좋은 출판 아이디어를 갖고 계신 분들의 문의를 기다리고 있습니다.
 winnersbook@naver.com | Tel 02)325-8901

이 도서의 국립중앙도서관 출판예정도서목록(CIP)은 서지정보유통지원시스템 홈페이지
(http://seoji.nl.go.kr)와 국가자료공동목록시스템(http://www.nl.go.kr/kolisnet)에서 이용하실 수 있습니다.
(CIP제어번호 : CIP2019028176)